英大国际信托有限责任公司课题组 主编

产业链信托
产品设计

Production Design of
Industrial Chain Trust

经济管理出版社
ECONOMY & MANAGEMENT PUBLISHING HOUSE

图书在版编目（CIP）数据

产业链信托产品设计/英大国际信托有限责任公司课题组主编.—北京：经济管理出版社，2016.11

ISBN 978-7-5096-4639-7

Ⅰ.①产… Ⅱ.①英… Ⅲ.①信托业—产业链—金融业务—研究—中国 Ⅳ.①F832.49

中国版本图书馆 CIP 数据核字（2016）第 233014 号

组稿编辑：张　艳
责任编辑：丁慧敏
责任印制：黄章平
责任校对：赵天宇

出版发行：经济管理出版社
（北京市海淀区北蜂窝8号中雅大厦A座11层　100038）
网　　　址：www.E-mp.com.cn
电　　　话：（010）51915602
印　　　刷：三河市延风印装有限公司
经　　　销：新华书店
开　　　本：720mm×1000mm/16
印　　　张：18.5
字　　　数：293 千字
版　　　次：2017 年 1 月第 1 版　2017 年 1 月第 1 次印刷
书　　　号：ISBN 978-7-5096-4639-7
定　　　价：59.00 元

·版权所有　翻印必究·

凡购本社图书，如有印装错误，由本社读者服务部负责调换。
联系地址：北京阜外月坛北小街2号
电话：（010）68022974　邮编：100836

《产业链信托产品设计》
编委会名单

组　长：张传良

副组长：刘卫东　徐　军　刘　澄

课题组成员：潘炳超　左土民　王晓东　桑克柱　曹　妍　高会青
　　　　　　何　伟　蒋　红　吴雪丽　王恒磊　孟祥秋　王甲磊
　　　　　　祁洪亮　吴思竹　刘翔宇　刘　亮　王晓楠　刘海超
　　　　　　杨　朔　鲍新中　吴鸣鸣　刘祥东

序

2013年是互联网金融元年，互联网金融如火如荼。2014年是P2P网贷腾飞的一年，网贷平台几近爆发式增长。进入2015年，网贷行业大浪淘沙，问题平台也频频显现。随着监管政策的日渐明朗以及行业的优胜劣汰，优质资产的争夺成了网贷行业竞争的核心点。在互联网金融行业面临"资产荒"的情况下，针对核心企业的上下游企业开展的产业链金融优势凸显。因此，有人将2015年称为产业链金融元年。产业链金融不是一个点，而是由多个点形成了一个链条，且彼此间紧密相连，风控也更加严谨和多层次，因此，产业链领域的资产相对更安全、更优质。

与供应链金融围绕核心企业的1+N模式控制风险相比，产业链金融是为产业链内部上下游企业提供融资服务的。通过实施产业链上下游间多企业资金筹措和现金流的统筹安排，合理分配各个环节的流动性，从而实现整个供应链财务成本的最小化。从产业链金融视角出发，针对中小微企业所处的产业链进行整体开发，提供全面金融解决方案，能在一定程度上解决中小微企业金融服务收集信息难、控制风险难、控制成本难的"三难"问题。同时，产业链金融对金融机构的专业性和产品研发能力提出了更高的要求。

自2007年"新两规"实施以来，中国信托业发展经历了长达8年的高速发展。信托行业的快速扩张一方面有力地支持了实体经济的发展，为广大的信托投资者带来了超额稳定的收益；另一方面信托公司粗放的发展模式也广受诟病，缺乏稳定的业务领域和核心的产品与客户，不能很好地适应经济形势变化的需要。中国银监会［2014］99号文件明确指出：信托公司应大力发展真正的股权投资，支持符合条件的信托公司设立直接投资专业子公司。鼓励开展并购业务，积极参与企业并购重组，推动产业转型。信托参与产业并购，无论是从自身的工具优势还是从近年来积累的实业投融资经验来看，都是极具想象力的一种业务类型。信托公司开展产业并购业务，本质就是充分发挥自身的跨平台资产配置和主动管理能力，打通产业链上下游，提高企业资金的运营效率，盘活社会资金存量，实现产融结合。目前不少信托公司都把并购业务作为重点发展方向。信托交易的灵活性使得信托在涉足多领域时有一定优势。

信托业开展产业链金融业务，需要调整经营理念，加强管理体制建设，构建可靠的信息服务系统，增强风险管理意识，实施全流程的风险监控，为客户提供高契合度的精细服务。在信托业还未大规模涉足产业链金融业务之时，谁的转型步伐越快，谁就能更好地进行产业链金融服务的资源重新配置，更快地占领产业链金融的需求市场。

本书在系统阐述产业链金融相关理论的基础上，对诸多国内外产业链金融案例进行了详细的分析，最后结合国网英大信托的现状，提出了英大信托开展产业链金融业务的策略。本书课题组由金融业从业人员与高校教师队伍组成，基于多年的金融从业经验和前沿的学术研究成果，开创性地对信托业开展产业链金融业务进行了系统深入的研究，相信本书将为我国信托业及其他金融业开展产业链金融业务提供有益的指导和借鉴。

目 录

第一篇　基础理论篇

第1章　产业链金融发展概述 … 3
1.1　产业链概述 … 3
1.2　产业链金融的内涵及特点 … 14
1.3　产业链金融主要模式分析 … 18
1.4　信托业在产业链金融中的作用 … 25

第2章　产业链金融业务的服务内容 … 27
2.1　市场调研服务 … 27
2.2　产业链整合服务 … 30
2.3　产业链金融整合服务 … 36
2.4　综合金融方案设计服务 … 40
2.5　市值管理服务 … 43

第二篇　市场环境篇

第3章　信托业开展产业链金融业务的宏观环境 … 51
3.1　信托业开展产业链金融业务的环境分析 … 51

3.2 信托业开展产业链金融业务的机遇与挑战 ················ 56

第4章 信托业开展产业链金融的行业选择 ················ 62

4.1 选定特定行业 ·· 62
4.2 选定产业链核心企业 ·· 64

第5章 信托业开展产业链金融的行业需求分析 ············ 69

5.1 产业链的市场需求 ··· 69
5.2 产业链的融资需求 ··· 75
5.3 产业链的信用评估 ··· 79
5.4 基于 SVM 的产业链应收账款信用风险评估 ············ 84
5.5 基于 AHP–VAGUE 的产业链并购信用风险评估 ······· 100

第三篇　产品设计篇

第6章 采购环节的应收账款信托产品设计 ················ 129

6.1 应收账款融资概述 ··· 129
6.2 应收账款融资方式 ··· 131
6.3 应收账款融资法律环境 ····································· 140
6.4 应收账款融资信托产品设计 ······························ 144
6.5 应收账款融资信托产品风险分析 ························ 147

第7章 销售环节的预付款融资信托产品设计 ············· 153

7.1 预付款融资概述 ·· 153
7.2 预付款融资方式 ·· 155
7.3 预付款融资法律环境 ······································· 159
7.4 预付款融资的信托产品设计 ······························ 160
7.5 预付款融资信托产品风险分析 ··························· 163

第8章 经营环节的抵押融资信托产品设计 166

- 8.1 抵押融资概述 166
- 8.2 抵押融资方式 167
- 8.3 抵押融资法律环境 169
- 8.4 经营环节抵押融资信托产品设计 174
- 8.5 抵押融资信托产品风险分析 177

第9章 资本经营环节的并购融资信托产品设计 179

- 9.1 产业并购融资概述 179
- 9.2 产业并购融资方式 183
- 9.3 企业融资法律环境 186
- 9.4 并购融资信托产品设计 193
- 9.5 并购融资信托产品风险分析 196

第10章 项目建设环节的项目融资信托产品设计 199

- 10.1 项目融资概述 200
- 10.2 项目融资方式 205
- 10.3 项目融资法律环境 212
- 10.4 项目融资信托产品设计 214
- 10.5 项目融资信托产品风险分析 217

第四篇 案例与实践篇

第11章 产业链金融案例分析 227

- 11.1 信托平台的产业链金融案例 227
- 11.2 非信托产业链金融案例 230

第12章 英大信托的产业链金融案例分析 …… 234

12.1 英大信托供应链金融投资发展基金 …… 234
12.2 英大股权投资集合信托计划 …… 243
12.3 英大信托—清洁能源基金股权投资集合资金信托计划 …… 250
12.4 英大信托应收账款信托融资 …… 260

第13章 英大信托在产业链金融业务体系的实践与探索 …… 266

13.1 英大信托产业链金融现状与需求 …… 266
13.2 英大信托在产业链金融业务的实践 …… 267

第14章 信托业建立产业链金融体系的问题及对策 …… 272

14.1 产业链金融业务发展过程中存在的问题 …… 272
14.2 信托业开展产业链金融业务的对策建议 …… 274

参考文献 …… 281

第一篇 基础理论篇

我国的产业链金融服务主要以银行为主体，侧重于供应链金融服务，且早在 2005 年就有国内银行开始了尝试。相比银行宽泛的经营领域和雄厚的资金实力，信托公司要想在竞争中脱颖而出，更应强调服务领域的专业化。作为中国的"实业投行"，信托公司为实体经济提供金融服务可以说是责无旁贷，而要想在服务的同时做大做强，提升行业掌控力，降低行业风险，就应树立产业链金融理念，从剖析产业集群发展要素入手，站在国家和行业发展的高度，审视产业发展规律，掌握产业链的组织结构、相互关系及金融需求变动规律，结合自身的竞争优势，选择特定的产业链作为服务对象，通过提供有效的产业链金融服务，提升产业链价值，达到立足产业、服务产业、扎根产业、整合和提升产业的目的，实现与产业链的合作共赢。信托公司应该以产业链金融为盾牌，阻隔其他金融机构进入自己的专属领地，同时通过对产业链的深耕，充分挖掘信托公司服务产业的潜力，并以此作为区分不同信托公司生存能力和竞争能力的重要指标。

第1章 产业链金融发展概述

1.1 产业链概述

1.1.1 产业链思想起源及含义

产业链思想最早来源于17世纪的经济学家亚当·斯密所著的《国富论》中对于劳动分工的描述,从"制针"这一例子中可以发现,劳动分工不仅将生产者和消费者分开,也将生产活动分为了上下游,从而在一定意义上形成最基本的产业链意识。马歇尔随后将这种意识上升为真正的理论,亚当·斯密则是将这种分工思想扩散到企业之中,强调了企业之间分工的重要性,企业在不同的分工中形成一种相互依靠的链条关系。1958年,赫希曼在他撰写的《经济发展战略》中真正地描述了产业链对于整个宏观经济的作用,由产业关联度、影响力系数、感应度系数等指标组合形成赫希曼基准或称关联效应标准。产业链思想是由西方国家提出并发展,直至20世纪90年代中国学者才最早使用产业链这一名词并将其运用于中国的农业经济,随后开始了一系列的产业链研究。

产业链的产生同人们的劳动分工有一定的联系,产业链的产生本质上是企业之间的劳动分工,企业为了节省费用而达到效用最大化,根据自身的组织架构以及优势特征等逐渐形成的产业内部分工,这样就产生了产业链。产业链即一种或几种资源通过若干产业层次不断向下游产业转移直至到达消费者的路径，各个产业部门之间是基于一定的技术经济关联。它包含四层含义：一是产业链是产业层次的表达。二是产业链是产业关联程度的表达。产业关联性越强，链条越紧密，资源的配置效率也越高。三是产业链是资源加工深度的表达。产业链越长，表明加工可以达到的程度越深。四是产业链是满足需求程度的表达。产业链始于自然资源、止于消费市场，但起点和终点并非固定不变。

产业链是价值链、企业链、供需链和空间链这四个维度在相互对接的均衡过程中形成的。

价值链与产业链之间的关系类似于内部本质与外在表现的关系，价值链的形成是产业链形成的一个基础，它贯穿了整个产业链的所有环节，产业链的形成就是为了增加各个环节中的价值，最后达到产业的价值最大化。企业在不同环节的分工，将价值链分割在产业链的各个部分，价值链的结合使得企业之间的合作达到"1+1>2"的效果。

企业链是由企业生命体通过物质、资金、技术等流动和相互作用形成的企业链条。组成企业链的企业彼此之间进行物质资金的交易以实现价值的增值，又通过资金的反向流动相互联系。企业链是企业生命体与生态系统的中间层次。不同点上的企业对企业链的形成和稳定都有一定作用，企业的活力和优势决定了企业链的活力和优势，同时企业链也会对企业进行筛选，通过优胜劣汰实现企业和企业链的协同发展。企业链中的企业也通过不同渠道与该企业链以外的企业进行合作，不同企业链实际上是相互联系的，构成网状结构。优势企业会形成核心节点，占据优势位置。

供需链是产业链的基础，包括了需求、供应以及技术；需求包括了消费者以及生产者的需求，供应主要是指物流以及生产要素的供应，技术不仅包括产品的生产还包括后续的服务。

空间链，从字面解读可以发现其与地域有一定的关系，空间链主要指产业链的地域分布问题，可以分成全球、国家、地区三个层次。企业链通过不同的空间分布来进行价值和供需的传导，最终形成完整的产业链。

总之，产业链的本质是用于描述一个具有某种内在联系的企业群结构，存在两维属性：结构属性和价值属性。产业链中存在着大量上下游关系和相互价值的交换，上游环节向下游环节输送产品或服务，下游环节向上游环节反馈信息。产业链是对产业部门间基于技术经济联系而表现出的环环相扣的关联关系的形象描述。

1.1.2 产业链结构属性

产业链的结构可以从两个角度来描述：结点和环节。结点是产业链上的经济活动主体，如供应商、生产商、销售商等，各结点之间基于内在的技术经济联系进行紧密合作就构成了产业链。环节是产业链上的经济活动单元，如产品研发、生产、销售、服务等，各环节根据产品生产周期的内在要求进行关联就构成了产业链。

产业链上各环节的地位是不同的，有关键环节、基础环节、辅助环节之分。关键环节是产业链上生产某种产品或提供某种服务的若干个环节中处于核心地位的某个或某些环节。基础环节是产业链上除关键环节以外、生产某种产品或提供某种服务的其他环节。辅助环节是产业链上与关键环节和基础环节配套的上、下游环节，如物流、中介环节。

关键环节在产业链上处于核心和主导地位，与其他环节关系紧密，能带动产业链上下游环节的协调发展。一般而言，关键环节都是产业链上的高附加价值、高利润、高增值环节，控制关键环节对掌握产业链的话语权具有关键意义。关键环节具有漂移性的特点，在不同发展时期、不同经济条件下，产业链上的关键环节随着产业链上最大价值增值环节的转移而不断地上下游动。

关键环节上规模较大，前向、后向、旁侧关联关系均较紧密，科技含量比较高，市场前景比较好，增值能力比较强，具有较强的核心竞争优势和竞争潜力的结点就是链核，链核在产业链上处于领袖地位，能带动整个产业链的发展，以谋求在行业内的比较竞争优势。

从宏观空间或全球视角出发，产业链的各个环节都是环环相扣、咬合紧密的，各产业链的差别主要体现为链条类型的不同、链环内涵的差异与链环数量的多寡，但都表现为一条条完整的产业链。从特定的地域空间来看，产业链一般不具有完整性，通常是完整链条中的一段或相对分离的若干链环，其表现形态大多为一些断链、短链或孤环。

从产业链空间分布特点来看，产业链的结构又有如下三个特点：

（1）产业链的完整性与经济区划紧密相关。产业链是相关产业活动的集，其构成单元是若干具有相关关系的经济活动集合，即产业环或者具体的产业部门；而产业环（产业部门）又是若干从事相同经济活动的企业群体。从事相似或相同经济活动的企业为实现自身利益最大化，必然努力探寻自身经济活动的优区位。在这种"循优推移"过程中，一方面，产业环（产业部门）的微观构成单位——企业，为了获取集聚经济效益，逐步聚集到适合其发育成长的优区位，即原先分布于各区域的同类企业在优区位实现"企业扎堆"（Clusters）；另一方面，各个产业环（产业部门）为了获取地域产业分工效益，由于具有不同经济特点和追求各自的优区位而在空间上趋于分散。这样，产业链系统内企业和部门循优推移的空间经济结果是，产业链的各环节分别布局或配置到适合其经济活动特征的特定地点（Specific Locations）。正因如此，当经济区划尺度较大时，如大经济地带、大经济区、省域或者流域经济区时，或者说大到几乎囊括产业链所有环节的地域空间时，产业链表现出明显的完整性；当经济区划尺度较小时，如仅是市域、县域或者说是产业集中发展区时，其地域范围一般难以包括产业链的各环节，这对于某一经济区域而言可能形成了特色产业，但是产业链却表现出明显的断续性。

（2）产业链的层次性与区域类型密切相关。产业链是产业环逐级累加的有机统一体，某一链环的累加是对上一环节追加劳动力投入、资金投入、技术投入以获取附加价值的过程，链环越下移，其资金密集性、技术密集性越明显；链环越上行，其资源加工性、劳动密集性越明显。由此，欠发达区域与发达区域的类型划分，往往是依据其在劳动地域分工格局中的专业化分工角色。一般而言，欠发达地区更多地从事资源开采、劳动密集的经济活动，其技术含量、资金含量相对较低，其附加价值率也相对较低；发达地区更多地从事深加工、精加工和精细加工经济活动，其技术含量、资金含量相对较高，其附加价值率也相对较高。因此，区域类型与产业链的层次之间产生了内在的关联关系，欠发达区域一般拥有产业链的上游链环，其下游链环一般则布局在发达区域。

（3）产业链空间分布具有明显指向性。优区位指向引导产业环集中或者分散地布局在不同的经济区位，表现为产业环具有明显的空间指向性。这种空间指向性主要表现在如下三个方面：

第一，资源禀赋指向性。产业环基于对优区位的追求，势必在某种程度上依赖区域的资源禀赋，而后者的空间非集中性引起追逐资源禀赋的产业环的空间分散性。

第二，劳动地域分工指向性。劳动地域分工使得各区域具有了自身的专业化生产方向，产业链对专业化分工效益的追求便造成了产业环的空间分散性。

第三，区域传统经济活动指向性。区域传统经济活动通常是区域特定资源禀赋和区域经济特色的体现，经济活动的路径依赖性和惯性使得区域在产业链分工中具有深深的烙印。

1.1.3 产业链价值属性

1985年，哈佛商学院的教授迈克尔·波特在其所著的《竞争优势》一书中首次提出了价值链的概念，波特认为，每一个企业都是在设计、生产、销售、发送和辅助其产品的过程中进行种种活动的集合体。所有这些活动都可以用一个价值链来表明。企业的价值创造是由一系列活动构成的，迈克尔·波特指出，价值链是对增加一个企业的产品或服务的实用性或价值的一系列作业活动的描述，主要包括企业内部价值链、竞争对手价值链和行业价值链三部分。此后，基于价值链的产业链研究才逐步成为当今企业战略管理研究的热门话题。从这个方面来说，迈克尔·波特的"价值链"理论的提出大大推进和丰富了产业链的相关理论研究。当然，我们也应该清楚地认识到，价值链就是价值链，产业链就是产业链，尽管两者高度相关，但毕竟不是一回事。我们认为，迈克尔·波特教授的"价值链"理论主要关注的是企业内部的价值增值活动，产业链理论所关心的则主要是企业之间的价值增值问题。一个是站在企业角度，另一个是站在产业层面，两者研究的视角并不相同。

尽管我们并不同意产业链就是价值链的观点，但是，我们仍然像迈克尔·波特一样关注产业链中的企业价值活动，仍然重视产业链中不同环节的企业行为的价值增值问题。我们甚至相信，产业链中不同环节的企业价值活动、企业行为的价值增值问题正是产业链理论的核心问题。从这个意义上讲，一些文章所说的"产业链主要是指产业价值链"的观点是完全站得住脚的。强调产业链与价值链的关联性,实际上,就是强调产业链的价值增值属性。

产业链形成的动因在于产业价值的实现和产业链的创造是产业价值实现和增值的根本途径。任何产品只有通过最终消费才能实现,否则所有中间产品的生产就不能实现。同时,产业链也体现了产业价值的分割。随着产业链的发展,产业价值由在不同部门间的分割转变为在不同产业链节点上的分割,产业链也是为了创造产业价值最大化,它的本质是体现"1+1>2"的价值增值效应。这种增值往往来自产业链的乘数效应,它是指产业链中的某一个节点的效益发生变化时,会导致产业链中其他关联产业相应地发生倍增效应。产业链价值创造的内在要求是:生产效率≥内部企业生产效率之和(协作乘数效应);产业链实质上是一种产业的联盟和协作形式,各结点和环节能共享诸多产业要素,包括物资、人才、市场、技术和信息等。一方面,产业链能整合各主体的经济资源,促进采购、生产、营销以及人力资源管理的协调统一,从而降低交易成本,提高流程能力,提高产业链的整体生产力;另一方面,产业链上各节点连接着消费者的需求和趋向,并与产业链上其他节点联系密切,因此,能及早知道关于技术、先进元件、原材料的供应以及服务和市场的概念,促使产业链的持续创新。此外,各节点和环节的协同,可以使一项新的管理经验得以不断推广和创新,使一项新的技术应用于相关或相似的经济活动中去,从而提高产业链的创新能力,延伸比较竞争优势。同时,交易成本≤内部企业间的交易成本之和(分工的网络效应)。企业间的关系也能够创造价值。价值链创造的价值取决于该链中企业间的投资。不同企业间的关系将影响它们的投资,并进而影响被创造的价值。通过鼓励企业做出只有在关系持续情况下才有意义的投资,关系就可以创造出价值来。

产业链的价值主要通过持续创新效应、区域品牌效应、共生模式效应三个方面体现,产业链的发展推动了区域经济的增长。

(1) 产业链的持续创新效应。持续创新是指创新主体持续性地在产品生产、工艺流程、管理制度等方面进行创新性的改革,从而实现了企业经济效益与社会效益兼得的局面,最终获得企业的持续发展。处于产业链上的企业,相对于外部孤立的企业而言更易于创新。其原因主要有以下三点:

首先,空间位置的彼此接近性增加企业间的信任,并能够用个别低的成本来共享产业链区域的所有必要资源。

其次,产业链上企业之间的紧密合作为持续创新创造了机会。由于创新活动的高风险性,使得产业链内各个单元间的联系更加密切。产业链条中的公司更加依赖其产业链上其他企业的互补性,由此可见,创新活动已转变为非线性的过程。

最后,产业链所在区域内各类支撑机构的存在降低了持续创新的成本。产业链所在区域内一般分布着大量支撑机构,如科研院所、中介服务机构以及金融机构等,这些支撑机构共同提供的网络平台为企业持续创新提供了稳定、方便、高效的机制。企业与区域内科研院所的多方位合作解决创新难题,减少费用支出,赢得持续创新优势和竞争优势,中介服务机构为企业提供了各种政策、信息咨询以及知识产权保护服务,有助于保护发明者的创新收益,减少创新的不确定性,以降低机会成本。企业利用风险投资等金融机构的资金投入,有效地进行投资组合,分散了企业和投资者的风险,有助于企业的发展壮大,实现持续的创新和竞争优势。

(2)产业链的区域品牌效应。产业区位是产品品牌的象征,即产业链所在的区位具有完善的基础设施、完备的服务功能、良好的服务品质,具有一定竞争优势的核心业务,在相同或相近的区域中,能够吸引这些产业向该区域内集聚,并且能够不断促进区域内产业的技术进步和创新,保持产业链区位的持续发展,最终使区域内产业和产品在市场竞争形成明显优势。

1)产业链有利于区域品牌的形成。区域品牌的形成是随着产业链的产生、成长而逐步形成的。这是因为大量相互关联的企业及机构通过专业化分工和协作而结成本地化网络,这既克服了单个企业参与市场交易的分散性和不确定性风险,又可避免层级制企业的低效率。同时,这些企业采取弹性专精的生产方式,通过竞争和合作、相互协作和补充,形成学习和创新机制,共同推动区域的发展和企业的持续创新。正是产业链这种集聚、竞争、合作、学习和创新的内在机制和弹性专精的生产方式,创造了产业链的营销优势,从而促成了区域品牌的形成。产业链形成之后又可以加速区域品牌的传播。在一个地区,产业链条上的企业可以通过建立产业链的区域整体品牌、加强营销网络取得协同效应,营造市场优势。大量企业形成集群后可以集中广告宣传的力度,利用群体效应,形成产业链整体品牌。在广告宣传上,易于调动企业投入的积极性，可以改变单个企业因广告费用过大，不愿过分投入的状况，集中众多中小企业的财力开展广告宣传，使每个企业都受益。同时产业链整体品牌与单个企业品牌相比更形象、更直接，更具有广泛的、持续的品牌效应。

2) 产业集群有利于区域品牌的维护。当产品的卖方比买方有更多信息时，使低质量的商品驱逐高质量的商品。产业链在规避信息不对称问题、制造和传播"正的市场信息"方面至少有下面三方面优势：

首先，产业链是一种经济活动的空间集聚现象。产业地域空间的集中性使得在激烈的市场竞争中，即使是各个企业相互独立地进入市场，但是市场对这些企业的产品和服务都会有一个特定的地域性认识。这种产品和服务在市场中独一无二的地域特性，会使得无论是链内的企业还是链外的企业，只要其利用本地区的名义采取以次充好的市场欺诈行为，那么，由于其损害的是整个地方产业链的利益，任何链内相关行为主体都会对此做出相应的规范措施。具体来讲，由于这种欺诈行为损害的是本产品或服务特定的地域品牌，所以，不但损害了当地产业集群中所有企业的市场利益，而且损害了当地政府的利益。因此，无论是企业还是政府都会主动干预这种市场欺诈行为。由此可以看出，特定的地域产业品牌是一根强有力的利益纽带，其将产业链内的企业以及地方政府等相关行为主体紧密地联系在一起，任何来自内部或外部的市场欺诈行为，只要损害的是这根利益纽带，就必然会招致这根纽带所连接的所有行为主体的一致反击。正是这种产业链内部对整体利益的自发性保护机制，使世界上任何一个成熟的区域产业链内都有一个特定的中介组织（如行会）来对其内部做出严格的行业规范要求，用来处理来自链条外部的、损害本产业链利益的市场欺诈行为。由于对抗这种市场欺诈行为的不是各个独立的企业，而是代表整个区域产业链利益的中介组织，就保证了其不但有能力处理这种欺诈行为，而且能够保证处理结果的公正性和威慑性。

其次，产业链是一个包含了某一产业从投入到产出以至流通的各种相关行为主体的完备的经济组织系统。这就使得产业链不但能够从产业生产链条的各个环节来控制产品的品质，而且还能够将生产环节与产品的流通环节相联系起来。一方面，产业链能够很好地将产品的品质要求融于整个生产过程，而不是到产成品的时候才来检验产品的质量，这时候即使发现了质量问题也很难将其修改过来；另一方面，由于产业链中生产环节与流通环节紧密联系，以至于产业链不但能够很快获取市场中对产品或服务的新要求和需求，而且还能够为所生产的产品和服务提供更加完善和可靠的信誉保证。

最后，产业链存在和发展的核心是特定的地方优势产业，这种特定的地方优势产业一般都意味着产业链在该产品或服务市场中占有很大的市场份额，这就为产业链制定整个行业的各种生产标准和市场规范提供了便利条件，由此也就为整个产业的规范发展提供了可靠保证。

（3）产业链的共生模式效应。产业链是经济布局和经济组织中，不同地区的不同产业之间或相关行业之间基于竞争力或竞争潜力的需要而构成的具有链条绞合能力的经济关系。它作为经济社会的一种联合方式，形式上一般表现为：在某个特定地理区域内，大量互相联系的企业（包括直接满足特定需求或进行特定产品生产及服务提供的企业集合以及相关配套性的组织集合），为了获得更大的生存发展机会，依靠比较稳定的分工协作，在某一产业或产品生产中形成具有竞争优势的群体。因此，产业链就是一个共生态。经济主体单元在一定的共生环境下，通过某种共生模式结合起来创造利润、分享利润所形成的经济关系。

1）共生带来交易成本的节约。共生体的各共生单元之间通过不同的共生模式，主要以互惠互生、连续共生为主，从而降低各种有形和无形的交易成本。具体而言，由于空间上的接近，可以导致企业交易的运输成本大幅度降低，更主要的是由于企业之间的长期接触可以使企业达成一种默契，容易建立信誉机制和信赖关系，使企业的各种机会主义行为大为减少。相互的信任使各种有关战略、人才、产业信息、市场知识等信息的搜集和使用成本以及各种合约的谈判、执行和监督成本都将大大降低。

2）共生产生专业化效应。产业内企业是产业链条上的不同环节，它们之间总是存在专业化分工。产业链共生体内的企业更容易找到企业化的雇员，而雇员的专业化知识更容易使其在专业领域有所突破，实现创新。共生产生的专业化效应还表现为企业更容易获得各种供给，从而可以增强共生体内共生企业的讨价还价能力，取得价格优势。

3）外部规模经济。外部经济的概念是马歇尔在其1890年出版的《经济学原理》中提出的，是指企业或个人向市场之外的其他人所强加的利益。他的外部经济包括了小企业群落所产生的外部经济。马歇尔较早地注意到了产业区域内的企业间相互联系建立在合作、相互依赖和信任的基础上，这些联系促使了创新。企业之间由于共生而造成的知识溢出效应，享受专业化分工以及共享公共设施，如硬件、信息数据库等软件设施。

4）社会资本的积累。共生体是各共生单元自组织的综合体，而不是无组织的混合体。在产业链共生体内部，由于产业内企业长期持续地共生，不断接触磨合，经过多次重复博弈，往往减少自己的各种机会主义行为而采取相互信任的做法。这个过程就是社会资本不断积累的过程。一般而言，共生体越稳定，则相应的社会资本越雄厚，产业链发展的潜力也越大，特别是对于企业创新潜力的挖掘。

5）提升对外综合竞争力。产业共生体内各共生企业作为集体，其生产方式相对灵活和多样化，这种集体的灵活性保证了对高度多样化的消费需求和投入供应的及时反馈，对新技术和市场信息的快速吸收以及对劳动力资源的有效使用、培训和分配。再者，产业共生体内各共生单元对外往往共用地域品牌，具有强大的广告效应。无论是在与国内其他企业竞争，还是参与国际竞争时，均可以以整体形象推出，共享信誉，并凭借对外综合竞争力获得优势。

1.1.4 产业链的分类及特性

根据产业部分之间联系方式的不同，可将产业链分为接通产业链和延伸产业链两种模式。接通产业链是指将一定地域空间范围内断续的产业部门借助某种产业合作形式串联起来；延伸产业链则是将一条既已存在的产业链尽可能地向上下游拓展延伸。产业链向上游延伸一般使得产业链进入基础产业环节和技术研发环节，向下游拓展则进入市场拓展环节。产业链的实质就是不同产业的企业之间的关联，而这种产业关联的实质则是各产业中企业之间的供给与需求关系。

产业链具有以下三个特性：

（1）完整性。产业链是相关产业活动的集合，其构成单元是若干具有相关关系的经济活动，即产业环或者具体的产业部门；而产业环又是若干从事

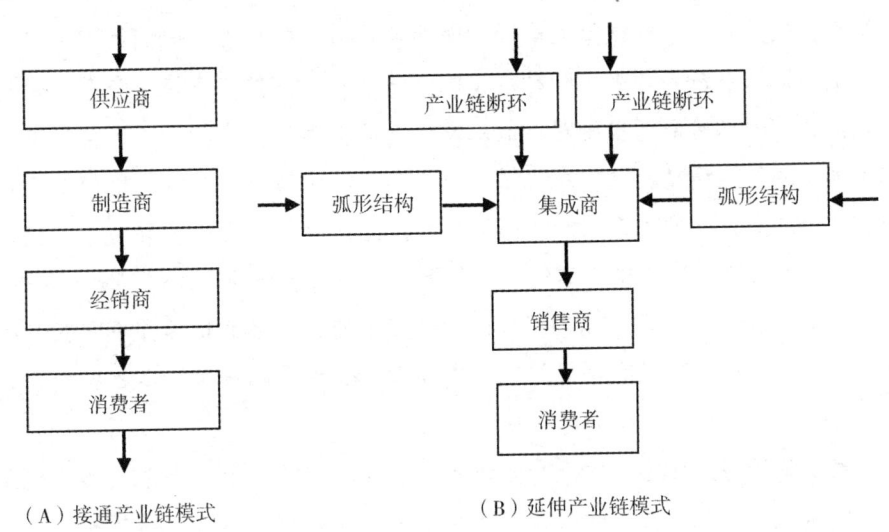

图1-1 产业链的两种模式

相同经济活动的企业群体。从事相似或相同经济活动的企业为实现自身利益最大化，必然努力探寻自身经济活动的优区位。在这种"循优推移"过程中，一方面，产业环（产业部门）的微观构成单位——企业，为了获取集聚经济效益，逐步聚集到适合其发育成长的优区位，即原先分布于各区域的同类企业在优区位实现"企业扎堆"；另一方面，由于各个产业环具有不同经济特点，为了获取地域产业分工效益和追求各自的优区位而在空间上趋于分散。这样，产业链系统内企业和部门循优推移的空间经济结果是，产业链的各环节分别布局或配置到适合其经济活动特征的特定地点。正因为如此，当经济区划尺度较大时，如大经济地带、大经济区、省域或者流域经济区，或者大到几乎囊括产业链所有环节的地域空间时，产业链表现出明显的完整性；当经济区划尺度较小时，如仅是市域、县域或者产业集中发展区时，其地域范围一般难以包括产业链的各环节，这对于某一经济区域而言可能形成了特色产业，但是产业链却表现出明显的断续性。

（2）层次性。产业链是产业环逐级累加的有机统一体，某一链环的累加是对上一环节追加劳动力投入、资金投入、技术投入以获取附加价值的过程，链环越是下移，其资金密集性、技术密集性越是明显；链环越是上行，其资源加工性、劳动密集性越是明显。由此，欠发达区域与发达区域的类型划分，往往是依据其在劳动地域分工格局中的专业化分工角色。一般而言，欠发达地区更多地从事资源开采、劳动密集的经济活动，其技术含量、资金含量相对较低，其附加价值率也相对较低；发达地区更多地从事深加工、精加工和精细加工的经济活动，其技术含量、资金含量相对较高，其附加价值率也相对较高。因此，区域类型与产业链的层次之间产生了内在的关联关系，欠发达区域一般拥有产业链的上游链环，其下游链环一般布局在发达区域。

（3）指向性。优区位指向引导产业环集中或者分散地布局在不同的经济区位，表现为产业环具有明显的空间指向性。这种空间指向性主要表现在如下方面：

第一，资源禀赋指向性。产业环基于对优区位的追求，势必在某种程度上依赖区域的资源禀赋，而后者的空间非集中性引起追逐资源禀赋的产业环的空间分散性。

第二，劳动地域分工指向性。劳动地域分工使得各区域有了自身的专业化生产方向，产业链对专业化分工效益的追求便造成了产业环的空间分散性。

第三，区域传统经济活动指向性。区域传统经济活动通常是区域特定资源禀赋和区域经济特色的体现，经济活动的路径依赖性和惯性使得区域在产业链分工中有深深的烙印。

1.2 产业链金融的内涵及特点

1.2.1 产业链金融的内涵

产业链金融是近期兴起的一种金融创新，它可以充分发挥金融机构资源配置平台的作用，整合产业链上下游企业的金融需求，将核心企业、供应商、经销商与金融机构利益紧密联系起来，通过提供全方位的金融服务，提高金融资源的使用效率，增强对全产业链的金融支持力度，有力地促进产业的转型升级，同时通过对产业链资源和信息的整合，强化对全流程的交易掌控，实现由对单一企业风险控制向全产业链风险控制的转变，便于金融机构评估和掌控产业整体的风险。产业链金融的最大优点是将服务对象由单个企业转变为整个产业链企业，解决了中小企业的融资难题，与此同时，将单个企业的不可控风险转化为整个产业链的可控风险，这种模式也被称为"M+1+N"（见图1-2）。

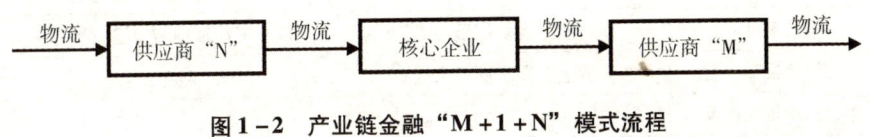

图1-2 产业链金融"M+1+N"模式流程

其中，"1"代表产业链上的核心企业，"M"和"N"分别代表上游供货商和下游经销商。金融机构通过对产业链上各方资金流动情况的综合分析以及相应授信风险的估算，在产业链各个环节上选择一些合适的企业提供融资服务。

（1）"M"上游企业金融服务。将核心企业的授信情况作为基础，金融机构为上游供应商提供相应的授信支持。在采购环节涉及的资金占用科目是预付账款，可以提供预付账款融资的融资模式，延迟支付时间，缩小核心企业的现金流缺口。对上游供应商提供的融资支持，既能确保物流供应的及时，也能为上游供应商解决融资问题，并为核心企业争取更优惠的供货条件。

（2）"1"核心企业金融服务。金融机构可以通过动产质押的产业链融资业务模式解决核心企业的自身融资问题，而金融机构则需要在核心企业的帮助下对产业链上下游供销商的经营状况进行监督和评估，降低信息不对称带来的融资风险，并根据上下游中小企业的特点设计出有针对性的金融产品服务。

（3）"N"下游企业金融服务。在销售环节，金融机构向下游经销商提供应收账款融资的产业链融资业务模式，帮助下游经销商解决其在卖出商品前的现金流缺口。向下游经销商提供的融资支持，能帮助核心企业建立更为完善的销售网络，有利于核心企业市场份额的扩大。

产业链金融服务可以为金融机构、核心企业与上下游供销商创造一个三赢的格局，对于中小企业来说，信用捆绑能够帮助其解决长期存在的融资问题；对于核心企业来说，则避免了资金链断裂所造成的风险；金融机构则消除了信息不对称所带来的困扰，从而减少了中小企业融资所需要的成本。通过表1-1来比较一下传统融资方式与产业链金融融资方式的主要不同点。

表1-1　产业链融资方式与传统融资方式对照

	产业链融资方式	传统融资方式
授信条件	动产质押、货权质押等	核心资产抵押与第三方担保
授信主体	产业链上有需求的多个企业	单个的独立企业
金融机构参与程度	监控企业间的资金流	关注企业本身
风险程度	较小	较大
业务效率	手续简易，及时有效	流程复杂，效率较差
业务效果	提升整个产业链的竞争力	缓解企业的资金困境

1.2.2　产业链金融的特点

与我国金融行业的传统信贷模式相比，商业银行的产业链金融发展模式具备了独特的金融特点。具体来说，主要表现在以下五个方面：

第一，产业链金融是整个产业链的一种信息整合。它将产业链当作一个虚拟的企业，但又利用网络将以商业银行为核心的各行业交叉和联系起来，促进了物流、商流、信息流以及资金流的整合，进而实现信息集的最大化。

第二，产业链金融具有以商业银行为主体的巨大客户群体。大量收集信息，进而缩小产业链信息之间的不对称，最终让商业银行的小微客户、中小客户都能实现一种爆发式的增长。

第三，在产业链金融的构建过程中，大量专家学者参与其中，为其金融服务的综合性奠定了基础。因此，产业链金融具备了最为专业的服务团队。

第四，改变了传统的金融服务模式，构建了全新的体系。以商业银行为核心的相关企业或者上下游企业共同构建了整个产业链，促进了批量化和专业化的开发。

第五，人性化和差异化地进行客户服务，体现了金融服务的层次性。例如，针对大中企业可以推出金融管家的服务。而针对小微企业客户，则可以推出针对性的综合性服务。针对区域客户则提供产业集群的综合性服务。

1.2.3 产业链金融的重要意义

产业链金融将金融机构、企业、物流、协会等第三方金融和非金融机构紧密联系在一起，在推动经济发展、降低金融风险、体现商业银行差异化、品牌化等方面具有重要作用。

1.2.3.1 有利于稳固金融机构客户基础，降低信贷风险，提高资金运行效率

产业链金融促使商业银行等金融机构从"融资中介"逐步转变为集提供支付、融资、财务顾问、产业链整合、管理咨询等多种金融服务于一身的"服务中介"。针对各产业环节、各类型企业、各区域的不同特点，提供综合化、差异化的产品与服务模式，大大增强了与目标客户的结合度。同时，商业银行等金融机构利用产业链金融生态圈中的物流、质监等第三方机构，全面掌控整个产业链的物流、信息流、资金流，从而由对企业个体的评估转变为对业务链的整体评估，有效降低了风险。并且商业银行等金融机构通过现金管理服务和产业链贸易产生的未来现金流作为还款来源等方式，提高了社会资金运用效率。

1.2.3.2 有利于增强企业活力，缓解小微企业融资难问题提升产业链整体竞争力

产业链金融通过信息整合可整体增加产业链内企业信用等级，提升企业融资能力，可通过对产业链上中下游企业提供综合性的金融类和非金融类服务，提升产业链资金流动速度和物流速度，提升企业盈利能力。同时，商业银行等金融机构借助产业链的信息整合平台，能够全面客观地了解企业经济状况，减少银企之间的信息不对称，并借助"信用捆绑"连接核心企业与产业链上的小微企业，有效帮助小微企业摆脱融资难与供销失衡的困境，从而大幅提高产业链的生产效率与产业链的整体竞争力。

1.2.3.3 有利于打造产业链金融生态圈，促进产业转型升级

产业链金融生态圈是指，商业银行等金融机构通过整合资金、信托、保险、物流、行业协会等金融与非金融资源，围绕产业链上各主体的需求，提

供全方位的金融服务，从而将金融机构、非金融机构以及产业链上所有企业有机地联系在一起，构筑安全稳定的金融生态系统。产业链金融生态圈下，产业链将逐步演变成由大企业主导、中小微企业参与协作的分工模式，同时演变成兼具"稳定交易、利益共享"特征的价值链体系。通过对产业链进行风险评估，对物流、资金流、信息流进行全面风险评估，不断优化各种金融产品和服务，引导并推动重点领域与行业转型调整，解决产业链失衡问题，促进产业转型升级。

1.3　产业链金融主要模式分析

1.3.1　产业链金融的主要模式

目前，在金融机构中，商业银行仍然是开展产业链金融业务的主体，除此之外，还有少量电商平台及信托公司涉足产业链的供应链金融业务。

1.3.1.1　经销商、供应商网络融资模式（见图1-3）

这种模式是产业链金融最典型的融资模式，是以核心企业的信誉和实际交易进行担保，对核心企业的上下游供销商提供授信。核心企业的监管帮助银行减少了对中小企业供应商进行资格审查，信用风险评估的成本，也一定程度上避免了信息不对称造成的损失。目前，这种融资模式主要运用在汽车、钢铁等供应链管理较为完善的行业，这些行业内核心企业和供应链成员关系紧密，并有相应的准入和退出制度。

1.3.1.2　银行物流合作融资模式（见图1-4）

银行为了控制风险，对企业的商品规格、型号、质量、原价、销售区域、承销商等需要查看权利凭证原件以辨别真伪，但是这些工作超出了金融机构的业务，但对于物流企业来说却是日常工作，对商品库存的变动流通都非常明了，也乐于为客户提供金融担保作为物流增值服务项目。在合作中，物流企业作为第三方机构介入融资过程，通过向金融机构提供自有库监管、在途

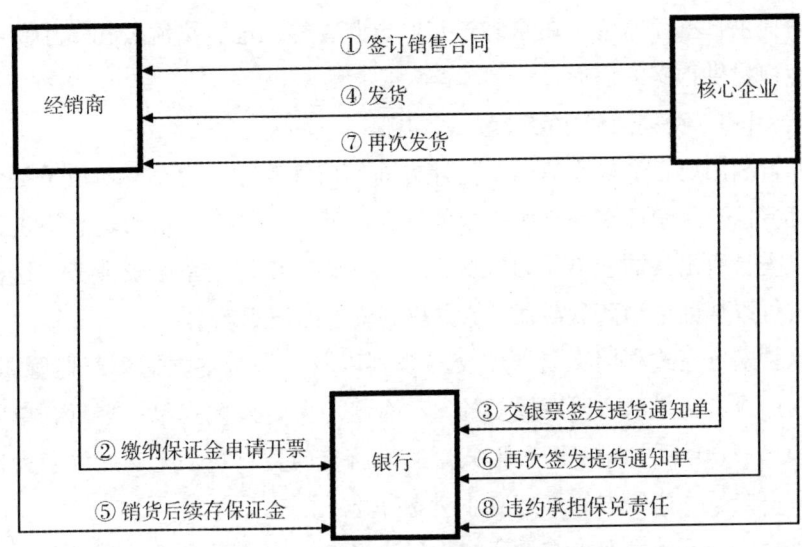

图1-3 经销商、供应商网络融资模式

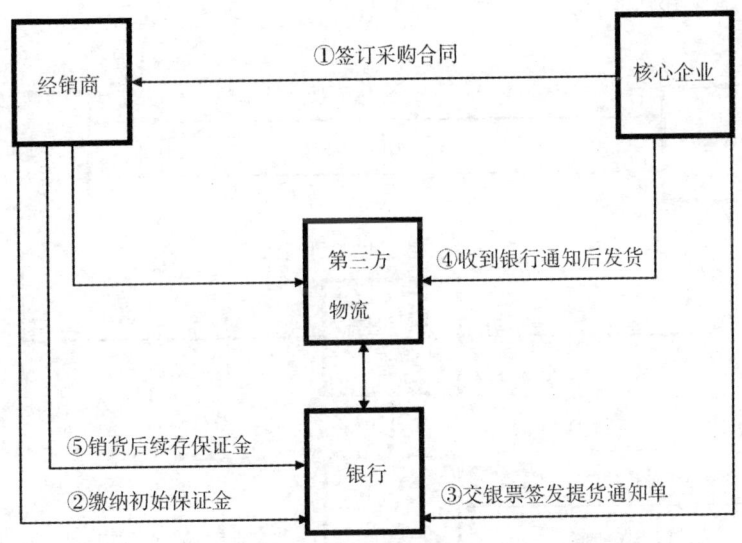

图1-4 银行物流合作融资模式

监管和输出监管等服务,为客户提供授信。

该模式的核心在于银行借助物流公司的专业能力控制风险,银行可以通过与物流公司合作发现并切入客户群,拓展业务空间。主要合作形式包括物流公司提供自有库监管、在途监管和输出监管等,也有物流公司基于货物控制为客户提供担保的情形。

1.3.1.3 交易所仓单融资模式(见图1-5)

银行利用所在交易环节以及仓储方面的监管职能,为交易所成员提供动产质押授信。经销商在保有所有权的同时将货物存放在交易市场仓库进行监管,以交易所出具的仓单作为融资担保,向银行申请仓单融资业务。这种融资方式可以帮助经销商盘活存货,并提高资金的使用效率。

这种融资模式利用交易所的交易规则以及交易所中立的动产监管职能,为交易所成员提供动产质押授信的一种金融服务。该模式包括现货仓单质押融资和未来仓单质押融资两种形式。交易所有两类,一是上交所等三大期货交易所,二是一些地方的大型专业交易市场。

该模式的推动力在于交易所和批发市场方具有促进交投的利益驱动,进而关心会员的资金流问题。因此商业银行可以将交易所作为"1",会员作为"N"实施业务开发。

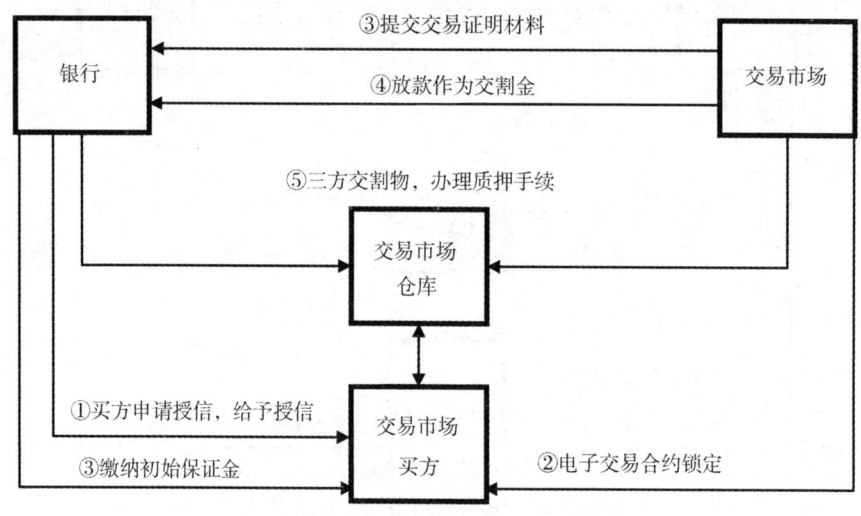

图1-5 交易所仓单融资模式

1.3.1.4 订单融资封闭授信融资模式(见图1-6)

这是银行通过预付账款融资和应收账款融资的产品组合,为经销商提供授信的一种金融服务。这种融资服务模式适用于多个不同产业领域的中间商，既提高了资金的周转速度，又减小了短期内企业现金流缺口。

该种服务实际上突破了"1+N"的模式，其主要交易特点为"两头大、中间小"，即"1+N+1"，适用于多个不同产业领域的中间商，如以煤炭企业为上游、钢铁企业为下游的经销商，以办公设备生产企业为上游、政府采购平台为下游的经销商等。

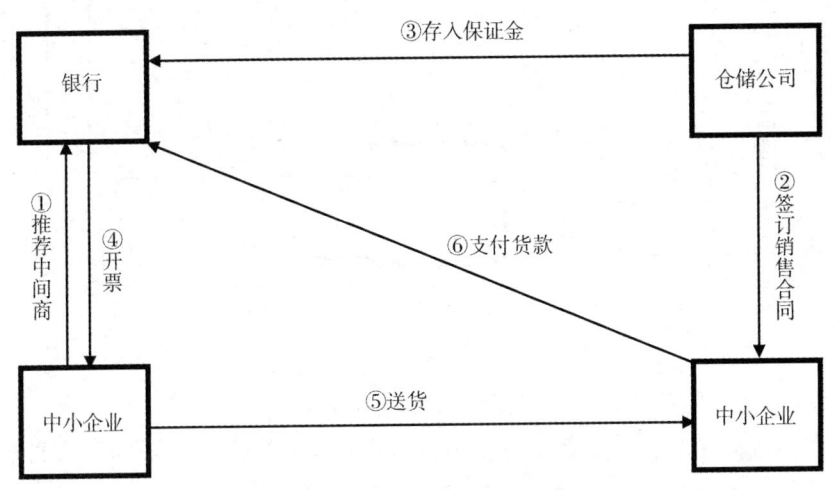

图1-6 订单融资封闭授信融资模式

1.3.1.5 设备制造买方信贷融资模式（见图1-7）

在生产商和下游经销商签订销售合同后，银行为下游经销商提供授信，用来购买生产商的设备。这种模式不需要第三方物流等机构的监管，在有关部门登记，并进行设备（固定资产）抵押即可。

这种融资模式与传统先款后货融资模式的区别在于以下三点：

第一，融资主体不同。先款后货融资模式的融资主体是经销商；设备制造买方信贷融资模式的融资主体是生产企业。

第二，担保方式不同。先款后货融资模式的担保方式为动产（即存货）质押或抵押，均需引入第三方物流企业监管；设备制造买方信贷融资模式的担保方式为设备（固定资产）抵押，在有关部门登记即可。

第三，融资工具不同。先款后货融资模式的基本融资工具为银票（期限较短);设备制造买方信贷融资模式的基本融资工具为中长期贷款(期限较长)。

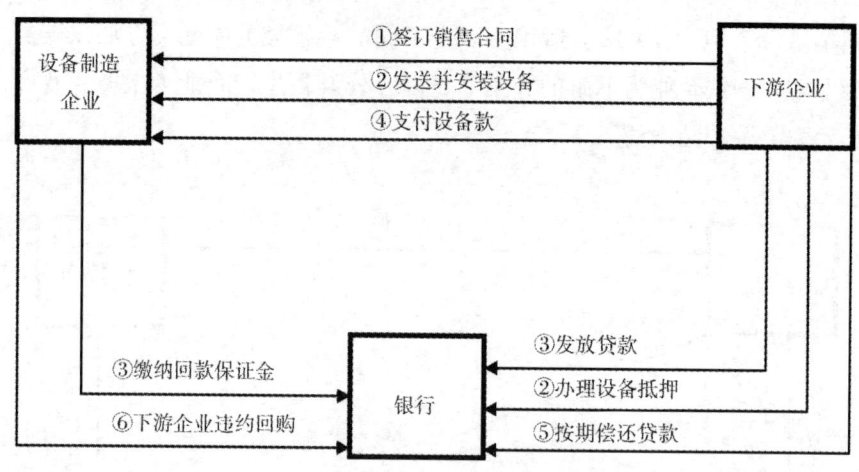

图1-7 设备制造买方信贷融资模式

1.3.1.6 电商生态系统内融资模式(见图1-8)

这种模式是非银行金融机构基于自身电子商务平台上企业间的交易数据为基础,向核心企业上下游供销商提供信用或抵押贷款。通过将小微贷款业务引到线上,并通过数据进行分析,能在降低成本和风险的同时,最大限度地为中小企业提供融资。目前这种模式的代表有蚂蚁金融、京东金融以及宜信与亚马逊合作的商家贷款等。

1.3.1.7 供应链信托融资模式(见图1-9)

在此种融资模式下,信托公司利用自身吸收资金的便利性和灵活性,开展供应链信托业务,为已经被供应链核心企业提供担保的上下游中小企业提供融资服务,一旦中小企业发生违约,供应链的核心企业将担负违约回购责任。

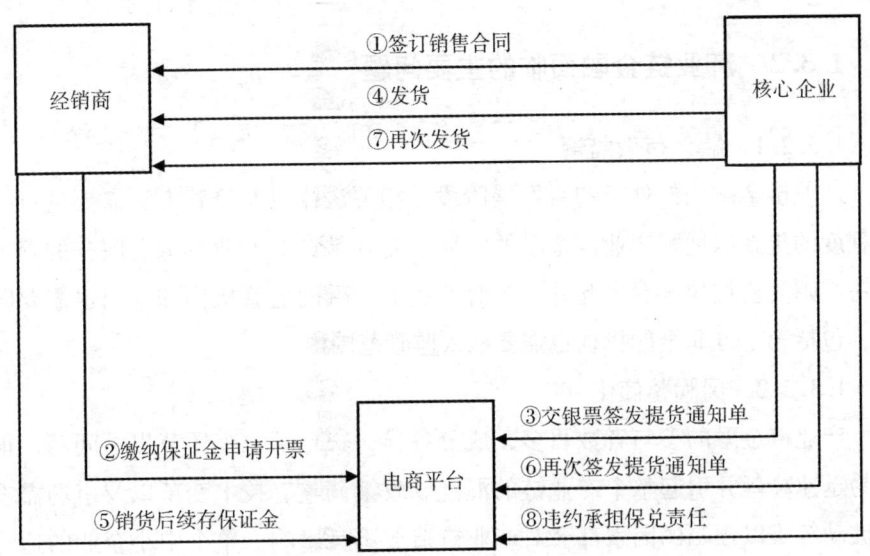

图1-8 电商生态系统内融资模式

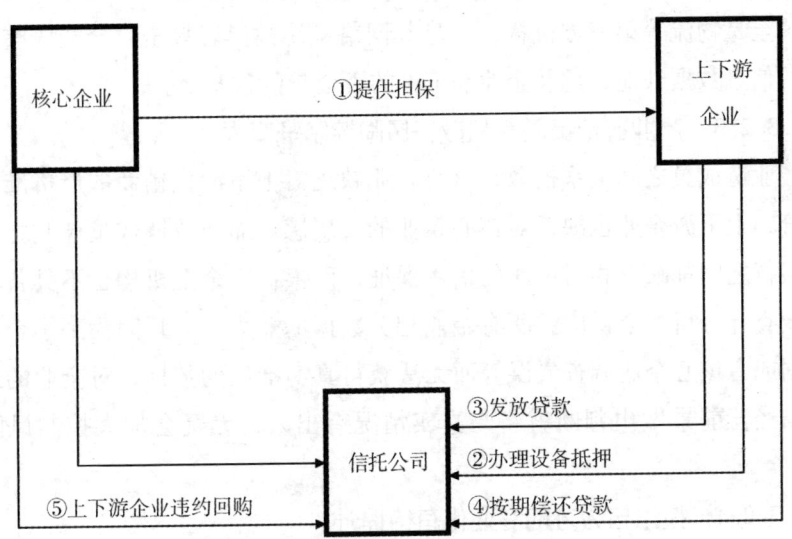

图1-9 供应链信托融资模式

1.3.2 产业链金融面临的主要问题

1.3.2.1 缺乏有效监管

产业链金融仍然处于初级发展阶段,相关法律以及监管方法需要进行一定程度的更新以适配产业链金融的发展,尤其是针对产业链融资服务的管理方法细则需要加快出台。此外,针对产业链金融的监管机构和部门也需要明确,包括第三方非金融机构也需要纳入监管范围内。

1.3.2.2 风险整体化

产业链金融的参与者数目多,成分各异,一旦某一个环节出了问题,很容易迅速蔓延并引起整个产业链的混乱。政策调整、技术变革以及市场需求的波动等难以预测的因素都会对产业链造成不良影响。单个中小企业的违约不但会对产业链的运作造成影响,而且会影响核心企业的信用乃至整个产业链的信用。而产业链金融的互联网化也存在着对应的隐患,无论是银行还是企业甚至是物流等第三方机构,一旦其网络系统被黑客攻击,会造成整个产业链的信息数据外泄,危及企业和个人的资金与信息安全。

1.3.2.3 产业链成员关系松散,风险控制难度大

产业链成员之间关系松散,核心企业缺乏对上下游供销商的严格准入以及监管,上下游企业也缺乏对核心企业的归属感。而产业链成员彼此之间以及与银行之间都缺乏相对可靠的信用保证,而银行等金融机构也不具备独立完成调查并分析整个供应链所有企业相关数据的能力,一旦因为中小企业伪造数据或者核心企业调查失误等而无法获得真实准确的数据,对企业的运营状态与经营前景做出判断就将与真实情况有出入,无疑会加大控制风险的难度。

1.3.2.4 技术与人才的专业化有待提升

不同行业的运行特点和对金融产品的需求都不尽相同,所需要的融资服务也呈多样化,因此产业链金融服务的专业性非常必要。而银行等金融机构长期将客户目标投放在大型企业身上,使得为中小企业服务的经验显得比较欠缺,而产业链上企业间的业务流程环节复杂,需要银行等金融机构的从业人员加深其对整个产业链经营模式的了解,这样才能更好地进行监控,审批

后量体裁衣地为客户提供适合的金融服务方案。而产业链金融的互联网化则需要更高水准的技术支持,并且需要一段时间才能完成对产业和消费的整合。

1.3.2.5 金融产品同质化严重

目前市场上现存的产业链金融服务虽然名称各不相同,但无论是业务开展模式、服务内容还是产业链行业的选择等都基本类似。受到国家政策支持、经营周期稳定的行业备受青睐,而对一些冷门行业产业链运行特点的研究则有所欠缺,缺乏创新的精神以及能力。产品同质化的日益加剧,也极大地影响了产业链金融的发展。

1.4 信托业在产业链金融中的作用

开展产业链金融可以将金融服务嵌入产业链中,提升其主动性和及时性,有助于稳固供应链上的伙伴关系,降低企业运营成本和风险,提升供应链运作效率,更有效地掌握供应链发展的话语权和主导权。

信托公司作为综合性金融平台,能够联动货币市场、资本市场、产业市场。信托公司的这种平台优势,可以全方位满足各类项目及不同市场的需求,更加有利于资源整合。信托公司在产业链金融中的优势体现在:全牌照业务优势、制度优势、人才和经验优势。在宏观经济面临复杂多变环境的条件下,信托公司可以通过多种形式,有效促进产业链金融的发展。

(1) 多渠道为产业集团融通资金。信托公司是目前我国金融体制下唯一一个可以直接连接产业资本和金融资本的金融机构,可以运用灵活的金融工具,为产业公司融入长期投资,改善其资本结构,也可以组合不同的融资工具,引入阶段性资金,如信托贷款和项目融资等,从而实现"小资本驱动大资本"。

(2) 促进资产重组和企业并购。信托公司强有力的融资功能为产业公司并购、重组等投资业务提供了强有力的支持。信托公司可以充分利用目前居民的高额储蓄,有效吸收民间资金,通过并购、入股等多种形式直接参与企业重组,改组企业组织管理机构,建立新的经营机制,以此来推动企业的发展。

（3）提供多种金融服务。与其他金融机构相比，信托公司的优势在于更加"综合"，经营范围广泛、产品种类多样、经营手段灵活，通过信托服务的个性化和创新设计，组合运用投资、融资、租赁、财务顾问等多种方式，满足企业集团不同种类的需求，如企业年金管理、短期盈余资金管理、各类投资银行业务、职工理财、公益信托等服务。

第 2 章 产业链金融业务的服务内容

信托业开展产业链金融业务可以着力开展五项服务：市场调研服务、产业链整合服务、产业链金融整合服务、综合金融方案设计服务和市值管理服务。

2.1 市场调研服务

产业链金融的最大特色是突破单一企业的约束，以产业链为统一授信对象，这就要求信托公司改变金融服务理念和金融服务流程，整合产业链的金融服务需求，联合其他金融机构共同进行授信调查，以调研结果作为联合授信的依据。这样既实现了信息源的整合，节约了调研成本，又提高了调研质量，避免重复调研。

2.1.1 市场调研的含义

市场调研或称营销调研，是对那些可用来解决特定营销问题的信息所进行的设计、收集、分析和报告的过程。市场调研对于企业的生产管理、市场营销具有极其重要的作用，是商品计划、促销计划、制定流通政策的基础。市场调研源于20世纪初的欧美国家，于20世纪90年代初进入中国。随着我国体制改革的深化、经济水平的提高、对外开放的深入，市场调研将起到越来越重要的作用。市场调研通过对市场进行调查研究，进一步分析得出结论，以服务于社会。

简单来说，市场调研是用来探索人们思考什么、想要什么、需要什么或做什么的有效方式，它能获取别的方法无法获得的信息。厂家通过市场调研得知顾客的需求进而生产满足顾客需求的产品，并且评估营销策略的成功性；社会和政府团体同样使用市场调研来把握公众舆论，并将之作为制定政策或测试宣传活动成功性的因素。市场调研通过测量或与数量相对较少的样本群交谈能够了解一个庞大的消费群，并向客户传递信息，帮助客户解决管理中的问题。市场调查行业的发展现状对于各个行业的信息资源获取、经营管理、战略决策都有着非常重要的意义。同时，其发展水平是衡量一个国家经济是否成熟、发达的标志之一。

2.1.2 市场调研业务结构

在调研业发展的初级阶段，我国调研机构所提供的服务比较单一，基本上是专项调查服务，即针对具体客户的具体问题开展特定的市场调研工作。加入世界贸易组织（以下简称"入世"）之后，面对国际调研业的挑战以及各种先进管理理念和技术的引进，国内调研的业务范围逐渐扩大到国民经济的各个方面。相对宏观层面上的调研业务有：收集社会资料，对国民经济、科技进步、社会发展等情况进行调查、分析、预测和监督，了解社会民众对政府政策和社会热点问题的意见和态度等，提供统计信息和咨询建议。相对微观层面的调研业务主要涉及以下三方面：

（1）市场需求调查。市场需求调查是企业规划自己资源投入的评估起点，主要是针对消费者在"何时"、"何地"、"需要什么"和"需要多少"进行调查，包括商品需求量、需求结构和需求时间调查。

（2）市场环境调查。企业的经营活动是在复杂的社会环境中进行的，环境的变化既可能给企业带来机会，也可能形成威胁。所以，对市场环境的调查研究，是企业有效开展经营活动的基本前提。环境可以分为宏观和行业环境两部分。宏观环境涉及政治、法律、经济、技术、社会、文化、自然等因素，行业环境涉及现有竞争行业、潜在竞争对手、供应商、用户和替代品等因素。

（3）市场营销实务调查。市场营销实务调查是围绕整个营销活动而展开的，主要包括产品、价格、促销、销售渠道及销售服务调查几个方面。促销调查中应用最广的是广告调查，其中又分为广告信息调查和广告效果测试两种。一个完整的广告效果测试分为四个阶段：广告事前测试、事中测试、事后测试和追踪测试。

2.1.3 市场调研调查方式及研究方法

2.1.3.1 调查方式（数据收集途径）

国内调研业的数据收集方式可以分为定性问题和定量问题两种。对于定性问题的调查，调研公司一般都会采用专题座谈会和个别探访两种方式来收集信息。而对于定量问题的调查，数据收集方式就比较多，分别有各种面访（包括拦截街访和入户访问等）、邮寄调查、电话调查、网络在线调查等。前三种方式的拒访率都较高，且邮寄调查现今采用得已经很少了，面访和电话调查是当今使用相当多的两种方式。面访又分为纸质问卷访问和 CAPI（Computer Assisted Personal Interview）访问两种。CAPI 相对于传统的纸质问卷应该算是数据收集方式的一种进步，但它仅适用于文化程度较高且习惯使用电脑的人群，且成本远高于纸质问卷。因此，纸质问卷仍然是面访中的主要方式。而原始的电话调查方式发展到今天已经成为 CATI（Computer Assisted Telephone Interview）系统，该系统可以使调查者以更短的时间、更少的费用得到更优质的访问数据，并且这些数据可直接被各种统计软件使用。随着科技的发展进步以及人们对于数据收集效率要求的提高，网络调查已成为现今调研业获取数据的第三种主要方式。不同的是，有些公司是完全依靠网络来展开调查，而有些则与传统的网下调查方法相结合使用。随着科技的进步，将来还会出现无线上网调查。

目前，数据的网络收集方式大致分为网上问卷和网上论坛两种。网上问卷又分为网站发布问卷和电子邮件传送问卷两种；网上论坛调研是指通过 BBS 和新闻组进行网上调查。不同的网络调查方式各有优劣，暂不赘述。相对于面访和电话调查两种传统数据收集方式，网络调查无疑是效率最高且发展潜力最大的，它具有无可比拟的优越性：成本低，受众多，反馈速度快，客观性高，回答问卷不受时间、地点限制。而其弱点也相应存在：问卷不宜过于复杂、详细，否则回答者会厌烦；问卷回答者的可控性较差，难以杜绝作弊等。

2.1.3.2 市场调研技术及研究分析方法

首先，我国调研企业对基础统计分析方法的掌握程度良莠不齐，这与调研分析人员的知识背景和素质直接相关。一般性描述统计分析在国内的调研中都常有运用，但复杂些的推断统计方法的使用则因企业人员专业素质的不同而差异很大。在有些百人以上的民营研究公司中，真正懂统计方法的人员寥寥无几。

其次，一些与调查研究相关的学科，例如经济学、营销学、社会学、心理学、社会心理学、消费者行为学等在我国市场调研中都没有得到充分而有效的运用，这是分析方法上极大的欠缺，相当程度上影响了国内的调研层次和深度。

最后，我国调研业没有自己研发的技术，几乎所用技术方法全部来自国外。而较低的专业水平又决定了大多数调研企业无法将国外的技术很好地吸收和运用到自己的工作中，只有极少数发展成熟的调研机构能够较好地运用。

2.2 产业链整合服务

产业链描述的是厂商内部和厂商之间为生产最终交易的产品或服务所经历的增加价值的活动过程，它涵盖了商品或服务在创造过程中所经历的从原材料到最终消费品的所有阶段。随着社会分工的细化，没有任何一种产品或服务可以完全由一家企业提供。一个企业所能向顾客提供的价值，不仅受制于其自身的能力，而且还受到上下游企业的制约。产业链发展的根本动因是竞争。竞争是个人、企业集团和国家之间的角逐，只要资源有限就会存在竞争。它使得企业在挖掘内部协同的同时，也开始关注挖掘外部协同的潜力，最终形成了产业链的竞争格局。而产业链整合理论就是希望从产业链的层面探讨产业发展的方式和促发因素，整合产业链所迸发出的整体优势。

2.2.1 产业链整合的含义及时代特点

产业链整合是产业链环节中某个主导企业通过调整、优化相关企业关系使其协同行动，提高整个产业链的运作效能，最终提升企业竞争优势的过程。可以说产业链整合是对产业链进行调整和协同的过程，它通过产权纽带或契约的关系将产业链的上中下游联结成一个整体，或内化到企业内部，获得产业链的系统竞争力。

随着社会化大分工的进一步发展，当代的产业链整合具体有如下四个时代特点：

第一，产业整合逐渐依托上市企业并购来完成。以往的整合大部分是以行政干预为主，通过国家直属机构的命令性安排来决定产业整合和主要企业的并购。当代整合不同于以往，更多的是从市场需要出发，并且随着资本市场的成熟化，大型企业整合主要通过资本融合的方式进行，尤其是以上市公司为主体的收购行为已成为我国当前企业整合的主流模式。

第二，跨区域、跨国整合事件与区域内整合并存。改革开放初期，整合行为大部分局限在区域内，跨区域整合事件很少，而跨国整合更是稀少。随着自身实力的增强，我国部分企业开始进行跨区域甚至跨国界的并购。

第三，企业并购行为与产业结构调整相辅相成。按照产业划分，我们发现近来的企业并购趋势大体上与我国产业结构调整战略相关联。

第四，整合目的和形式的多样化。我们大致可以将目前产业整合的目标归为五类：①以优势资源为目标的产业资源型整合；②以追求规模经济、范围经济和网络经济效应为目标，降低生产成本的产业经济效应型整合；③以强强联合、提高核心竞争力为目标的产业优势竞争力整合；④以提高产权绩效为目标的产权绩效型整合；⑤以追求生态效益为目标的环境友好型或生态效益型整合。

2.2.2 产业链整合影响因素

从社会分工的角度看，产业链整合是对产业分工生产方式的重新组织。产业链整合现象的产生，必然受到以下五方面因素的影响：生产要素、技术创新、产业生命周期、产业管制和相关产业及支持性产业的发展。

2.2.2.1 生产要素

生产要素属于产业最上游的竞争条件，与竞争关系联系最紧密的生产要素包括人力资源、自然资源、知识资源、资本资源和基础设施。每一种产业的特性决定了其对各种生产要素的依赖程度不同。例如，信息产业的发展对人力资源和知识资源的依赖尤为严重，而传统的农产品加工业对自然资源的依赖性更强。

2.2.2.2 技术创新

关键性的技术创新会引发产业变革，因为其会改变企业的规模经济水平或者影响企业的成本结构，最终改变企业之间的竞争格局。按照熊彼特的观点：创新是引入一种新的生产函数，从而提高社会潜在产出能力。创新不但创造了新的产业和新的服务，形成产品差别化，而且可以在既定的资源条件下，提高原有产品和服务的产出数量，是成本领先优势的源泉。从而带来企业边界、产业组织模式的变化。

2.2.2.3 产业生命周期

产业生命周期理论一般将一个产业划分为形成、成长、成熟、衰退四个阶段，产业在不同的生命周期呈现出不同的特征。这些产业特征决定了产业将处于某一产业链的位置、产业链整合能力及在产业链整合中扮演的角色。

（1）产业形成期，厂商数目较少，消费者也较少，厂商获利不多，且以产品创新为主。这个时期的产业发展能力很弱，许多产业部门都是从无到有、从小到大，急需资金、技术支持和稳定的资源供应，所以这个时期的产业往往不具有担纲整条产业链的能力。只能为核心环节的企业提供配套服务，整合能力较弱，在产业链中处于整合对象的位置。

（2）进入成长期，随着消费者对商品的认可，厂商数目逐渐增多，产业产出逐渐增加，激烈的价格战开始展开。企业开始将创新的重点转向过程创新。这个阶段是产业成长非常重要的阶段，产业内的企业一般处于完全竞争状态。产业成长的实质就是产业扩大再生产，只有通过不断的扩张才能有较大份额，否则就可能被其他扩张的产业所排挤，同时面临来自同类产品和替代品激烈的市场竞争。产业扩张的方式有多种，可以是资本积累的滚动式发展，也可以是产业内多家企业某种方式的联合发展，还可以是其他产业企业的斜向整合发展，因此处于产业成长期的企业具备一定的产业链整合能力，可能扮演整合主体的角色，也可能处于整合对象的位置。

（3）产业成熟期预示产业结束扩张期，是产业各方面完善的时期。到了成熟期，产业内的企业经过优胜劣汰，厂商数目、市场需求与供给和技术都趋于稳定，属于垄断竞争的性质。这样的产业具有较高的盈利能力和较强的与上下游企业谈判的能力，来自替代品和潜在竞争对手的威胁很小，一般居于产业链的核心环节，整合能力较强，扮演整合主体的角色。

（4）产业衰退是产业从兴盛走向不景气进而走向衰落的过程，它主要表现为产业发展相对的或绝对的规模萎缩，产品老化、退化、功能减退而出现颓势状态。衰退的产业即将退出历史舞台，不会在产业链中占有一席之地，也不具备整合能力。但是衰退产业内的企业却有可能成为强势企业争相整合的对象。企业间的整合行为非常注重资本的价值性，许多衰退产业内的企业以其实物为资本基础被整合，这样的企业处于整合对象位置。

2.2.2.4 产业管制

产业管制属于外生因素。政府可以通过政策管制限制或促进产业发展。产业政策对产业链整合的影响表现在两个方面：一方面，政府的产业政策往往对于企业的进入退出、竞争行为甚至定价等进行限制，政府政策的改变往往对于产业演化有着直接的关系，进而引发产业链的整合；另一方面，政府政策的制定能够引导、规范产业链整合过程中微观企业的企业行为。因此，政府应将优惠政策的制定与产权制度创新结合起来，才能抑制过度竞争、规模不合理等现象的发生。

2.2.2.5 相关产业及支持性产业的发展

相关产业以及支持性产业的发展体现为从上游产业到下游产业的扩散和产业之间的支撑，健全而具有竞争力的相关产业更易于推动主导产业的发展和整合。因为一个产业的生产要素和主导技术具有扩散效应，可以促使相关产业受益。其中最具代表性的相关产业就是电子信息产业，它促使物流、现代服务业和制造业在近20年内发生了翻天覆地的变化。

产业链整合的发生，在多数情况下并非由某个因素促发，而往往是多个因素相互作用而产生的结果，其中有一个或若干个因素发挥主导作用。生产要素、技术创新、政府管制和相关产业只是产业链整合发生的必要而非充分影响因素,产业链的协调难度、产品的复杂程度以及产业生命周期都会影响产业链整合的最终结果。

2.2.3 产业链整合战略

产业链描述了从原材料到产品的企业网链结构,它的整合方式分为产业链纵向一体化、产业链横向一体化和产业链融合。

产业链纵向一体化是指产业链上的企业向产业上游或下游延伸,最终改变产业链上企业的协同程度;其主要目的是确定企业价值链各环节创造价值的大小及其重要性,识别出各个价值链中的关键环节。企业如果控制了价值链的关键环节,就可以在整个价值链环节中占据主导地位。纵向一体化包括后向一体化战略和前向一体化战略。后向一体化战略是指企业利用自己在产品上的优势,把原来外购的原材料或零件改为自行生产的战略。在生产过程中,物流从反方向移动,称为后向一体化,目的是保证物资供应来源,以发展自己的产品。采用这种战略,一般是把原来属于后向的企业合并起来,组成联合企业或总厂,以利于统一规划,保证企业顺利发展。前向一体化战略是指企业根据市场的需要和生产技术的可能条件,利用自己的优势,对成品进行深加工的战略。在生产过程中,物流从顺方向移动,称为前向一体化,采用这种战略,是为了获得原有成品深加工的高附加值。一般是把相关的前向企业合并起来,组成统一的经济联合体。

产业链横向一体化是指两个并行的产业链之间发生了关联关系,可以提高市场集中度,增强企业对市场的掌控力,从而提高绩效,获得好的利润。

产业链融合是指产业边界发生了扩张或收缩,甚至产生了新的产业链。相比较产业链纵向一体化和产业链横向一体化,产业链融合这种产业链整合方式往往是由于重大技术创新或政府放松政策管制而造成的产业链重大变革,甚至可能创造新的供求关系、价值分配模式和产业主导技术。例如,信息产业和娱乐业融合产生的网络游戏、信息通信产业和贸易产业融合而产生的电子商务等,都极大地推动了新兴产业的发展。

2.2.4 产业链整合意义

产业链整合是现代成本控制的新思维,它打破了传统在运费和劳动力上节约成本的思想，而是从高效出发，加快资金和商品的周转率以适应不断变化的市场，做市场的快速反应者。企业进行产业链整合，可以降低交易成本，获得规模经济和范围经济，扩大市场占有率，降低经营风险，提高竞争能力，促进产业结构的优化和升级。

（1）降低交易成本。当企业通过市场交易来完成与上下游生产环节的联系时，会产生较高的交易费用，而且会面临契约不完善、信息不对称、交易不确定等问题。企业进行产业链整合后，不但可以将不同优势环节的企业相联系，实现产业价值链上的各个环节都达到最优，进而实现企业产业价值链整体最优，而且基于产业价值链的资源整合，通过诸如实施标准化生产、对内部管理费用进行严格控制等，可以有效降低产品在产业价值增值环节上的包装、流通、库存、销售与内部部门间的协调成本等，获得成本领先优势。企业之间的大部分交易就变成了企业内部的协调，从而大大降低了交易成本。

（2）获得规模经济和范围经济。一个产业的发展依赖于原材料、能源、运输等上下游诸多产业的支撑，产业链整合有利于各产业企业在产业链上的持续协同发展，获得规模经济和范围经济。

（3）扩大市场占有率。通过横纵向整合，企业可以控制产业链条上的关键资源，提高整个产业链的联动能力和控制能力；并能对所在行业的企业进行横向收购，迅速提升在市场上的占有率。

（4）降低经营风险。当企业与外部其他企业进行交易时，由于各方面的不确定性会产生一定的风险。当企业进行产业链整合后，其外部交易变成了内部协作，从而使交易变成了稳定的协作关系。

（5）提高竞争能力。面对全球竞争日益激烈的市场，企业需要通过产业链整合进行相关多元化发展，来提高竞争能力。

（6）促进产业结构的优化和升级。通过产业链整合，企业可以合理配置资源，提升产品的综合配套能力，优化原有的产品结构，提高市场竞争能力。

2.3 产业链金融整合服务

基于产业链流程，在信息整合、业务整合、产品整合的基础上，优化运营模式，实现作业一体化、服务一体化，为客户提供精益服务。要实现全产业链金融联动开发的目标，必须根据所服务产业链的属性，打破信托公司内外职能部门的局限，对内横向整合不同产品和服务，对外纵向整合金融机构和物流监管商、交易平台、保险公司、担保公司、行业协会、评估公司、拍卖公司等非金融机构的产品和服务，构建多层级的产业链金融合作体系。

按照精简、敏捷、统一的原则进行业务流程再造，提供整合的市场调研、客户开发、金融产品设计一体化联动服务。统一业务审批标准，统一管理制度，整合采购、库存、销售、项目、研发、并购、投资等环节的融资需求，衔接调研、评级、授信、担保等流程，实现审查、审批、签约、放款业务的一体化，实现一次申请、一次审批、循环使用，提高业务审批处理效率，提升信托公司对企业融资的响应速度。

以核心企业为主导营销对象，整合产业链的上下游营销资源，通过"信用捆绑"，构筑稳定的客户关系管理体系，打造一体化的产业链金融服务体系，同时改进服务流程，完善和提升客户价值体验，提高客户满意度，增加产业链客户黏性，打造服务一体化的整合营销服务团队。

通过与企业信息系统对接，将产业链上的企业交易行为内部化，信托公司可及时了解产业链企业的市场需求、交易状况与信用变动状况，通过集成产业链物流、信息流、资金流等资源，实现产业链全流程的实时信息流监管，实时逐笔跟踪融资项下的资金流和物流信息，及时捕获异常交易信息，通过在主要流程设置必要的核实、监控环节，结合宏观经济走势和产业发展态势，借助必要的信用衍生工具，主动防范、化解产业链金融风险。

2.3.1 产业链金融整合服务的参与主体

产业链金融整合服务的参与主体主要有金融机构、中小企业、物流企业以及在产业链中占优势地位的核心企业。

金融机构在产业链金融中为中小企业提产融资支持，通过与物流企业、核心企业合作，在产业链的各个环节，根据预付账款、存货、应收账款等动产进行"量体裁衣"，设计相应的产业链金融模式。金融机构采用产业链金融服务的模式决定了产业链金融业务的融资成本和融资期限。

中小企业在生产经营中，受经营周期的影响，预付账款、存货、应收账款等流动资产占用大量的资金。而在产业链金融模式中，可以通过货权抵押、应收账款转让等方式从银行取得融资，把企业资产盘活，将有限的资金用于业务扩张，从而减少资金占用，提高了资金利用效率。

物流企业是产业链金融的主要协调者，一方面，为中小企业提供物流、仓储服务；另一方面，为银行等金融机构提供货押监管服务，搭建银企间合作的桥梁。对于参与产业链金融的物流企业而言，产业链金融为其开辟了新的增值业务，带来新的利润增长点，为物流企业业务的规范与扩大带来更多的机遇。

核心企业是在产业链中规模较大、实力较强，能够对整个产业链的物流和资金流产生较大影响的企业。产业链作为一个有机整体，中小企业的融资瓶颈会给核心企业造成产业或经销渠道的不稳定。核心企业依靠自身优势地位和良好信用，通过担保、回购和承诺等方式帮助上下游中小企业进行融资，维持产业链稳定性，有利于自身发展壮大。

2.3.2　产业链金融整合服务的重要意义

从单纯为产业链上的某个企业提供金融服务延伸到为产业链上的多个企业或者整个产业链提供金融服务，最大限度地挖掘产业链金融服务价值，是商业银行金融服务的必然选择。可以说，今后对于商业银行尤其是中小商业银行来说，目标客户的竞争不仅在于对单一大客户的竞争，更体现在对主要产业链客户集群的竞争。银行开展产业链金融服务的重要意义在于产业链上的各企业相互依存，上下游企业间商务活动频繁、有规律，适宜银行制定标准化、综合性的金融服务方案；通过与产业链上众多企业合作，建立更多的信息来源渠道，能够有效防范单一客户的授信风险；有利于银行深度挖掘产业链中蕴藏的金融服务价值，争取到稳定的集群客户，培育新的业务增长点，获取最大收益。另外，产业链金融整合服务可以拓展客户群体，产业链的特点就是围绕大型或特大型的核心企业积聚着大量的中小企业，造就了中小企业金融的巨大市场，但由于中小企业资金实力有限、具有高度的不确定性，如果单纯考虑中小企业自身的情况，不能成为银行授信政策的支持对象。产业链金融服务就是借助于产业链的真实业务背景或预期应收账款等信用增强，为中小企业客户提供金融服务，进而拓展客户群体，优化客户结构。同时，围绕产业链上的核心为上下游客户提供金融服务。

目前商业银行竞争日趋激烈，传统意义上的优质客户已基本被各银行瓜分完毕，尤其是随着融资脱媒化趋势的加剧，优质客户对银行的依赖逐步弱化。市场环境的日趋成熟，使各家商业银行越来越关注从产品创新、提供个性化服务、研究产业链各个环节的特殊需要等方面来提升自身的竞争能力。产业链的主要特点是拥有核心客户、核心客户两端有庞大的客户集群、产业链上企业之间有相互依存关系。产业链金融服务正是银行基于产业链的这些主要特点，从其中一个环节着手，进而为产业链上各个企业所提供的整体金融服务，这种服务模式能够增强与整个产业链的合作关系，进而提升竞争能力。

2.3.3 产业链金融服务的运行模式

产业链金融服务运行模式的基本思路：

首先，要理顺产业链上相关企业的信息流、资金流和物流。

其次，银行根据稳定、可监管的应收账款、应付账款信息及现金流，将银行的资金流与企业的物流、信息流进行有效整合。

最后，由银行向企业提供融资、结算服务等一体化的综合业务服务。

产业链金融服务运行模式的核心思想：在尽量避免损害"物"的流动性的前提下，通过对流动性的"物"实施有效监控，实现控制授信风险的目的。

产业链金融服务运行模式就是银行以产业链的核心企业为依托，针对产业链的各个环节，设计个性化、标准化的金融服务产品，为整个产业链上的所有企业提供综合解决方案,实现深化银企合作关系并获取最大收益目标的一种服务模式,即"M+1+N"模式。其中,1代表核心企业,M、N分别代表上下游企业。银行就是通过控制产业链上的M或N与1之间的物流关系,进而控制企业的资金流,在有效规避银行授信风险的前提下,为产业链上的各个企业提供金融服务。

(1) 核心企业金融服务。一般产业链中均存在一个优质的核心企业,这类企业实力相对较强,谈判地位较高,银行难以通过传统业务介入且难以获得较高收益。银行的营销重点应放在集团账户管理、投行业务等高附加值产品;同时通过对其上下游客户群的控制,进一步提高核心企业对银行的整体依赖性,获得谈判筹码。

(2) 上游企业金融服务。基于上游供应商与核心企业之间的物流关系,以对核心企业的授信为保障,为上游供应商提供授信支持。主要采用采购合同融资、商业发票贴现、预约付款融资、应收账款买断和综合保理等操作模式,一方面,能够为上游供应商提供融资支持,确保物流供应的及时顺畅,促进整个产业链的紧密合作;另一方面,能够依托核心企业为供应商解决融资问题,并为核心企业争取更优惠的供货条件,进而深化银行与核心企业的关系。

(3) 下游企业金融服务。从产业链内部来看,产品销售渠道的重要性愈发突出,如果能够协助核心生产企业建立一个强大的销售网络,扩大市场份额,一方面,能够获得大量的中小客户;另一方面,一旦银行控制了销售网络,核心企业对银行的依赖性会明显增强,同时降低了银行对核心企业的营销难度。银行可结合产业链特点,以物流控制为主要风险控制手段,为下游企业提供存货抵押等物流融资服务。

2.3.4 产业链金融服务的推动原则

(1) 主动选择,专业推动。主动选择重点产业和重点客户,深度挖掘各产业对金融服务的需求,开发专业化、能有效适应产业需求的金融产品(或服务方案),把产业金融服务在各产业内做深、做强、做大。不同产业的特点和对金融产品的不同需求,决定了产业链金融服务的专业化本质,建立专业推动平台，组织专业队伍，运用专业化的金融产品和技术，才能保证产业金融持续、有竞争力地开展。

（2）继承传统，着眼创新。以产业链为依托，深度挖掘产业链金融可承载的各种产品，特别是在设计运作模式时，要兼顾资产和负债业务，实现带动传统业务有效增长的目的。同时，要加快产品创新，尽可能适应各产业链对金融服务需求的变化，确保银行在产业链金融服务领域的领先地位。

（3）巩固优势，寻求突破。要充分利用现有的业务基础，进一步扩大市场份额。在巩固银行相对优势的基础上，积极向汽车、钢铁行业的上下游客户发展，深度挖掘潜在核心厂家本身的金融需求，做实整个产业链的金融服务。同时，积极探索新的产业领域的金融服务需求，利用银行的专业产品，打造全新领域的产业链金融服务品牌。

2.4 综合金融方案设计服务

产业链综合金融方案设计服务面向产业链核心企业，基于企业对融资、并购、套期保值、财富管理的需求，结合金融脱媒背景下的新型金融业务，多渠道、多产品地配置金融组合，联合不同类型的金融机构，结合产业链融资需求的特点，设计综合金融服务方案，实现为企业提供强大资金支持的目标。

2.4.1 经营业务的融资服务

产业链核心企业规模较大、盈利能力强，资金需求量大，议价能力强，需要低成本的融资方式。传统的直接融资方式有承销发行超短期融资券、短期融资券、中期票据发行企业债、IPO和股票增发，结合产业链核心企业信息链、供应链、价值链集中的特点，联合金融机构参与产业链市场调研可促进这类业务的顺利开展。

除了传统融资方式，供应链金融是综合金融服务方案的重要部分。供应链融资指供应商基于经销商与核心企业商业贸易向金融机构申请的融资业务。目前我国供应链金融服务主要由商业银行提供，服务模式日渐成熟。具体的融资产品有预付款融资、应付款融资、商品融资、银行承兑汇票、信用证和国内保理。

对于产业链核心企业，在国家经济结构调整和推动产业转型的背景下可能遇到的"优质产能"短期内变成"优质的存量产能"的问题，提出利用资产证券化的手段将其盘活。资产证券化主要包括实体资产证券化、信贷资产证券化、证券资产证券化、现金资产证券化等。为提高资产的流动性，将缺乏流动性但具有可预期收入的资产，通过在资本市场上发行证券的方式予以出售，以获取融资。以煤炭企业为例，步骤如下：

在四类"资产证券化"方式中，煤炭类资产符合"实体资产证券化"和"信贷资产证券化"特征，即煤炭企业可以通过这两种方式实现资产资金化处理。其中，"实体资产证券化"是指实体资产向证券资产的转换，是以实物资产和无形资产为基础发行证券并上市的过程。

煤炭企业的实体资产主要包括库存煤炭、可出租机械设备、运输铁路等，这部分资产可以为企业带来一定的预期现金收益。另一种"资产证券化"方式是"信贷资产证券化"。"抵押贷款证券化"是"信贷资产证券化"中最普遍的形式。

"抵押贷款证券化"指把欠流动性但有未来现金流的信贷资产（如银行的贷款、企业的应收账款等）经过重组形成资产池，并以此为基础发行证券，例如，煤炭企业与火电企业间签订长协合同等，都可以通过这种形式进行"资产证券化"实践。

2.4.2 产业并购的融资服务

产业并购是指与上市公司主营业务相同或者相关的并购方对该上市公司实施的并购行为，它分为纵向并购和横向并购。纵向并购是指处于生产不同阶段、企业上下游之间的并购；横向并购是指从事同种商业活动企业之间的并购。此外，战略投资者在完成对上市公司的并购以后，一般会继续发展上市公司原有产业，将原有产业做大做强。产业并购的价值导向是并购后的协同效应,即通过并购后的产业整合提高双方企业的绩效。

企业并购中,融资活动具有核心作用,如果没有便利的融资渠道和工具,并购很难正常进行。从金融市场的发展现状看,我国融资渠道相对狭窄,并购融资主要有银行贷款、增发、配股等几种常用工具。而产业并购通常具有资金额度大和用资期限长的特点,同时,在整个并购流程中,对资金需求的密度也随时间和进度而变化,相对单一的融资工具难以满足产业并购的资金需求。为此,在现有市场条件下,可以考虑从发行企业债券、私募股权融资、发行可转换公司债券等方面进行融资工具的创新。

2.4.3 产业链的资产管理

未来资产管理重在产业链的整合。产业链形成的原因在于产业价值的实现,创造产业链是产业价值实现和增值的根本途径。产业链中大量存在着上下游关系和相互价值的交换,上游环节向下游环节输送产品或服务,下游环节向上游环节反馈信息。未来资产管理产业链的集成管理体现的是资产管理的纵向管理。产业链向上游延伸可使产业链进入基础产业环节和技术研发环节,向下游拓展则进入市场和消费环节。不同的资产管理业务与不同的实体经济相对应,直观看来,往往某项资产管理业务只与部分产业链或阶段产业链相关,但其风险与收益的连接点却可以延伸到产业链的其他阶段,而这种隐形的风险与收益往往又是至关重要的。对于单个金融机构而言,受到金融监管的限制,可能这项工作有一定的难度,但有效实施竞合战略,产业链的合理拓展就成为可能。

与此同时,站在市场的角度,不同的金融业态具有不同的业务优势和高利润增长点,未来资产管理价值链的延伸管理还体现为资产管理的横向管理,要求体现在资产管理的设计、管理、销售、后期服务的价值创造活动中。设计要体现产品和服务的内涵,管理要体现产品和服务的价值,销售要体现产品和服务的认可,而后期服务则要体现产品和服务的保障。

产业链资源应该配置在最有发展潜力的领域,各金融机构应协同合作。开展资产管理业务的相关机构应该对投资领域的产业链进行系统分析,制定合理战略,并实施集成管理,力求实现业务的横向拓展。根据项目相关产业链的发展程度分析市场交易结构，结合数据信息的反馈意见，按照各分行业的主业优势进行分工。不同机构在产业链的组织架构中各司其职、合理分工，不仅有利于整个产业链风险的管理、还有利于产业链附加价值的提升。为了实现合理分工、减少利益纷争，各金融机构应以大局为重，在传统领域能够表现出相对优势的机构继续发挥主导作用，对于共同关注的资产管理业务，可以根据各自的业务结构、专业管理能力、客户开发能力进行合理分工、优势互补。

2.5 市值管理服务

针对核心企业提供市值管理服务和股权质押融资、股权托管、财富管理、约定式回购等融资服务。

2.5.1 市值管理基础概念及目标

企业的价值分为三种类型：账面价值、内在价值和市场价值。要明确三者之间的区别：账面价值即公司的"净值"或"净资产"，通过公司财务报表计算而得，是股东权益的会计反映，即股票所对应的公司当年净资产值；账面价值是静态的、历史的反映公司价值。内在价值，即公司的理论价值，也是投资的基础。根据巴菲特的定义，指一个公司在其余下的寿命中可以产生的现金流的折现值；由于不同估值分析师对公司的现金流、存续年限和贴现率取值不同，得出的公司内在价值自然也不尽相同，所以内在价值是估计值，而不是精确值。市场价值，简称"市值"，指上市公司全部资本在流通市场条件下的可变现价值，它是动态的、未来的价值反映。

经典的价值规律认为，在完全竞争市场和不考虑交易成本的前提下，公司的市场价值总能反映内在价值。由于账面价值是公司历史经营业绩的静态反映，因此，账面价值是市场价值的底线；而股票市场中的股价从来都不按照账面价值进行，而是依据企业未来潜在的盈利能力和未来收益的现金流，即企业内在价值;而市场价值正是投资者对企业未来现金流预期的反映,即市值是基于内在价值的市场预期。由于内在价值并不能精确估值,这种市场预期便具有波动性,即市场价值总是围绕内在价值上下波动。

综上所述,市值管理是针对上市公司市场价值的管理,是上市公司基于公司市值信号,有意识地运用科学的、合规的经营方法和手段,并通过与资本市场保持准确、及时的信息沟通,从而实现长期、稳定、可持续的公司市值最优化的战略性管理行为。包括:①价值创造最大化,即通过科学有效的产品经营、公司治理、资本结构优化和良好的资本运作等行为,努力提升上市公司价值创造能力;②价值实现最大化,即通过长期、及时、有效、主动的市场沟通行为和补充的信息披露,使其内在价值被投资者充分认识,从而使得市值与其内在价值相符合、匹配;③价值经营最优化,即当市值与上市公司内在价值大幅背离时,上市公司主动采取有效措施干预、经营市值。

在全流通时代,市值管理概念盛行,大部分人将其理解为大股东通过股票市场进行股份的低吸高抛,既能盘活固化资产,又能赚取买卖差价。这种理解应该说是微观层面的市值管理,或者说是这个概念本来意义的一种引申意义。市值管理的本意,是指上市公司追求公司价值最大化,为股东创造价值。对股东特别是大股东而言,对上市公司进行市值管理,最重要的不是买卖股份赚取差价,而是通过市值这个指标来评价公司绩效和经营层的能力,并以市值变动为依据,对上市公司采取一系列管理措施,促进公司市值的提升。

2.5.2 市值管理的影响因素

在市值管理的不同环节,不同市场的地位和发挥的规范作用不同,价值的影响因素也有很大的差别。从企业内部来看。不同的组织层次和管理机构与人员,其发挥的作用就不一样,进而在其绩效的评价标准方面也会存在很大差异。在价值创造环节,资本市场的影响更多地体现为外在性,企业在产品市场的表现更为关键,影响因素更多的是企业内在层面和可控的操作性指标;在价值实现和价值经营环节,资本市场的表现超越其他市场,直接负责市值管理的组织结构的主动性和反应程度对市场表现影响尤为突出,更多地需要考虑市场影响因素。按照此思路，可以将市值管理影响因素归纳为价值创造驱动因素、价值实现驱动因素和价值经营驱动因素三个层面。

（1）价值创造驱动因素。包括公司战略、资本构成、创新能力、品牌形象、行业结构、公司治理、经营绩效等。发现价值创造驱动因素的基本思路是依据市场尤其是产品市场的反映，针对市场反应的不足和对自身的业务检讨，了解企业的整体价值创造流程，发现不同的价值点，优化关键业务流程，并加入资本市场的反馈。价值驱动因素由于企业性质、所处行业和成长周期的不同而存在差异，且影响公司总体价值的驱动因素众多，但是他们对公司价值的贡献值存在巨大的差异，价值创造因素的发掘是找出能够最大限度增加公司价值的驱动因素，即关键价值驱动因素。关键价值驱动因素可分为财务方面和经营方面的价值驱动因素，其中，财务方面的价值驱动因素主要是指公司绩效方面的评价指标，财务上通常用代表公司盈利能力、偿债能力、营运能力和成长能力的多因素衡量指标。公司战略是为实现组织目标而在价值实现路径和方法方面所做的安排。在进行投资和盈利机会选择后，需要配合组织"人、财、物"的统筹安排，价值创造结果的效率和效果取决于战略安排和资源配置的合理化。资本构成与创新能力是前进的源泉，简单的资本构成模式包括企业物质资本与智力资本，价值创造的首要一点是价值管理者的意识树立和能力培养。企业的创新能力决定了企业的发展前景，创新性产品的推出，可以有效地推进企业的差异化策略，开拓和占领新的市场细分。

（2）价值实现驱动因素。包括股东结构、投资者关系、信息披露、风险管理水平等。价值实现过程是连接企业和资本市场的纽带，发现价值实现驱动因素需要从公司与市场的直接互动过程入手。对上市公司而言，权益资本的来源构成和外部资源管理水平是发现两个关键因素。投资者自身的投资价值取向存在明显的差异，存在着机构投资者和散户、投资者和投机者的区分。由于投资者购买股票的目的和承担风险的意愿不同，对市值的评价会存在很大的差异性，价值实现的流程在两者之间也会出现分化。投资者关系水平和信息流量是内在价值和市值表现关联度的缓冲器，对两者经常出现偏离的紧张关系起着润滑和缓解作用。风险水平的高低在给公司经营带来不确定的同时，也预示了公司获取高额收益的可能性。公司整体的商品化使其完全融入资本市场，使得风险不再局限于传统的经营风险和财务风险，市场本身的不确定性因素进入企业经营内部，面临的风险因素更加复杂。企业本身的应急反应机制和风险管理水平，是引导风险偏离损害，带来价值创造而不是价值损毁的主因。

（3）价值经营驱动因素。包括市场环境、社会评价、政策规制、交易动机与惯例等。商品化意味着企业成为市场的交易者。了解交易环境、交易规则和对交易对方是交易成功获利的关键，企业在其中扮演的角色，视其市场地位的不同而存在差异，存在着接受者、参与者和主导者三个不同的角色类型。市场环境与规则决定了企业活动的空间范围和行为准则，交易规则的灵活运用，抑或是成为制定规则的参与者，会为企业价值的实现和评价提供良好的平台，获取其他交易主体的认同。资本市场上交易主体呈现多元化，某一交易主体可能同时扮演多种角色，在此阶段，影响市值的外部因素明显增多，特别是政策与法规因素，良好的形象维护和关系运作，是保持价值转化平衡的必要程序，先保证了对公司内在价值的认同，在此基础上才能产生市值溢价。

2.5.3 上市公司市值管理服务策略

如前文所述，上市公司市值管理是指上市公司基于公司市值信号，采取科学、有效和合规的价值经营手段，达到公司价值创造最大化、价值实现和价值经营最优化的战略管理行为。其中，价值创造是基础，价值实现是手段，价值经营是杠杆。

巨大的需求层面唤醒了整个金融圈的激情。由于涉及众多复杂的金融方案和工具，如并购重组、股权抵押等综合的投融资方案和股指期货、融资融券、大宗交易等证券交易方案，多个机构都逐渐开展市值管理服务，包括券商、投行、投资公司、管理咨询公司、PE、私募基金、财经公关公司等。具体来看，上市公司市值管理服务主要有以下九大策略。

策略一：通过并购拼大市值。 基于业绩成长能力决定市值增长空间的基本原理，一些上市公司将拓宽成长之路、增强上市公司成长性能作为市值管理的重要抓手。它们在继续抓好内生式成长的同时，积极探索产业并购，走外延式扩张之路。

策略二：通过转型提升估值。基于"资本市场估值爱看产业脸色"的现实，一些上市公司特别是传统产业的上市公司，纷纷做起了产业转型升级的大文章，以提升估值水平，做大市值规模。

策略三：通过创新商业模式创造市值。商业模式决定公司估值水平，这是资本市场的铁律。因此，一些上市公司日益重视商业模式的优化，乐视网就是一个速成案例。2010年8月上市以来，为了实现竞争能力和估值水平双提升，乐视网高度重视产业链打造，经过四年的努力，从一个互联网发布平台发展成为一家集影视作品制作、互联网发布平台和终端器械制造于一身的、具有完整产业链的新型互联网公司，市值从上市时的64亿元扩张到2014年6月底的368亿元。

策略四：通过提升周期应对能力撬动市场。资本市场有牛有熊，牛市里市值一日千里，熊市里市值一泻千丈，这是不可抗逆的规律。在市值管理实践中，一些上市公司在牛熊周期面前不再"听天由命"，而是主动研究、顺应市场规律，逐渐培养"在适当的时点做适当的事情"的周期应对能力。中国上市公司市值管理现状问卷调查表明，目前有84.1%的上市公司对自己公司的股价进行实时监测，其中相当一部分公司表示，当发现公司的估值过高时会采取提示风险、考虑增发融资和产业并购等相应措施，当发现公司的估值过低时，会采取主动揭示公司价值、酝酿高管增持、研究公司回购和敦促大股东增持等行动，提振市场信心。

策略五：配合减持。配合减持模式是基于变型后的大宗交易，主角是上市公司持有一定规模股本的股东，他们在股票解禁后，与大宗交易机构联手进行市值操作。主要形式有两种：一是先拉升后大宗交易，二是先大宗交易后拉升。前者的基本原理是：上市公司减持股东事先与大宗交易商谈好交易与分成协议，然后大宗交易商以雄厚的资金实力在二级市场拉升股价，再通过大宗交易将股票以正常的折扣价卖给大宗交易商，大宗交易商第二天或第三天以当天正常的市场价格卖出。后者的基本原理是：上市公司减持股东事先将股票以正常的折扣价卖给大宗交易商，大宗交易商再以雄厚的资金实力在二级市场拉升股价至目标价位后卖出，最后减持股东与大宗交易商按约定的比例将收益分成。

策略六：保驾增发融资。由于一些上市公司在增发融资过程中，虽然增发价已经确定并且通过了监管部门核准，但二级市场股价却面临着接近增发价甚至低于增发价的风险。为确保融资行动的成功，上市公司便想通过加强投资者关系，揭示和传播公司的投资价值或募投项目，减少信息不对称，提高公司股票的估值水平。

策略七：携手PE做大市值。一些上市公司在并购实践中，主动与PE/VC基金或券商直投联手，成立并购基金，双方互通有无，各得其所。神州泰岳、广宇集团、钱江水利和京新药业等上市公司选择了这种模式。其运作模式是，由并购基金先行收购目标企业股份或资产，获得目标企业的控制权，然后对目标公司或资产进行整合、重组及运营，等时机成熟时注入上市公司。这些公司都带动了市值的大幅提升。

策略八：优化激励机制创造市值。"想要什么，就考核什么"，根据这一管理学名言，一些上市公司把市值管理的切入点放在优化考核激励机制上。它们或者把市值直接或间接导入考核指标体系，或者推出核心团队的股权激励计划，或者既推出股权激励计划。统计表明，股权激励具有直接的溢价效应，凡推出股权激励计划的公司，其市值在股权激励计划公告之日就能得到增长。

策略九：战略先行系统推进。市值管理是一项战略管理工程，旨在通过优化影响市值的关键因素来实现市值的最大化。根据这一理解，一些上市公司把对公司现状的把脉和对战略的梳理作为市值管理的起点，确定公司市值的短、中、长期目标，明确公司实现市值目标的路径和步骤，制订公司的市值管理年度任务和计划，实施关键因素的优化方案，系统地推行市值管理行动。

第二篇　市场环境篇

信托业开展产业链金融业务体系，需要做好以下几方面的奠基性工作。一是通过对行业背景、产业链属性、服务行业能力、核心企业的筛选分析而选定一个行业。二是有效衔接产业链的市场需求和金融需求。一方面，理清产业链的市场需求，有的放矢地做好金融服务；另一方面，掌握金融需求，有针对性地设计金融服务模式，实现全产业链金融联动开发。三是着力抓住产业链金融的四个核心环节：采购环节的应收账款融资、销售环节的预付款融资、经营环节的抵押融资和资本经营环节的并购融资。在采购环节，处于产业链上游的企业向核心企业供应原材料和设备，形成对核心企业的应收账款，信托公司可以应收账款为质押，通过资产证券化、保理、买方信贷等形式提供融资服务。在销售环节，处于产业链下游的销售企业从核心企业进货时，须向核心企业预先支付货款，信托公司可向销售企业提供预付款融资。在产品经营环节，资金短缺的企业可以库存为质押获取融资服务。在资本经营环节，信托公司可为核心企业的并购提供融资支持。四是全力推进产业链金融的五项服务：市场调研服务、整合服务、综合金融方案设计服务、市值管理服务和产业链整合服务。

第3章 信托业开展产业链金融业务的宏观环境

3.1 信托业开展产业链金融业务的环境分析

本部分分别从宏观环境和行业环境两个层面,剖析信托业开展产业链金融业务势在必行。

3.1.1 宏观环境分析

在此,使用PEST分析法对信托业开展产业链金融的宏观环境进行分析,分别从政策与法律(Policy)、经济(Economics)、社会(Society)和技术(Technology)四个方面展开。

3.1.1.1 政策与法律环境

"99号文"明确指出了信托行业的发展转型方向:①改造信贷类集合资金信托业务模式,研究推出债权型信托直接融资工具;②大力发展真正的股权投资,支持符合条件的信托公司设立直接投资的专业子公司;③鼓励开展并购业务,积极参与企业并购重组,推动产业转型;④积极发展资产管理等收费型业务,鼓励开展信贷资产证券化等业务,提高资产证券化业务的附加值;⑤探索家族财富管理,为客户量身定制资产管理方案;⑥完善公益信托制度,大力发展公益信托,推动信托公司履行社会责任。

"开展并购业务"这一转型领域的本质就是充分发挥自身的跨平台资产

配置和主动管理能力，打通产业链上下游，提高企业资金的运营效率，盘活社会资金存量，实现产融结合。

目前不少信托公司都把并购业务作为重点发展方向。信托交易时的灵活性，使得信托在涉足多领域时有一定优势。作为具有独立审批权的法人机构，信托公司组织机构高度扁平化，高效率的决策更能有效地适应并购业务的节奏。高效的资源整合能力可以有效整合银行、证券以及社会投资者以资金参与并购重组业务。在某些特殊情况下，信托公司还可以在不暴露委托人的前提下帮助并购方实施收购，非常具有吸引力。

参与产业并购重组业务，可以增强信托公司的项目管理能力和资产重组的运营能力。而在相关产业的发展转型完成后，信托公司在相关行业上下游产业链的地位和影响力也会逐步提高。这也有利于信托公司从并购整合业务切入，并以此作为转型的突破口。而产业链金融则可以通过资源的重新配置，整合整个产业链的金融需求，将核心企业、上下游供销商与金融机构利益紧密联系起来。而信托公司为实体经济提供金融服务也是实业投行应尽的职责。

3.1.1.2 经济环境

信托业经过前几年的高速增长，已成为我国投融资体系中举足轻重的金融部门，其发展周期与宏观经济周期紧密相关。信托业的高速增长，既满足了我国经济不同领域的需要，又推动了相关领域的快速发展。而经济的发展反过来也对信托业有着促进作用。

在2008年金融危机后的近几年，全球经济一直呈现良好的复苏态势，不过总体来看，中国经济的年增长率在高速增长后虽有放缓趋势，但是仍然能稳定在7%左右，经济增长率的适当回落，既可以防止需求过度所造成的通货膨胀，也可以促进企业间的兼并重组，更好地调整企业结构。稳定、高速的经济增长也为金融信托业的发展提供了良好的经济环境。

相比于其他金融工具，信托的客户定位较为高端化，而根据"胡润百富排行榜"和"福布斯中国财富榜单"，中国千万富豪人数已经颇具规模而且仍然在不断增长，随着居民财富的不断增长，越来越多的人意识到理财的重要性，而信托作为一种"受人之托，代人理财"的理财方式，可以恰当满足这些客户的需求。

3.1.1.3 社会环境

"刚性兑付"是国内金融市场独有的特殊现象,就是指金融产品到期后,信托公司必须给予投资者本金以及预期收益,当发行的信托产品不能按预期计划兑付时,信托公司需要进行兜底处理。

很长一段时间以来,刚性兑付现象在我国各金融行业细分市场已成惯例。而由于刚性兑付的存在,投资者选择理财产品时,比起风险更看重预期收益率。

随着金融机构理财规模的扩张和实体经济的转型升级,刚性兑付的存在制约了现有市场的健康运行,也令未来发展蒙上阴影。近年来一直有打破刚性兑付的声音,但是一直未能成行。

2014年,中诚信托30亿元的产品"诚至金开1号"无法如期偿付,紧随其后,信托市场又陆续爆出吉林信托"松花江77号"、中航信托"天启340号"等几起兑付危机,虽然最终都是由信托公司尽量保证了投资者的本金安全,但刚性兑付的"金字招牌"在投资者眼中已经开始褪色。

但是要彻底打破刚性兑付也不是那么容易,信托业的巨大规模也受益于刚性兑付,很多投资者习惯了刚性兑付,若贸然打破刚性兑付,必将引发市场所有投资者的恐慌,整个信托业都会面临信用危机,甚至可能冲击实体经济的发展。监管层也曾就此表示,需循序渐进地打破刚性兑付,虽然现在还不能立即打破刚性兑付,但无疑在向这条道路前进了一步。

3.1.1.4 技术环境

随着经济的发展,各个类型的金融系统的建立为信托业的发展提供了专业化的平台,使其不但更有针对性,操作也更加方便,还一定程度地节约了交易成本,最重要的是让更多的人对信托业有了更深入的认识。

而在信托业谋求调整与转型的这个阶段,各信托公司都需要未雨绸缪,以求得未来能有一定的差异化竞争优势,而融合与吸纳互联网平台技术也是应对互联网金融浪潮冲击的最佳方法。第三方理财机构已经开始通过应用互联网技术进行客户资源的开拓,以降低交易成本和信息不对称。

大数据、云计算、移动支付等一系列最新技术的更进一步成熟,将对金融业产生极大的冲击,也会创造出很多新的市场,而小微金融行业内需求的增长以及更成熟的数据风险管理体系的建立,都给信托公司带来了一个很好的业务转型的机会。通过大数据技术可以对借款人进行资信要素化审核以及动态控制，移动支付在未来对金融机构开放后，也能够提高营销率。

面对金融开放，技术跨越是所有信托公司都将面临的巨大挑战，转型涉及的专业技术环节是复杂和陌生的，没有前人的经验借鉴更是加大了难度。然而，大部分信托公司都严重缺乏这种能够提供技术跨越能力的相应专业人才，导致员工在一些业务运作上遇到困难。人才的匮乏，不但会导致业务运作的效率，更会因为服务不到位导致社会认同度降低。

在竞争越来越激烈的环境中，信托公司必须重视技术创新，这样才能在不断变化的市场中尽快做出反应，培养自身的技术创新能力，提升员工的素质和知识结构都尤为重要。

通过以上使用PEST分析法对信托业开展产业链金融的宏观环境进行的分析不难看出，宏观环境有利于信托行业的发展与转型，信托公司需要把握住这个机会，加快转型的步伐，防止未来经济增长环境恶化所带来的高风险。

3.1.2 行业背景分析

信托是资产所有者将自身所拥有财产的管理权或处理权委托给信托公司，以达到获利等目的的一种经济行为，同时也是一种金融制度和理财方式。金融信托最早由实物信托演变和发展而来，现如今已经发展成一个相当成熟的产业——信托业，其财产管理、投资开发、长期金融、社会福利和公益事业促进等功能在国民经济生活中发挥着巨大的作用。

随着我国国内居民财富的积累，特别是高端客户资产规模持续增长以及在信托行业制度红利的优势下，经过这几年的发展，信托业管理的信托总资产规模已达到了14万亿元，信托业一跃变成规模第二大金融行业，仅次于银行。

但是2014年以来，中国信托市场的高速增长阶段已经逐渐转向低速增长。而信托业的发展变缓则主要是"泛资管"的竞争愈演愈烈所致，自2012年5月监管放松以来，各种类型的资产管理机构都开始全面放开其投资渠道，业务创新的大力提倡也打破了不同金融机构间的竞争壁垒，资产管理行业的竞争也开始加剧。信托公司去通道化将成为必然趋势。除此之外，利率市场化的进程加快导致银行的存款利率上升，直接影响信托产品的发行。近期存款保险制度也将正式出台，利率市场化进程也将再一次提速，信托公司的资金来源将受到挑战。互联网金融也会对信托业产生强烈的冲击，从目前情况看，无论是竞争格局还是客户需求方面，信托业都将遇到一次极大的挑战。因此，信托业的调整和转型也必须加快进程。不少信托公司已经积极展开了相应的信托转型活动，想要借助这个转型机会更好地促进自身的全面进步。

"99号文"明确指出：信托公司应大力发展真正的股权投资，支持符合条件的信托公司设立直接投资的专业子公司。鼓励开展并购业务，积极参与企业并购重组，推动产业转型。"99号文"中提出的转型方向正好符合中央政府在目前经济结构调整中的重要指导方针——"用好增量，盘活存量"。信托如何践行这一方针，盘活存量有两个重要方向：资产证券化和并购整合业务。资产证券化盘活的是企业的存量资产，并购业务盘活的是某个行业中存量的低效率中小企业，不是所有企业都需要依靠自己以增量的方式做大做强，有一部分企业完全可以通过对存量企业的并购整合来做大做强。一直以来，信托业被冠以"实业投行"的美誉，但其真正为实体经济服务的功能并没有得到充分体现，反而过于追逐短期效益，在证券、房地产等领域投入大量人力、物力，虽然收获颇丰，但风险也不断积累，直至招来监管层的强力干预。回归本位，服务于实体经济应该也必须成为未来信托业务发展的主要内容。信托公司作为中国的"实业投行"，能否涉足并购业务，并以此作为转型的重要突破口。信托参与产业并购，无论是从自身的工具优势，还是从近年来积累的实业投融资经验来看，都是极具想象力的一种业务类型。信托公司开展产业并购业务，本质就是充分发挥自身跨平台资产配置和主动管理能力，打通产业链上下游，提高企业资金的运营效率，盘活社会资金存量，实现产融结合。

我国的产业链金融服务主要以商业银行为主体，侧重于供应链金融服务，且早在2005年就有国内银行开始了尝试。相比银行宽泛的经营领域和雄厚的资金实力，信托公司要想在竞争中脱颖而出，更应强调服务领域的专业化。作为中国的"实业投行"，信托公司为实体经济提供金融服务可以说是责无旁贷，而要想在服务的同时做大做强，提升行业掌控力，降低行业风险，就应树立产业链金融理念，从剖析产业集群发展要素入手，站在国家和行业发展的高度，审视产业发展规律，掌握产业链的组织结构、相互关系及金融需求变动规律，结合自身竞争优势，选择特定的产业链作为服务对象，通过提供有效的产业链金融服务，提升产业链价值，达到立足产业、服务产业、扎根产业、整合和提升产业的目的，实现与产业链的合作共赢。

因此，信托公司应该以产业链金融为盾牌，阻隔其他金融机构进入自己的专属领地，同时通过对产业链的深耕，充分挖掘信托公司服务产业的潜力，并以此作为区分不同信托公司生存能力和竞争能力的重要指标。

3.2 信托业开展产业链金融业务的机遇与挑战

我国的产业链金融产品服务主要以商业银行为主体，经过几年的改革与创新，已经初步形成一套成熟的服务体系。信托公司想要进入产业链金融领域并从拥有雄厚资金实力的银行的竞争中脱颖而出，需要探索创新，走差异化发展道路，强调服务领域的专业化。信托公司为实体经济提供金融服务也正是自身作为"实业投行"应尽的职责，而产业链金融的服务也能帮助信托公司在服务的同时提升自身的行业掌控力。

3.2.1 信托平台开展产业链金融的优势

信托公司需要站在行业发展的全局战略高度，审视产业发展规律，并结合自身的优势，选择适合的产业链作为服务对象，通过提供专业化的产业链金融服务，达到让整个产业链价值不断发展的目的，并实现与产业链的互利共赢。

与银行相比，信托业开展产业链金融业务的优势主要有以下三方面：

（1）信托制度的灵活性。信托公司是我国目前唯一能够横跨货币市场、资本市场和实业投资领域进行直接投资和融资的金融机构，在产品设计方面拥有极大的优势。信托公司自身的制度非常灵活，可以发行信托计划、成立并购基金、与外部机构合作等多种形式进行运作，而不论是动产还是不动产，物权还是债权，都可以作为信托财产设立信托，这是包括银行在内的其他金融机构无法做到的。产业链金融中的上下游中小企业特性比较强，每个企业都有不同的运营特点，而不论是中小企业的资金用途还是作为担保的抵押品的条件限制，信托公司的灵活制度都可以从企业的角度对之进行个性化的设计，打造适合中小企业的个性化金融服务产品，从而实现与整个产业链的金融需求对接。

（2）多年累积的丰富经验。由于中小企业融资一次性需求量小，频率高，这种具有流动性的短期借款对于商业银行来说成本高，风险也大。而信托公司发行的产品的期限也较短，1~3年不等，募集资金的数额也不大，甚至可以用企业的财产权设立信托再转让受益权的方式进行融资，非常适合中小企业的融资特点。因此，比起商业银行，信托公司近年来更受中小企业的青睐，在与中小企业合作的过程中，已经积累了大量经验，拥有更多适合中小企业的风险控制技术。

（3）很多信托企业都有产业集团的依托和强力支持。国家电网公司作为英大信托公司第一大股东，它们之间的关系使得英大信托在开展电力行业产业链金融的时候占据优势。电力行业拥有足够的市场容量和广阔的发展前景，不论是目前还是将来，都是能够稳定发展的行业。除此之外，电力产业的资源专用属性导致了它的独占性和排他性，市场进入成本较大，且产业链类型属于串联型，以需求为导向，环节较少，上下游企业业务流程标准化，风险低且容易控制，更能帮助信托公司降低风险。我国很多信托企业都与英大信托一样，有类似的产业集团依托和强力支持。

除了面临与商业银行的竞争外，英大信托未来也将会面临同行之间的竞争，现在需要赶在其他信托公司之前做好产业链金融服务，确保一定的优势以及抢占市场份额。2008~2011年英大信托稳定排在信托行业前十位，但由于近年来公司业务策略的调整以及外部经营环境的改变，排名大幅度下滑。目前位居行业中等偏下，如表3-1所示。

表3-1 2014年信托公司综合实力排名

信托公司名称	综合实力排名	分项能力排名			
		自身经营能力	资产管理能力	风险管理能力	隐性担保能力
兴业国际信托有限公司	1	2	26	4	2
中信信托有限责任公司	2	3	3	10	17
中融国际信托有限公司	3	4	5	8	22
平安信托有限责任公司	4	8	1	23	14
华信信托股份有限公司	5	5	14	1	23
重庆国际信托有限公司	6	1	13	5	37
上海国际信托有限公司	7	9	2	32	27
华润深国投信托有限公司	8	6	4	37	30
中海信托股份有限公司	9	14	8	36	5
华能贵诚信托有限公司	10	10	7	56	4
中国对外经济贸易信托有限公司	11	16	6	11	18
中诚信托有限责任公司	12	7	15	40	21
江苏省国际信托有限责任公司	13	11	22	20	11
四川信托有限公司	14	23	10	2	39
交银国际信托有限公司	15	24	39	22	3
北京国际信托有限公司	16	21	9	16	44
华宝信托有限责任公司	17	49	24	58	1
中航信托股份有限公司	18	15	12	41	46
国联信托股份有限公司	19	39	30	29	8
建信信托有限责任公司	20	12	29	52	9
中原信托有限公司	21	17	16	46	33
五矿国际信托有限公司	22	19	27	15	31
方正东亚信托有限责任公司	23	22	21	13	52
苏州信托有限公司	24	31	23	12	43
广东粤财信托有限公司	25	32	19	31	38
百瑞信托有限责任公司	26	47	18	30	32
昆仑信托有限责任公司	27	25	34	28	15
中粮信托有限责任公司	28	44	54	26	7
陆家嘴国际信托有限公司	29	41	43	6	20

续表

信托公司名称	综合实力排名	分项能力排名			
		自身经营能力	资产管理能力	风险管理能力	隐性担保能力
西藏信托有限公司	30	53	40	25	12
安徽国元信托有限责任公司	31	20	45	17	42
长安国际信托股份有限公司	32	33	17	53	50
中铁信托有限责任公司	33	34	11	60	47
华融国际信托有限责任公司	34	26	31	48	24
中国民生信托有限公司	35	36	61	3	29
中江国际信托股份有限公司	36	40	28	21	58

由表3-1也能得出评价信托公司综合实力最重要的四个指标，即自身经营能力、资产管理能力、风险管理能力和隐性担保能力。这四个指标也是企业核心竞争力的来源。英大信托要想在信托行业中脱颖而出，搞好产业链金融业务，就需要提升这四项能力。

（1）自身经营能力。英大信托公司具有良好的经营能力，2014年英大信托公司利润总额达到77437.96万元，净利润为58238.00万元，提取盈余公积5684.69万元，提取一般风险准备3626.98万元，未分配利润为190125.81万元。在信托公司综合能力评价中，英大信托的自身经营能力排名43位。

（2）资产管理能力。英大信托具有不错的资产管理规模，但其投资收益水平稍显不足，公司持续发展和转型所需要的主动管理能力有所欠缺，在信托公司综合能力评价中，英大信托的资产管理能力排名56位。整体上看，资本运作能力是英大信托目前的软肋之一。

（3）风险管理能力。2014年英大信托不良资产的期初数为1540.96万元，期末数为1519.90万元，不良资产率由期初的0.38%下降为期末的0.33%。业务的风险敞口均保持在可接受的范围内，信托业务的风险基本处于可控制状态。在信托公司综合能力评价中，英大信托的风险管理能力排名55位。

（4）隐性担保能力。国家电网公司作为其第一大股东，具有央企国企背景的英大信托具有很强的隐性担保能力，流动性偿付能力、净资产赔付能力、准备金偿付能力也都具有相当不错的水平。在信托公司综合能力评价中，英大信托的隐性担保能力排名26位。

3.2.2 英大信托开展产业链金融业务的机遇与挑战

总的来说，英大信托与同行的竞争者相比并没有太大的优势，需要趁着信托业还未全面进入产业链金融服务之前，抓紧金融创新的伟大历史机遇，深耕产业链金融业务。

对英大信托开展产业链金融服务进行SWOT分析，找出企业内部的优势（Strength）和劣势（Weakness）以及外部环境存在的发展机会（Opportunity）和存在的威胁（Threat）。SWOT矩阵如表3-2所示。

表3-2 英大信托的SWOT分析

	有利影响	不利影响
内部因素	优势（Strength） 1. 良好的政府关系； 2. 较强的资本实力； 3. 组织结构深化，人才队伍逐渐壮大； 4. 与中小企业合作的经验比银行更丰富，拥有更多适合中小企业的风险控制技术； 5. 设计产品的制度更为灵活，中小企业选择信托公司的意向较强； 6. 良好的产业基础，服务电网能力强； 7. 隐性担保能力在同行中非常强，让投资者更加放心	劣势（Weakness） 1. 制度、流程体系有待完善； 2. 缺乏高端人才； 3. 业务集中度高，研发创新能力不足，产品趋于同质化； 4. 信托报酬率低于行业平均水平； 5. 风险管理能力较弱，是公司目前最大的软肋之一
外部因素	机会（Opportunity） 1. "99号文件"鼓励信托公司开展股权投资； 2. 国家电网继续加快特高压建设； 3. 新能源领域及供应链方向面临发展机遇； 4. 消费端"电能替代"趋势发展； 5. 国内经济稳中提升，稳定的经济环境有利于信托业的发展	威胁（Threat） 1. 国家经济增速放缓，部分行业产能过剩； 2. 电网售电量增速回落，电价总体回落； 3. "泛资管"所带来的竞争越来越激烈，资产管理行业的竞争也开始加剧； 4. 利率市场化的进程加快导致银行的存款利率上升，直接影响到信托产品的发行； 5. 整个信托行业发展速度放缓，转向低速增长

英大信托目前内部优势明显，但是存在着一些外部威胁，所以优势—威胁（ST）战略即通过发挥企业的内部优势，回避或减少外部威胁的冲击将是英大信托开展产业链金融服务的首选。根据英大信托所具备的优势以及存在的外部威胁，可以将 ST 战略进行细化，主要内容包括：

（1）在信托业还未大规模涉足产业链金融业务之前，加快转型的步伐。在开展产业链金融服务的同时注意资源的重新配置，以整合产业链的金融需求。

（2）寻求与国家电网公司的合作，抢占电力行业的产业链金融服务产品市场。

（3）提升自身的综合实力，以确保有稳定的资金来源。

第4章 信托业开展产业链金融的行业选择

打造产业链金融，先要选择一个前景广阔、自身有服务优势的行业，以避免同质化的恶性竞争，提高竞争的主动性和有效性。行业选择应按以下标准进行。

4.1 选定特定行业

4.1.1 行业背景分析

行业必须有足够的市场容量和广阔的发展前景，在可预测的期限（5~10年）内不存在可预见的替代产品和服务。具体可以从以下三个方面来分析产业链的行业背景：

首先，行业的前景要广阔，具有巨大的发展空间。此类行业对产业链金融的发展具有正面影响。发展前景好并且有足够市场容量的行业，其对应的产业链通常较为稳固。在这样的行业基础上建立产业链金融，才能获得稳定的产业支撑，从而确保相应的金融服务能够健康长久发展。

其次，在短时间内，所选行业不能被取代。随着现代科技的发展，许多新兴行业如雨后春笋般诞生，但是并非每一个新兴产业都会开花结果，也有许多行业仅是昙花一现。此时，需要敏锐的洞察力，判研行业的持续生存能力，以确保在固定周期内蓬勃发展。

最后，行业具有独占性和排他性。进入门槛高的行业是产业链金融服务商的必争之地。因为此类行业凭借其所特有的行业属性和地位，加上金融机构的资金扶持，很容易将竞争对手阻隔在行业之外。

4.1.2 产业链属性分析

金融机构从服务单一企业转型为服务产业链，可以更好地把握产业整体的运营状况和风险分布，有效降低全产业链的风险，同时联动批量开发产业链上下游企业客户，为其提供更精细化的服务，掌握产业链发展的主控权。

选择适合金融机构运作的产业链，要从产业链的形成机制入手，围绕战略资源、市场需求、关键技术等，筛选出备选的产业链。在此基础上，结合产业发展周期和发展前景，研究产业链的上下游关系、长度、宽度、聚集要素与价值分布，选出上下游关系稳定、价值链较高的 1~2 个产业链作为重点培育的金融服务产业链，对其提供联合授信，打造金融共赢链。

例如，电力产业链是由电力的生产和销售形成的产业群，具备资源导向、需求导向、技术密集、资金密集等特征。按上下游合作关系分析，是典型的终端需求驱动型产业链，下游的电力销售企业与中游的发电企业、上游的电力设备制造企业之间形成十分稳固的经济往来关系。由于电力产业的资源专用属性，电网企业作为电力的终端销售商，具有较强的独占性和排他性，市场准入门槛较高，产业链具有较强的锁定效应，电力产业链的规模主要由下游的电力销售规模决定，中游的发电企业、上游的电力设备制造企业均为下游企业服务，并受下游企业制约。此种类型产业链属于串联型产业链，以需求为导向，环节较少，上下游产业之间依存和协作的关系十分稳固，业务流程标准化，风险较低且便于控制，便于金融机构梳理业务模式和评估风险，以核心企业为龙头提供标准化的产业链金融服务。这种类型的产业链可作为英大信托公司选择的主导产业链予以重点培育。

在电力产业链中，也存在其他类型的比较稳固的产业链纽带。对于发电设备制造企业，由于协作企业和供应商较多，且加工、运输、配送等环节复杂，与多家企业发生纵向联系，可以按并联型构筑产业链关系；对于发电企业，由煤炭生产企业、运输企业、发电企业构筑的煤电产业链，具有资源导向和资金密集的特征，物流需求量大且复杂，属于混合产业链组合，也十分适合作为信托公司重点关注的对象，可以物流的增值性服务为切入点提供金融服务。

4.1.3 服务行业的能力分析

研究自身的行业背景与竞争能力，分析是否有足够的服务行业的经验、掌控行业的水平，确定是否具备满足行业融资需求的能力。

例如，电力产业链的专用属性，既提高了为其提供金融服务的门槛，决定了为其提供金融服务的机构，必须具有较强的行业背景、金融实力和行业服务经验，同时也决定了一旦成为电力产业的金融服务商，所蕴含的市场商机将成为阻隔竞争对手进入的坚固盾牌。作为国家电网所属的金融机构，英大信托公司以服务国家电网及其相关产业为己任，具备长期为电力行业服务的经验，能够承担起服务电力行业融资的重担。

4.2 选定产业链核心企业

产业链的实质就是产业关联，而产业关联的实质就是各产业之间供给与需求、投入与产出的关系。而核心企业的内涵来源于供应链理论，是指在供应链中资金、人力、技术等生产要素投入相对较大，在供应链中起着至关重要的作用，其他企业以之为核心进行配套服务，并具有相当程度主导作用的企业。

在产业链的形成过程中，核心企业起着决定性作用。为适应复杂的环境并且实现自身价值的最大化，企业必须不断调整自身做出相应的快速变化，用不同的商业模式来进行资产组合，缩短战略周期，加强竞争的创新性。当企业受到外部干扰需要做出有利于自身发展的响应时，会出现需要企业间互相合作、结盟、构成新的结构才能取得更大利益的情况，此时，便产生了产业链。

在产业链的构建过程中，总会有一个或几个发起企业并在产业链的运行过程中充当核心作用。核心企业在产业链中的超然地位有利于企业间达成合作协议，降低交易成本，增加合作伙伴的利益和相对外部企业的竞争优势，提高整个产业链的运行效率，达到"1+1>2"的效应，同时降低风险和拓展新市场。

4.2.1 核心企业的作用

第一，核心企业是产业链的利益协调者。产业链作为一条供应链，需要使其涉及的各企业能够通过战略合作实现共赢，其中涉及的利益分配问题需要核心企业进行合理规划，使得整个产业链能够有序运转。当整个产业链的利益分配不均或者获得利益不再能够满足节点企业时，产业便面临解体的风险。核心企业通过设立合理公平的利益分配机制有效规避产业链中的关系风险，同时从大局着眼，协调整个产业链的短期利益和长期利益，谋求产业链的长足发展。

图 4-1 产业链基本结构

第二，核心企业是产业链的决策制定者。社会分工的细化使得任何一家企业都不能完全地提供某一项服务或者某一种产品而不需要与其他企业或者个体合作。企业为客户提供产品或服务不仅受自身能力经营范围的影响，还受到与其同一产业链的其他企业的影响，因此，核心企业需要协调整个产业链的物流、信息流和资金流（见图4-2），为整个产业链更好地发展做出正确的决策。

其一，核心企业能够在产业链上调度物流，降低产业链总成本。图4-1为产业链的基本结构，供应物流从不同的供应商流向核心企业，销售物流流程则从核心企业流向各级销售商，最后流向直接用户，这就形成了整个产业链的物流配送过程。因此，核心企业对整个产业链的物流集散和配送起着调

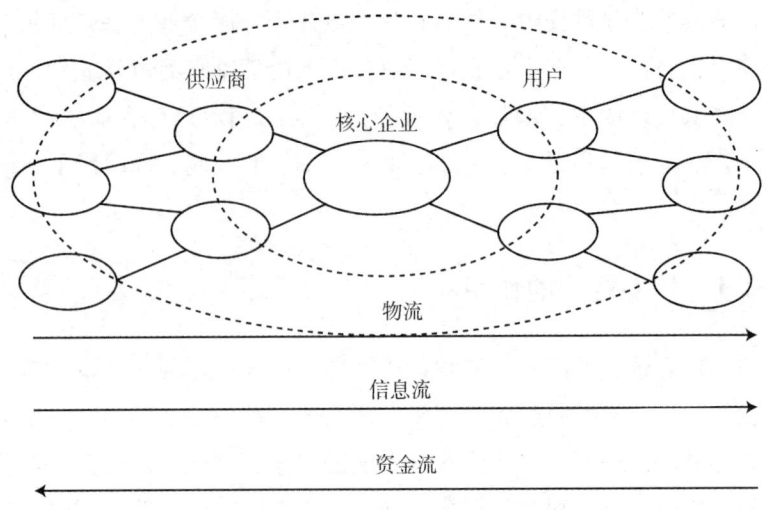

图 4-2 物流、信息流、资金流在产业链中的流动

度作用，以确保产业链涉及的每一个企业能够在正确的时间获得品种和合适的产品数量，既不会短缺，也不会造成库存积压，从而使产业链的总成本最小化。如果产业链的核心企业不能发挥物流主导作用，影响的不仅是核心企业，对整个产业链都会带来极大的不利影响。

其二，核心企业能够交换和处理整个产业链上的信息，提高产业链的运行效率。从图 4-2 中可以看出，产业链中的信息是双向流动的，存在着反馈过程：①核心企业汇集来自上游企业的需求信息和下游的供给需求信息，核心企业对这些信息进行处理并做出最优处理；②之后核心企业将处理后的信息反馈给上下游企业，这就完成了整个产业链的一次信息传递。由于产业链的效率很大程度上依赖于产业链上信息的优质交换与处理，以实现通过信息的通畅共享产生高附加值的目的，要提高信息在产业链上传递的质量，核心企业的作用是至关重要的。

其三，核心企业能够分配产业链上的资金，实现产业链的整体增值。产业链描述的是企业内部和企业之间未生产最终交易产品或者服务所经历的价值增值的活动过程，它涵盖了商品或服务在创造过程中所经历的从原材料到最终消费品的所有阶段。这就揭示了产业链在连接上游企业到用户的物流链和消息链的同时还是一条增值链。产业链通过对原材料的加工、包装和运输等过程增加其价值,给各个环节的企业带来利益。而从图4-2的资金在产业链中的流向可以看出,产业链的资金来自最终用户,产品或者服务的销售或付出使得产业链或者资金再流向核心企业,核心企业通过对整个产业链中资金进行分配,维持产业链的正常运行和实现其增值。

4.2.2 核心企业的选择条件

产业链是各个环节的企业在合作过程中形成的,而核心企业的地位则需要各个节点企业通过自身实力竞争获得。不论核心企业位于产业链的哪个节点位置,一般需要具备以下几个基本条件:

第一,在业界有强大的影响力。每个企业的资源都是有限的,必须将其投入到能够使其获利最大的产业链中。而核心企业作为产业链的利益协调者和决策支持者,位于产业链中的首席位置,必须在业界具备足够的影响力和实力来吸引其他公司联手,使其他企业认为加入这条产业链是可获利并实现长足发展的。

第二,较高的商业信誉。核心企业的商业信誉对整个产业链能否良好运行有重大影响,核心企业能够分配整个产业链上的资金,决定了其必须具备能够使产业链上其他节点企业信服的商业信誉,从而维持整个产业链的运转。产业链上的企业间存在着频繁的业务和资金往来,及时与上下游企业结算款项能够使更多企业加入此条产业链以实现产业链的长足发展。反之,拖欠账款的行为会影响节点企业正常生产经营活动,由于产业链的联动性可能导致"多米诺骨牌"效应,使整个产业链解体。

第三,较强的组织协调能力。产业链上核心企业与节点企业之间的战略合作伙伴关系,是通过核心企业组织实施的。这种伙伴关系涉及核心企业与成员企业的企业文化、组织结构、界面管理、激励机制等诸多要素。核心企业需要着眼于长远利益,不被眼前利益所驱动,将与合作伙伴建立长期合作关系放在第一位,与合作伙伴风险共担、利益共享,构建信任度更高和合作程度更加密切的产业链。反之,如果核心企业因为蝇头小利而得罪产业链上的合作企业,产业链的协调运作便成为一种奢望,即使核心企业具有一定的市场占有率和其他方面的优势,也不会得到其他企业的信任,更谈不上对形成产业链战略伙伴关系起促进作用，何论发展产业链。

第四，较高的市场占有率。产品在市场上较高的占有率说明该企业的市场影响力大，获利的可能性大，企业竞争优势大。因此，产品市场占有率高会对其他供应商和销售商产生巨大的吸引力。作为供应商企业和销售商企业，总是希望能找到一家市场占有率高的实力雄厚的企业作为合作伙伴。一方面，这样的企业实力雄厚，能够在一定程度上影响消费者的市场行为，在市场竞争中容易占据主动地位；另一方面，由于其市场份额大，从这样的企业获得的订单数量往往也大，供应商和销售商企业容易获得规模效益。

第五，较强的产品研发能力。现代市场的激烈竞争导致产品寿命周期越来越短。因此，企业为适应这种竞争要求，就需要不断研制新产品，利用新产品不断上市给企业创造新的经济增长点。核心企业产品研发能力的强弱直接关系到整个产业链上节点企业群体的利益和命运。核心企业的产品研发能力强，就能够不断推出新产品，不断引导用户产生新的消费热点，即始终有一种不断延续其在市场上发展的能力，不致因一种产品被市场淘汰而导致全线崩溃。这样的企业自然会产生一种吸引力，把为其提供原材料和配件的企业凝聚在其周围，形成一种长期稳定的合作关系。也只有这样，产业链节点上的企业才愿意投入必要的资金，改善产品质量，促进产业链的良性发展。

第六，产品结构可模块化生产。一般地说，如果产品结构不易按功能分解成不同的模块，就不容易为其他企业提供参与产业链的可能性。在现有条件下，产业链模式多由加工装配式企业构成，因为它的产品可分解为不同的模块，可为其他企业成为某个模块的供应商提供机会。简而言之，便是产品能够细分的模块越多，能够吸引到的相关企业也就越多，产业链壮大的可能性也就越大。

第5章 信托业开展产业链金融的行业需求分析

信托业开展产业链金融业务，需要有效地衔接两个需求：产业链的市场需求和融资需求。

5.1 产业链的市场需求

5.1.1 产业链市场需求分析

对产业链市场需求进行分析对于很多方面都具有重大的意义。

首先，对于投资者来说，通过对产业链市场需求进行分析，可以确定一个产业是否值得投资。对于市场需求较小的产业，其所能产生的价值也有限，投资者投资时应该谨慎。

其次，对于产业链的组成企业来说，通过对产业链市场需求进行分析，可以对自身的发展前景做出预测，并且采取相应的措施，来保证自己的发展。

最后，对于其他企业，在决定是否进入一个产业链之前，对该产业链进行市场需求分析是十分必要的。

当然，对产业链的市场需求进行分析，需要遵循一定的步骤和规范。

第一，确定产业链的性质和结构。根据产业链企业之间供需关系性质的不同，可以分为资源导向型产业链、产品导向型产业链、市场导向型产业链和需求导向型产业链四种。资源导向型产业链是指供应商处于垄断地位，使得产业链呈现循序渐进的资源供应链形态；产品导向型产业链与资源导向型产业链相反，是下游企业即需求者处于垄断地位，使产业链成为追本溯源的需求链形态；市场导向型产业链是指上游企业和下游企业在市场中都存在较大的竞争，产业链之间的企业依赖度几乎为零，完全以市场为导向；需求导向型产业链是指在产业链中，上下游企业之间相互都存在着依存关系，上游企业与下游企业几乎没有竞争，因此，上游企业需要下游企业为产品找到销路，下游企业也需要上游企业提供原料，这种产业链集合了资源导向型产业链和产品导向型产业链的特点。产业链的结构主要是指产业链的上游企业和下游企业。上游企业提供原料，下游企业购买上游企业的产品并向更下游的企业或者消费者出售自己的产品。通过对产业链属性和结构的分析，理解具体企业的运作特点以及其在产业链中的位置和作用，从而才能够更好地判断其可能的市场需求。

第二，确定产业链的核心企业。产业链的核心是产业链中最重要的部分，整个产业链就是围绕着核心企业，将信息流、资金流、物流集合起来形成经济组织。产业链的核心企业起到了对产业链上下游的协调作用，并且通过自身的带动，发掘产业链的潜力。因此，产业链的核心企业通常具有较高的产品市场占有率和产品研发能力，以此来保证自身在产业链中的核心竞争力。产业链的市场需求很大程度上依赖于产业链核心企业的产品竞争力。因此，要对产业链的核心企业的运营状况进行分析，同时也要分析核心企业的库存状况，来预测上游企业未来的需求情况。

第三，调查产业链现在的产业规模和产业前景。事实上，产业规模较大的产业链通常已经有了较大的市场需求规模，此时，只要产业的前景良好，产业链的市场需求就能保持发展，产业也会有良好的发展。

第四，分析产业链的风险因素和承受能力。产业链可能面临的风险因素有很多种，例如宏观经济形式对于产业链的影响，可替代产品对于产业链各环节的影响，产业链开放程度，市场对最终产品需求的变化以及技术风险等。风险及企业承受能力对于产业链的稳定具有重要的意义，有了稳定的产业链才能有稳定的市场需求。

5.1.2 电力行业产业链市场需求分析

5.1.2.1 电力产业链概述

电力行业可以系统地分为发电、输电配电、供电三部分。其中，发电环节的主要组成部分是电厂，输电配电与供电环节主要由电网企业负责。发电、输电配电与供电企业构成了电力产业链的核心部分，上游是电力设备供应商、燃料供应商与电力辅业公司（如电力研究院等）等企业，下游是电力用户，可以分为工业用户与居民用户。

电力设备制造主要包括发电设备行业、输变电设备行业以及电力环保行业等。电力设备制造行业依托于电力工业的发展，电力投资的规模与方向将在很大程度上影响电力设备制造行业。

燃料供应主要指煤炭供应。煤炭作为火力发电的主要燃料，每年有50%的煤炭用于发电，煤电发电量也占据火力发电总量的80%以上。

电力辅业公司在我国主要有中国电力建设集团有限公司和中国能源建设集团有限公司两大辅业公司，主要负责工程设计、咨询、监理、施工、修造这一条完整的业务链。

以上构成了电力产业链的上游部分，主要为电力行业的核心提供原料与技术支持。

我国发电方式可分为火电、水电、核电、风电等方式。其中，火电是技术发展最为成熟的，在总发电量中占据了绝大部分。水电行业技术相对成熟，现在已经发展为我国的第二大电源，而且还保持着较高速度的增长。而风电、太阳能发电、核电等新能源技术还处于起步阶段，占比较小，其中风电技术相对成熟一些。发电企业方面，我国有五大发电集团——中国华能集团公司、中国国电集团公司、中国大唐集团公司、中国华电集团公司和中国电力投资集团公司。还有华润电力、国华电力、国投电力、中广核等大型发电企业。

输电配电与供电行业在我国由中国国家电网和中国南方电网负责。这两大公司在行业中处于垄断地位，其中，中国国家电网经营区域覆盖全国26个省（直辖市，自治区），覆盖国土面积的88%，供电人口超过11亿。

以上构成了电力产业链的核心部分。

居民用户与工业用户是电的使用者。其中，工业用户是主要部分，占据了全社会用电量的70%以上；在工业用户中，钢铁、有色、化工、建材四大耗能行业是工业用电的重中之重。以上构成了电力产业链的下游部分。

5.1.2.2　2014年电力工业运行简况

2014年，全国电力消费增速放缓，全社会用电量55233亿千瓦时，同比增长3.8%，比2013年回落3.8个百分点；全口径发电量55459亿千瓦时，同比增长3.6%，比2013年回落4.1个百分点。截至2014年底，全国发电装机容量136019千瓦，比2013年增长8.7%。全年发电设备平均利用小时数为4286小时，同比下降235小时；受电力消费增速放缓和水电发电量快速增长等因素影响，全年火电设备平均利用小时数同比下降314小时，为4706小时。具体分析如下：

（1）电力消费。2014年，全国全社会用电量55233亿千瓦时，同比增长3.8%。其中，第一产业用电量994亿千瓦时，同比下降0.2%；第二产业用电量40650亿千瓦时，同比增长3.7%；第三产业用电量6660亿千瓦时，同比增长6.4%；城乡居民生活用电量6928亿千瓦时，同比增长2.2%。工业用电量39930亿千瓦时，同比增长3.7%，其中，轻、重工业用电量分别为6658亿千瓦时、33272亿千瓦时，分别比2013年增长4.2%和3.6%。

（2）电力生产。2014年，全国全口径发电量55459亿千瓦时，比2013年增长3.6%。分类型看，水电发电量10661亿千瓦时，同比增长19.7%，占全国发电量的19.2%，比2013年提高2.6个百分点；火电发电量41731亿千瓦时，同比下降0.7%，占全国发电量的75.2%，比2013年降低3.3个百分点；核电、并网风电和并网太阳能发电量分别为1262亿千瓦时、1563亿千瓦时和231亿千瓦时，同比分别增长13.2%、12.2%和171%，占全国发电量的比重分别比2013年提高0.2、0.2和0.3个百分点。

2014年，全国6000千瓦及以上电厂发电设备平均利用小时数4286小时，同比降低235小时。其中，水电设备平均利用3653小时，同比增加293小时；火电设备平均利用4706小时，同比降低314小时；核电7489小时，同比降低385小时；风电1905小时，同比降低120小时。

（3）电源建设。截至2014年底，全国发电装机容量136019万千瓦，同比增长8.7%；其中，水电30183万千瓦（含抽水蓄能2183万千瓦），占全部装机容量的22.2%；火电91569万千瓦（含煤电82524万千瓦、气电5567万千瓦），占全部装机容量的67.4%，比2013年降低1.7个百分点；核电1988万千瓦，并网风电9581万千瓦，并网太阳能发电2652万千瓦。

2014年，全国基建新增发电设备容量10350万千瓦，其中，水电新增2185万千瓦，火电新增4729万千瓦，核电新增547万千瓦，并网风电新增2072万千瓦，并网太阳能发电新增817万千瓦。

（4）电网建设。截至2014年底，全国电网220千伏及以上输电线路回路长度、公用变电设备容量分别为57.20万千米、30.27亿千伏安，分别同比增长5.2%和8.8%。

2014年，全国基建新增220千伏及以上输电线路长度和变电设备容量分别为3.61万千米和2.24亿千伏安，分别同比少投产2842千米和多投产2563万千伏安。

（5）电力投资。2014年，全国主要电力企业电力工程建设完成投资7764亿元，同比增长0.5%。电源工程建设完成投资3646亿元，同比下降5.8%，其中，水电、火电、核电、风电分别完成投资960亿元、952亿元、569亿元、993亿元；电网工程建设完成投资4118亿元，同比增长6.8%。

（6）节能减排。2014年，全国6000千瓦及以上电厂供电标准煤耗318克/千瓦时，同比降低3克/千瓦时；全国电网输电线路损失率6.34%，同比降低0.4个百分点。

（7）电量交换。2014年，全国完成跨区送电量2741亿千瓦时，同比增长13.1%；全国跨省送出电量8420亿千瓦时，同比增长10.8%。

5.1.2.3 产业链各环节需求分析

（1）电力设备制造：电力设备制造行业作为产业链的上游企业和核心环节的设备提供者，其前景很大程度上取决于核心部分的需求。同时，电力设备行业作为技术和资金密集型行业，品种优势和技术实力是决定企业竞争力的重要因素。2014年，火力发电设备的利用时间下降明显，而且装机容量增长速度相对其他发电方式缓慢，因此，火电设备市场与水电等发电设备相比需求可能呈现收缩趋势。水电行业近几年持续呈现快速扩张趋势，市场需求会进一步扩大。同时，电网设备应成为发展的重点之一。为了提高配电输电能力，使之与发电能力匹配，也为了配合特高压发展，电网设备是未来发展的重中之重。电力设备制造行业应该紧跟电力行业重心变化。因此，虽然电力消费增速放缓，但是，电力行业作为一个稳定而且十分重要的行业，其发展对于我国的社会进步与科学发展具有重大的意义，也会带动电力设备制造行业的快速发展。

（2）燃料供应：燃料供应主要指煤炭供应。报告显示，2014年我国原煤产量多年以来第一次出现了下降趋势，其主要是耗煤行业消费下降、能源结构不断优化和能源消耗强度降低，电力耗煤同比下降3.4%。而且，全社会煤炭库存目前仍然较多，而随着火电利用时间的下降，煤炭的使用量也会出现下降。当前煤炭需求增长乏力，进口煤总量较大，存煤居高不下，煤价下行压力依然存在，煤炭经济持续向好的基础仍不牢固。而且，随着各大电力公司将公司业务向产业链上游延伸，煤炭行业之前集中度不高的现象将得到极大改善，议价能力将受到限制。不过目前煤电仍然占据着发电量的极大比重，这一状况短期内不会改变，因此，煤炭市场需求可能会保持增长缓慢但体量较大的局面。

（3）电力辅业公司：电力辅业公司主要针对电力主业公司工程方面的需求。目前的两大集团资本都在1000亿元以上，而且随着经营业务的不断扩张，其定位都是集设计、施工、修造为一体的全业务经营集团。由于以上两个集团的存在，产业集中度较高。在目前电力行业转型阶段，为了新能源发展，工程建设需求将会不断增多。

（4）产业链核心环节：目前我国电力行业竞争力度不大，发电环节主要集中在各大集团公司，五大发电集团的市场份额占40%以上，央企市场份额超过50%，国企市场份额超过90%。配电输电环节更是被两大电网垄断，因此，竞争对于产业发展所能起的作用并不大。之前，发电行业在产业链中处于弱势地位，虽然发电量每年都在增长，但是，由于成本支出方面的议价能力不足，而销售中上网电价处于弱势地位，利润空间被不停挤压，经常出现发电集团集体亏损的情况。现在，电力已经进入产能过剩的阶段，电厂应该着重清理自身不良资产，关注产业布局转变，向新能源清洁能源发展。电网企业在行业中处于强势地位，其垄断地位使得其获得的利益相对较高。目前，电网企业的发展重心在智能电网和特高压建设上，这两个技术在配电输电和供电环节发展上会起到很大的作用。总体而言，由于核心环节的产业集中度更高，而且重要性和发展潜力极大，所以，核心环节的市场值被看好。

（5）产业链下游：2014年，我国电力消费增速放缓，不过，随着城镇化建设的深入，居民用电量增长的趋势短期内应该不会改变。而四大耗能企业目前都处于增长乏力的时期，因此，工业用电是否会保持增长趋势目前还不能确定。

（6）风险因素：电力产业链主要的风险体现在以下五方面：一是受宏观经济的影响较大，一旦经济增速放缓，工业增速下滑，对电力的需求也将下滑，使得目前电力产能过剩的情况更加凸显。二是发展新能源与清洁能源的需求越来越大，政策也相应地产生倾斜，对于电力行业转型的速度有要求。而且目前节能减排标准越发严厉，更加加大了风险。三是装机容量增速放缓。需求增长放缓；四是上游企业的波动性较大，一旦燃料供应等价格回升，会给电力行业的成本带来很大负担。而且原料区域特点明显，区域间经济发展不平衡。五是可能存在技术风险和管理风险。

5.2　产业链的融资需求

信托业需要掌握产业链的金融需求，有针对性地设计金融服务模式，实现全产业链金融联动开发。根据产业链经营状况和发展规划，评估产业链金融需求特征、规模、结构；依据产业链信用水平和自身金融资源，确定产业链的授信规模和条件；依据利益机制和综合企业意愿，将总的授信规模分解到产业链的相应环节；依据产业链的不同属性、业务纽带关联及服务能力，构建多种产业链配置模式，组建相应的产业链专业服务团队，设计相应的金融产品和融资方案；依据客户差异化需求，设计服务流程，实施分层细分的金融服务。

5.2.1　产业链融资的概念

从广义上讲，产业链融资就是面向产业链运作的整个过程，整合技术、信息流和资金流,提供基于产业链真实交易的融资产品,从而实现产业链创造价值的金融服务。从狭义上讲,产业链融资就是金融机构在整个产品流动过程为供应链上下游企业提供信贷服务,保证产业链的高效、平稳运行,并为自身创造利益,从而达到多方共赢。

由于信息技术的快速发展,产业分工得到进一步的细化,大企业尤其是制造业为了降低交易成本,纷纷开始将非核心业务外包给众多中小型及微型企业,使得大企业拥有数量众多的上下游配套企业,形成一条产业链。传统的融资模式一般指的是金融机构基于单个企业的信誉而进行的现金融资或者有抵押融资。然而由于这些配套企业的生产规模小,财务制度不健全,可供抵押、担保的资产少及信用度等原因,单个企业很难满足金融机构的授信条件。同时由于金融机构对这些中小型企业的前期评估风险增大,贷后管理成本提高,但是从产业链的角度来看,这些中小型企业与核心企业保持着密切的业务联系。这样,金融机构就不是基于单个企业的财务状况,而是基于整条产业链,在上下游的配套企业与核心企业具有真实的交易背景下,而且核心企业具备较高的资信水平,那么金融机构就可以针对单笔具体业务中的中小型企业进行授信,并以这笔业务未来产生的现金流作为还款的直接来源。

5.2.2 产业链融资中的行业技术评估

在技术链的层面上,消费者的需求和市场选择仍然起作用,这是因为技术元或者技术链是技术系统中的子系统或者元素,其进化肯定受系统运行的约束和上下位技术元及衔接技术链的干预。在技术系统慢驰参量形成之前,技术元或者技术链只能选取成功率最高的变化,否则,会因为和上下位技术元或者衔接技术链不匹配而被淘汰掉。技术元及技术链的进化是中性的,是知识和经验积累的结晶,具有积累和习得的特性,其发展变化是有意识的但更多是累积的,具有遗传漂变特性。技术元和技术链累积固化后,最终以产品形态呈现,接受消费者的选择和市场检验,符合"适者生存,不适者被淘汰"的自然选择规律。

在产品形态和技术系统进化的速率上,两者是不同的。产品形态进化的速率是不恒定的,不仅取决于技术系统的先进程度,还取决于价格、消费习惯和销售策略等因素，是个复杂的动态发展过程，是随着人们的生活水平和市场需求的变化而变化的，而且一般是加速度进行的，也就是说，产品形态越复杂，则进化速率越快；而技术元和技术链的进化速率是恒定的且大致相等的，并不因为产品形态滞销而失去其价值，仍有转化为其他产品形态的可能，也不因为产品形态畅销而价值倍增，其发展仍需要日积月累，不过随着其产品形态的畅销，会获得更多发展的机会。技术创新进化是生产领域的一种本质属性，技术总是先向集成化、复杂化方向进化，然后才向简约化方向进化，如计算机的发展，但技术创新怎样发展都不是人的主观愿望所能决定的，而是通过技术知识随机漂变固定的，这在短期内是偶然的、无规律可循的，但长期来看是无穷嵌套迭代的过程，是符合概率分布的，每次偶然的进化成功都为下一次进化成功打下了基础。技术创新系统进化的实质就是无穷多个这类偶然、无规律的短暂创新过程混沌运行，最终形成系统涌现的结果。技术创新混沌运行的不稳定平衡点或者不稳定周期轨道高周期地运行，并且受作用于敏感性小扰动。只有不受干预，技术创新进化才能呈现出辐射状态，才能成就多样性，产品形态的适应性进化只不过是对技术创新过程的一种修饰，使过于发散的进化状态略作收敛。技术创新进化的有效途径是选择其中一条镶嵌在混沌吸引子上的期望不稳定周期轨道作为控制目标，等待混沌运动流落到该周期轨道附近时对系统某一参数进行小扰动，将混沌运动稳定在该周期轨道上。

基于此，产业链融资对行业技术的评估更多应着眼于技术属性和市场需求的适配性，即能否更有效满足客户体验，而不是一味追求高精尖，有强烈市场需求的产业链更具有投资价值，投资风险相对较小。

5.2.3 产业链融资中的产品技术评估

5.2.3.1 高阶产品技术评估

（1）高阶产品技术适合于长线投资。依据创新的经典理论 TRIZ 系统原理，可以把技术系统进化分为五个层级，即第一层级属于技术改造；第二层级属于集成创新；第三层级属于模块构架技术创新；第四层级属于核心元器件技术创新；第五层级属于科技革命。技术创新层级越高，创新设计的过程越困难，隐含了越多缄默知识，越难模仿，则产品的市场竞争力越强。综观我国产品创新，基本属于前三个层级，其技术缄默程度较低，显性化较明显，容易模仿。这几种创新最需要国家或者行业保护，但在知识产权保护方面的不完善恰恰是我们国家技术创新发展的"阿奇里斯的脚踝"，因此，高阶产品技术更适合长线投资，需要长久投资计划和融资方案的支持。

（2）高阶产品技术的投资风险分析。产品形态竞争的本质可以概括为良性竞争和恶性竞争。良性竞争也是产业集群创新溢出的表征，即竞相创新，并把创新作为产业集群再次创新的起点，不断为顾客发现和创造新价值、提供新利益，使整个产业集群产品更具有竞争力。在一些新兴行业领域，竞争对手可以分担市场开发成本，改善整个行业的生存状态，良性竞争进入对潜在竞争者来说增加了报复的可能性和报复强度，提高了行业进入门槛，能有效遏制"劣币驱逐良币"的现象发生，提高行业形象。

但是，高阶产品技术也存在市场风险，尤其是在市场竞争激烈阶段，价格战使企业迫于生存的压力根本无暇顾及技术研发，只能在价值战中存活下来，尤其是成立时间较短、资本实力较弱的企业，为了生存下来而展开价格战，导致没有销售收入转化为科研经费以进行技术创新，其技术优势的竞争力随之消耗殆尽。

5.2.3.2 低阶产品技术评估

（1）低阶技术也有投资价值。产品市场选择和生物自然选择类似，多样性共存的世界是稳定的生态系统，为了适应，生物无须进化，而可以在保留其低等形式的大前提下只做相应的变动即可。如在水里生活的生物既有原生生物、腔肠生物、软体生物，也有高级的哺乳生物；同样，产品市场选择不仅是竞争，更多的是宽容。新产品是在原有技术基础上产生的具有更多性能的产品，但其生存的第一要务仍然是适应市场。低阶产品有时比新产品性能成熟或者成本较低，满足一定时期或者一定地域的特定消费群体的强烈需要，具有一定的生命力，把两者中任何一个强行抹杀都不符合系统平衡和稳定的需求，也不可能像自然选择那样完全绝种，"山寨制造"屡禁不绝就是明证。

（2）低阶产品技术的投资风险分析。市场竞争选择能引起低阶产品技术的适应性变化，经离心选择和隔离，甚至还能导致新物种形成，但适应性变化只是进化中的一种表现形式，是一种非本质的进化，不完全等同于进化，有时甚至是走进了死胡同，如虽然小灵通的开发技术不如手机，但受到低端用户的青睐，因此，仍然获得充分的发展机会，赢得了较大的市场份额，但是小灵通技术属于低阶产品技术，历时不久就在市场上消失了。

综上所述，产品市场竞争是消费者选择主导的过程，反映的是消费者需求满足的程度，但从本质规律上看，是技术系统进化主导的市场竞争过程。技术系统进化与产品市场选择互动发展，但技术系统对产品市场的影响是根本性的，而且技术系统进化是依赖自身技术知识的积累而独立进化的，是产品市场竞争力评估的关键，是产业链融资评估的基石。因此，产业链融资的关键环节是从产业技术发展路线图和企业技术方案两个层面进行评估，才能准确评估投资对象的价值，提高投资效率，规避投资风险。

5.3 产业链的信用评估

5.3.1 产业链金融中信用捆绑的原因

目前，据国家工商总局的相关数据，我国小微企业数量占企业和个体工商户总数的95%。这么多的小微企业，对于国家经济的发展、和谐社会的营造无疑都有着非常重要的作用。可是，目前小微企业融资难的问题依然制约着广大小微企业的发展。据国家统计局的有关统计数据，占全国企业总数95%的小微企业只获得了贷款余额的10%，所以说，小微企业融资还有非常大的提升空间。

小微企业由于自身存在财务报表不规范、信息不公开、控制风险大等问题，难以从传统的金融渠道（如向金融机构贷款或者发行债务）进行融资。因此，很多企业不得不转向了以高额的利率向民间资本融资，如高利贷、地下钱庄等，利率往往超过20%。这样的融资造成了大量小微企业的经营困境甚至破产倒闭。如果不向这些灰色渠道融资，很多小企业只能眼睁睁地失去一些发展的机会。以上有关小微金融的信贷现状严重阻碍了小微企业的发展以及国民经济的发展。基于此,又因为小微企业大多处于产业链的上游或下游,是产业链核心企业的上下游供应商或者经销商,所以,银行等金融机构希望采用产业链金融信用捆绑的方式解决小微企业融资难的问题。以信用捆绑"1+N"的方式实现风险共担。由产业链的核心企业担当信用核心,整条产业链上的企业实施信用互保、风险共担的方式,以应收账款、存货等向金融机构抵押,而金融机构向整条产业链发放专门定制的金融产品。通过这种信用捆绑的方式,金融机构扩展了自身的客户群,提升了授信额度,同时增加了自己的利润。而对于中小企业来说,通过信用捆绑的方式,能够获得廉价而稳定的现金来源,对于推进企业的进一步发展无疑非常有利。所以,产业链金融——信用捆绑可谓是一件一举多得的事情,也值得广大中小企业效仿和推广。

5.3.2 产业链融资中的信用评估

产业链金融是基于产业链开展相关的金融服务,以产业链上的核心企业为中心,实现"1+N",通过物流、现金流、信息流的交换和更新,通过整合各种金融和非金融资源,为产业链上各个组成部分提供各类专业的金融产品。在这个过程中,产业链各个组成部分的信用评估尤其重要。我们主要将产业链的信用评估分为四个方面。

5.3.2.1 选取产业链上的核心企业,以点带线地评估整条产业链的信用状况

核心企业一般是行业中的大型企业甚至是龙头企业,它的财务报表以及风险控制相对于上下游企业来说无疑要规范得多。同时,大型企业的相关信息也比较容易从公开的渠道获取,这对于我们评估企业的信用状况起到了积极作用。另外,大型企业与其上下游企业之间的频繁业务往来让我们可以清晰地获取相应的信用信息,以便于评估相关产业链企业的信用状况。以民生银行对乳业产业链金融模式为例,通过对接乳业产业链上的核心企业——伊利集团,银行从中获取了大量有关上游养殖户和下游经销商的信用信息。通过核心企业的辐射作用,掌握了上游养殖户的现金流情况和下游经销商的销售情况,并根据掌握的这些情况发放增加了对乳业产业链的授信,扩展了自

己的客户群和利润。

5.3.2.2 根据产业链上不同企业的信用情况,实施不同的授信和增信措施

产业链中涉及的企业集群相对比较多,各自的规模以及自身信用状况也有所不同。针对不同状况的企业我们要采取不同的授信方式。对于信用状况较好、现金流和物流、信息流稳定且抵押品充足的企业,我们可以按照相应的程序发放相应的贷款。而对于规模小、现金流不稳定、缺乏抵押的企业,我们需要采取信用捆绑的方式对其进行增信,增加他们的还款能力,减少其违约的可能性。主要的增信方式有应收账款融资、核心企业担保贷款、联保贷款、信用贷款。

(1) 应收账款融资。应收账款金融是指企业与银行等金融机构签订合同,以应收账款作为抵押品。在合同规定的期限和信贷限额条件下,采取随用随支的方式,向银行等金融机构取得短期借款的融资方式。应收账款融资对于抵押物不足的上下游小企业来说尤其重要,可以为小微企业贷款融资提供必要的抵押,增加小微企业的融资额。

(2) 核心企业担保贷款。无论是上游企业还是下游企业,只要和核心企业保持着稳定的商业联系,并且达到一定的要求(如有稳定的分销商),在核心企业担保的情况下就能够获得相应的信用贷款。不过该项担保对于核心企业也有一定的要求。如民生银行就要求商贸流通企业的年销售额在 3 亿元以上,上年度净资产不低于 3000 万元,资产负债率控制在 80% 以内,对外担保责任余额原则上不超过企业净资产,在民生银行,保证金比例不低于担保责任余额的 10%。同时对于核心企业的信用状况也有相应的评判标准。

(3) 联保贷款。产业链上各个中小企业彼此的业务往来较为频繁,对各自的经营状况和信用状况也比较了解,适合于申请联保贷款。即由多家具备上述条件的中小企业自愿组成联保体,成员互相提供连带责任担保、联合申请贷款。通过这种方式,可以有效避免出现企业因为规模较小、抵押品不足而无法申请到贷款的情况,能够有效地进行信用增级,提升银行的授信额度。

(4) 信用贷款。信用贷款是指以借款人的信誉发放的贷款,借款人不需要提供担保,其特征就是债务人无须提供抵押品或第三方担保,仅凭自己的信誉就能取得贷款,并以借款人信用程度作为还款保证。由于该种借款信用风险较大,所以需要银行等金融机构通过与产业链核心企业和第三方物流企业合作,对信用贷款申请方的经营状况、信用状况、现金流状况有深入的了解。

5.3.2.3 建立交易监控体系,加强对风险的监管

由于产业链金融上的小微企业都和核心企业有着非常密切的联系,核心企业也掌握着小微企业的现金流和物流的关键信息。通过和核心企业合作,金融机构能够及时了解相应的小微企业的经营状况,收集到相关的财务、业务信息。并根据这些信息,通过自己的风控部门做出相应的判断,减小风险敞口;根据企业的历史信用状况,挑选出优质信用客户;针对不同的交易分开发放融资,减少信用风险;另外,和核心企业的合作也可以敦促上下游企业及时地用自己的经营利润偿还授信。上下游企业的存货、应收账款、预付账款等也能够为企业偿还授信提供保障。此外,面向不同的行业,要建立有差异的行业监管机制,提升监管人员的监管水平,避免行业风险的产生。注意核实发放贷款的融资金额以及期限,对潜在的风险要及时处理。对于交易异常信息,要及时止损。

5.3.2.4 整合各种金融与非金融资源,为链群企业提供综合化、一体化的金融服务

服务内容由单一信贷转变为基于产业链金融大产品平台的综合性服务。金融机构应该着力于扩大产业链的立体化发展,由粗放式管理向精细化管理过渡。不断地改进自身的经营模式,提升经营效率。由单一的信贷服务向多层次的综合化金融服务过渡。在服务小微企业的过程中,针对不同类别的企业、不同的生产经营关系开发出不同的金融产品,注意整合各个节点上的各类企业。运用金融方法将各家企业联系在一起,实现信用捆绑。同时合理地引入金融衍生产品对冲风险,如引入各类远期、期货等衍生品。同时和金融机构现有的各种金融业务有机地结合在一起,融入金融机构的各项业务,全面准确地满足产业链上企业的各种需求,同时注意运用新型网络技术来提升工作效率。

5.3.3 信用捆绑的注意事项

5.3.3.1 注意行业的多样性，避免出现行业性风险

因为产业链金融上的企业都是在一个行业里，彼此之间有着非常紧密的联系。所以一旦一个行业出现了行业性衰退，那么整条产业链都可能会陷入衰退而难以偿还贷款。所以在发放贷款的时候，要注意发放对象的产业链不能集中在一个行业，要选择那些与国家发展前景一致、现金流稳定、受系统因素影响较小的行业。在整体上，选择不同的产业链时要有多样性，尽量选择不同行业不同领域的产业链群。另外，由于产业链内部企业之间的紧密联系，一家企业出现经营危机可能会影响与之有着密切联系的上下游企业，这种情况下必须早发现，早预警，尽可能地消除一定的系统性风险。

5.3.3.2 加强产业链信息挖掘，建立好筛选机制

要注意充分挖掘产业链中的信息流、现金流、物流等因素，建立产业链上下游联动机制，充分挖掘信息流中的各种信息。在数据挖掘的过程中能够发现其中潜在的风险，强化风险管理。在选择企业的时候要尽量选择风险可控、信用条件较优的企业，在筛选的过程中要减少风险发生的可能性。建立风险预警机制和报警机制，在发现企业异常行为之后能够及时提醒金融机构风险敞口的产生。在有违约风险的情况下，要及时收紧信贷，发挥信用捆绑的优势，利用企业的应收账款、存货等抵押物以及第三方物流企业控制的物流及时向产生风险的企业追索借款。

5.3.3.3 注意产品开发的多样性

基于目前产业链金融的跨度非常大，针对不同的企业应该开发不同的信用产品。联动批量开发全产业链客户、搭建产业链的大产品平台。提供全方面、多层次、宽领域的金融服务。例如，中国工商银行针对中小企业的不同生产阶段给予不同的融资服务：采购环节有流动资金贷款、贸易融资、票据融资。营运环节有商业用房抵押贷款、商品融资；销售环节有贸易融资国内应收账款融资等。针对不同的企业开发不同的商业服务，有利于金融机构进行专业化管理，能够有效控制风险，减小损失发生的可能性。

5.3.3.4 建立客户融资信息平台

加强数据库建设，将与产业链企业相关，将来自相关机构（如物流企

业、海关、工商业服务机构、核心企业、金融机构等）的数据发布到一个统一的信息平台上，由风控部门定期地根据平台上的相关信息分析企业的业务发展情况以及分析企业偿还信用的意愿和能力。遇到预警及时进行处理。统筹实施产业组织管理、健全交易信息监控体系。契合产业链客户服务需求、建立产业链风险控制体系。

5.3.3.5 加强信用管理人才的培养，提升管理能力

由于产业链金融是一种崭新的融资模式，所以金融机构应着力加强相关高素质金融人才的培养。金融机构一方面要加深对现有员工的培训和锻炼；另一方面要加强外来人才的引进。另外，在管理产业链金融的过程中要协同好不同部门，整合客户资源。建立健全专门的机构来应对产业链金融。搭建交易监控平台，主动管理产业链上的物流、现金流、信息流。

5.4 基于 SVM 的产业链应收账款信用风险评估

本部分将 SVM 和 Logisic 回归用于产业链中应收账款信用风险的评估。结合主成分分析法（PCA）、Logisic 模式和支持向量机法（SVM）构建的 PCA - SVM 模型和 PCA - Logisic 回归模型对产业链中的应收账款信用风险进行评估并进行对比，分析两个模型评估产业链金融风险的优劣。

5.4.1 应收账款信用评价指标体系的建立

为了更加准确地评估产业链金融应收账款的信用风险，本书以我国电子行业即涉及应收账款较为频繁的中小企业作为研究对象。就目前商业银行开展的产业链金融业务来看，我国的产业链金融业务涉及了能源、钢铁、电子电信和汽车等几大行业，其中，电子行业的应收账款项目较多。因此本书选取了电子行业作为研究对象。

电子制造业需要上中下游企业建立长期稳定的产业链合作关系，以通过资源整合和流程优化等实现整个产业链上各企业的"共赢"，因此，产业链

上各企业具有很强的关联性。

上游发展状况：上游行业主要是生产PCB板、集成电路、其他电子元器件等材料的供应商，中游一般为电子集成的制造公司，上游电子元器件的供应企业直接影响着中下游企业的发展。其发展的快慢、技术水平以及成本影响中下游相关技术和产品成本等。近年来电子元器件的制造迅猛发展，技术水平不断快速提高，同时技术水平的提升也使成本逐年降低，这带动了中下游市场需求的上升。

下游发展状况：下游一般为通信公司、家电销售商、工业智能相关行业等电子产品需求者以及各电子产品的销售端公司，在上游行业技术不断创新的推动下，电子行业下游电子产品市场呈现多元化发展，新品层出不穷，市场竞争也逐年激烈，快速的更新换代使得下游的消费类电子产品产业、网络通信产业兴起，同时促进需求并对下游企业提出了更高的要求，众多企业为了提升竞争力和市场份额，在成本与售价难题面前做抉择，在人工工资、原材料及运输成本不断提高的同时，换代周期越来越短的电子产品不得不降低价格。具体情况如图 5-1 所示。

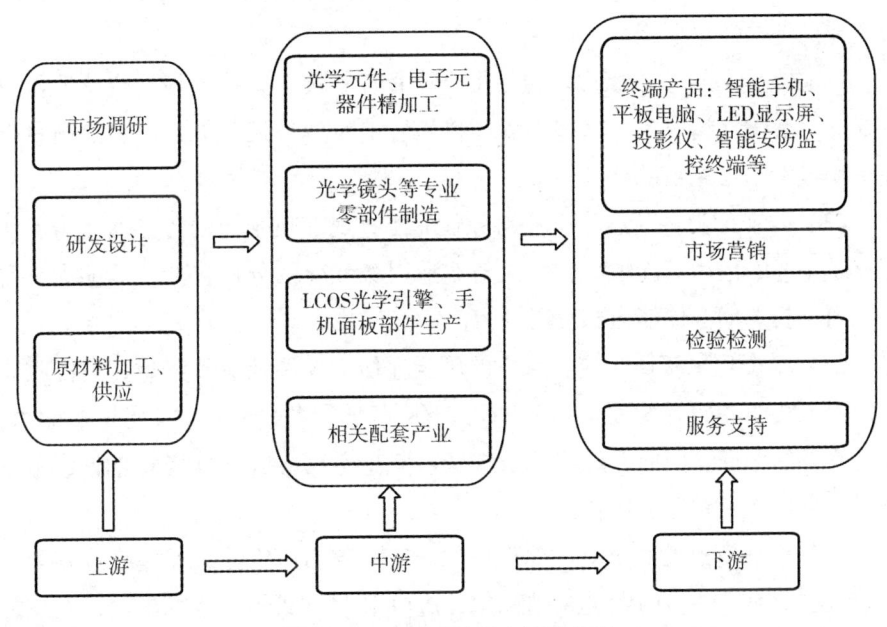

图 5-1　电子产业链上下游状况

一般上中下游的货物转移过程中都会产生应收账款,上游供应材料的价格、质量等会在一定程度上影响中游制造公司的完货日期、产品质量和价格,而下游行业的需求变化也会直接影响中游制造企业和上游供应商的发展空间和盈利水平。

在对产业链应收账款信用风险进行评估时,涉及的指标既有定性指标也有定量指标,而 SVM 模型和 Logistic 回归都是定量指标的分析方法,因此本书把定性指标进行 0~5 等级量化,以便更加合理地进行风险评估。

我国商业银行对信用风险的评估一般选择企业的财务指标进行各种能力尤其是偿债能力的研究。本书依据以往文献的研究,为了更好地进行产业链金融应收账款信用风险的评估,除了选取财务指标外,还对企业自身的基本情况、融资项下涉及的资产情况以及产业链的情况进行了分析,形成了综合的评价指标体系。

(1) 企业所处的行业状况。产业链金融应收账款融资模式中,应收账款、存货、原材料、产品等作为银行等金融机构发放贷款的审核依据,其价值与企业所处的行业状况密切相关,行业状况也是银行等金融机构考察企业所在产业链整体运营状况的指标,能扩大银行的评估范围,降低因信息不对称造成的评估质量下降。

(2) 企业自身基本状况。包括了企业管理状况、企业规模、企业地位以及财务报表披露情况等,这些因素间接地影响企业的还款能力,也是衡量企业信用风险不可忽视的定性指标。

(3) 企业的财务状况。企业财务状况能直观反映企业的各方面能力,从而反映企业的信用风险情况,一般对企业财务状况的分析包括营运能力、盈利能力、长短期偿债能力和发展潜力。

(4) 融资项下资产。应收账款的风险评估不仅涉及应收账款,当应收账款确实无法偿还或者偿还能力减弱时,存货和预付账款也都有变现的能力,作为弥补的保证,因此,融资项下的资产除了考察应收账款周转率,还考察预付账款周转率和存货周转率。

(5) 产业链运营状况。主要反映的是产业链的稳定性,即应收账款涉及的上下游的稳定性。两者关系越稳定,应收账款收回的可能性越大,相应的信用风险越小。

基于这五个一级指标，本书选取了包括行业宏观环境、企业管理状况、财务状况等14个二级指标和25个三级指标，指标体系如表5-1所示。

表5-1 评价指标及描述

一级指标	二级指标	三级指标	指标描述
企业基本状况	企业基本素质	企业管理状况	领导方式、主要领导人稳定性、组织架构公司治理等
		企业规模	依据公司注册资本、主营业务收入等情况
		企业地位	企业地位主要依据公司净利润状况等
		财务披露质量	财务报表审计及信息披露情况
企业财务状况	盈利能力	净资产收益率	净利润总额/平均净资产总额
		销售利润率	销售利润/销售收入
	营运能力	经营周转能力	销售收入/(预付平均余额+应收平均余额+存货平均余额)
	短期偿债	速动比率	(流动资产-存货)/流动负债
	长期偿债	利息保障倍数	息税前利润/利息费用
		资产负债率	负债总额/资产总额
	发展潜力	长期资产适合率	(所有者权益+长期负债)/(固定资产+长期投资)
		销售收入增长率	(本期销售收入-上年同期销售收入)/上年同期销售收入
		净利润增长率	(本期实现净利润-上年同期实现净利润)/上年同期实现净利润
		总资产增长率	(本期总资产-上年同期总资产)/上年同期总资产
融资项下资产	应收账款	应收账款周转率	销售收入/平均应收账款
	存货	存货周转率	销售收入/平均存货
	预付款周转率	预付款周转率	销售收入/平均预付款
供应链运营状况	产业链管理情况	上游企业基本情况	上游供应商的基本情况
	物流企业操作情况	流程风险	产业链流程操作风险
	合规情况	产业链合规化风险	相关政策遵守和执行情况

续表

一级指标	二级指标	三级指标	指标描述
行业状况	宏观环境	宏观经济状况	经济发展所处阶段、GDP增长趋势
		法律政策环境	相关法律法规完善程度、政策优惠程度
	行业发展前景	行业所处发展阶段	所属新兴行业、成熟行业还是衰退行业
		行业竞争强度	竞争激烈程度
		行业环境	政治、社会、经济、技术环境

指标取值解释：

（1）企业基本状况：企业管理状况，定性指标，0~5等级量化，通过同花顺星级获得。企业规模，定性指标，参考相关文献用主营业务收入平均分成五级赋值获得。企业地位和定性指标根据公司净利润状况平均分成五级赋值获得。财务报表披露状况，定性指标，本书选取的对象均为电子行业200亿元市值以下的上市中小企业。其财务状况的披露受有关部门及股东的监督，因此取值相同。

（2）企业财务状况：全部为定量指标，来自2014年电子行业200亿元市值以下各公司的财务报表。

（3）融资项下资产：全部为定量指标，来自2014年电子行业200亿元市值以下各公司的财务报表。

（4）供应链运营状况：上游企业基本情况，定性指标，根据财务报表中主要供应商情况进行0~5等级评估。

流程风险，定性指标，应收账款流程是否合规，操作是否规范等。由于都为上市公司，各方面都必须符合相关要求，取值相同。

产业链合规化风险，定性指标，整个产业链是否符合法律、政策、规章等。由于都为上市公司，各方面都必须符合相关要求，取值相同。

（5）行业状况：宏观经济状况，定性指标，根据公司报告中公司所处行业的基本情况进行0~5等级打分。

法律政策环境，定性指标，因为在同一行业，所处于大环境的法律政策环境相同，因此取值相同。

行业所处发展阶段，定性指标，根据财务报表中公司所处行业的基本情况进行 0~5 等级打分。

行业竞争强度，定性指标，据财务报表中公司所处行业的基本情况进行 0~5 等级打分。

行业环境，定性指标，据财务报表中公司所处行业的基本情况进行 0~5 等级打分。

此外，由于本书对电子行业的应收账款进行风险评估，因此，所选企业本身的信用状况、行业状况、供应链运营状况等指标对信用风险的影响程度是不同的，毋庸置疑，企业本身的信用状况是影响最大的因素，供应链状况和行业整体状况次之。因此，为了能合理评价信用风险，我们将企业本身信用状况指标原值设为 F_1，供应链运营状况取原值的 0.6 倍，为 $0.6F_2$，行业状况取原值的 0.4 倍，为 $0.4F_3$。

5.4.2 应收账款信托评估样本采集与数据处理

本节所选样本来自电子行业上市公司中的中小企业，选取市值在 200 亿元以下的企业作为样本，数据来自各公司披露的年度报表、聚源数据库、同花顺软件，一共采集了 75 家符合条件的中小企业。指标选取包括了定性指标和定量指标，其中定性指标的定量化依照五级量化标准，即分为 0~5 个数值，并依据相关影响因素确定具体数值。

5.4.2.1 数据归一化处理

由于数据衡量单位不统一，因此需要先进行数据归一化处理：设所有样本数据中最大值为 max_i，最小值为 min_i，则原始数据 xi 经过数据归一化后的新数据为：

$$x'_i = (x_i - min_i) / (max_i - min_i) \qquad 式（5-1）$$

数据归一化后，得到的新数据即可作为 SVM 模型的输入数据，而中小企业的风险水平即可信度作为模型的输出结果，应收账款坏账准备作为输出结果 Y 的衡量指标，$Y \in \{0, 1\}$，Y = 0 表示该企业的坏账准备小，即在一定程度上反映应收账款需要的坏账准备低，即风险水平小，为"可信"企业；同理，Y = 1 表示该企业的坏账准备大，即在一定程度上反映应收账款需要的坏账准备高，即风险水平高，为"不可信"企业。

5.4.2.2 指标主成分分析

主成分分析（Principal Component Analysis）是利用降维的思想，将多个变量转化为少数几个综合变量（即主成分），其中每个主成分都是原始变量的线性组合，各主成分之间互不相关，从而这些主成分能够反映原始变量的绝大部分信息，且所含的信息互不重叠。

采用这种方法可以克服单一的财务或其他指标不能真实反映公司情况的缺点，引进多方面的指标，但又将复杂因素归结为几个主成分，使得复杂问题得以简单化，同时得到更为科学、准确的财务信息。这里用主成分分析法中的因子分析，其步骤如图5-2所示。

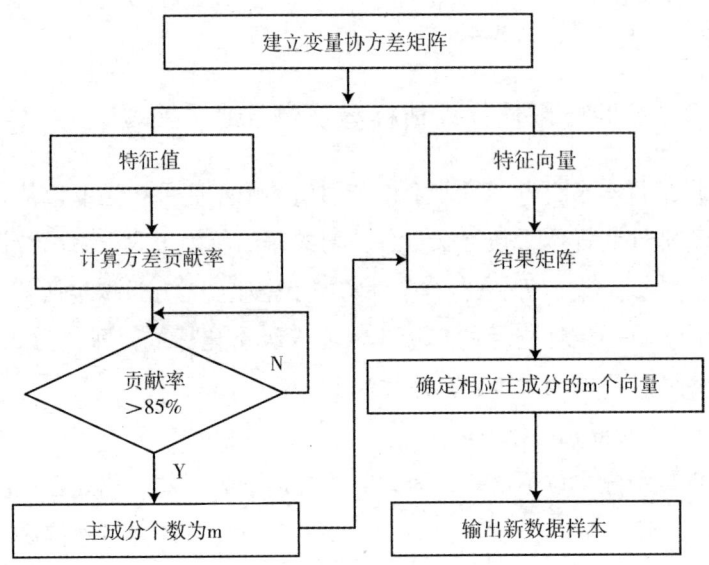

图5-2 主成分分析法步骤

依据以上步骤进行分析：

（1）相关性分析。

表 5-2 指标相关性分析

	公司规模	企业管理状况	企业地位	净资产收益率	销售利润率	经营周转能力	销售增长率	速动比率	利息保障倍数	资产负债率	长期资产适合率	净利润增长率	总资产增长率	应收账款周转率	存货周转率	预付款周转率	上游企业基本情况	宏观经济状况
公司规模	1.000	-0.017	0.374	0.019	-0.236	-0.119	0.204	-0.287	-0.092	0.009	0.213	0.225	0.123	-0.215	-0.164	-0.048	-0.138	-0.047
企业管理状况	-0.017	1.000	0.321	0.371	-0.052	0.183	0.004	0.084	0.167	0.048	-0.191	0.256	0.031	-0.078	-0.047	-0.060	-0.254	-0.052
企业地位	0.374	0.321	1.000	0.628	0.138	0.281	0.294	-0.066	-0.022	-0.020	-0.034	0.387	-0.066	0.097	-0.138	-0.015	-0.015	0.097
净资产收益率	0.019	0.371	0.628	1.000	0.323	0.767	0.175	0.053	0.097	0.064	-0.136	0.533	0.012	0.192	0.005	0.148	0.142	0.060
销售利润率	-0.236	-0.052	0.138	0.323	1.000	0.155	0.180	0.165	0.050	0.065	-0.275	0.331	0.025	0.097	0.000	0.084	0.178	-0.120
经营周转能力	-0.119	0.183	0.281	0.767	0.155	1.000	0.155	-0.212	0.001	-0.286	-0.046	0.039	-0.257	0.711	0.473	0.609	0.153	0.164
销售增长率	0.204	0.004	0.294	0.175	0.180	0.155	1.000	-0.217	-0.049	-0.063	0.139	0.025	0.068	-0.037	-0.064	0.068	0.000	-0.015
速动比率	-0.287	0.084	-0.066	0.053	0.165	-0.212	-0.217	1.000	-0.027	0.211	-0.657	0.010	-0.095	-0.200	-0.120	-0.254	0.148	0.088
利息保障倍数	-0.092	0.167	-0.022	0.097	0.050	0.001	-0.049	-0.027	1.000	-0.136	-0.021	0.036	-0.035	-0.154	0.088	0.152	-0.095	-0.077
资产负债率	0.009	0.048	-0.020	0.064	0.065	-0.286	-0.063	0.211	-0.136	1.000	0.137	-0.117	0.422	-0.010	0.038	0.153	0.005	0.005
长期资产适合率	0.213	-0.191	-0.034	-0.136	-0.275	-0.046	0.139	-0.657	-0.021	0.137	1.000	0.031	0.695	-0.011	-0.141	-0.169	-0.060	-0.015
净利润增长率	0.225	0.256	0.387	0.533	0.331	0.039	0.025	0.010	0.036	0.031	-0.117	1.000	0.046	0.026	-0.079	-0.015	-0.048	0.178
总资产增长率	0.123	0.031	-0.066	0.012	0.025	-0.257	0.068	-0.095	-0.035	0.695	0.422	0.046	1.000	-0.004	-0.077	0.070	0.070	-0.064
应收账款周转率	-0.215	-0.078	0.097	0.192	0.097	0.711	-0.037	-0.200	-0.154	-0.010	-0.011	0.026	-0.004	1.000	0.142	0.178	0.084	-0.015
存货周转率	-0.164	-0.047	-0.138	0.005	0.000	0.473	-0.064	-0.120	0.088	0.038	-0.141	-0.079	-0.077	0.178	1.000	0.480	-0.254	0.088
预付款周转率	-0.048	-0.060	-0.015	0.148	0.084	0.609	0.068	-0.254	0.152	0.153	-0.169	-0.015	0.070	0.142	0.480	1.000	-0.015	0.153
上游企业基本情况	-0.138	-0.254	-0.015	0.142	0.178	0.153	0.000	0.148	-0.095	0.005	-0.060	-0.048	0.070	0.084	-0.254	-0.015	1.000	0.088
宏观经济状况	-0.047	-0.052	0.097	0.060	-0.120	0.164	-0.015	0.088	-0.077	0.005	-0.015	0.178	-0.064	-0.015	0.088	0.153	0.088	1.000

表5-3 指标共线性诊断

模型	维度	特征值	条件指数	(常数)	公司规模	企业管理状况	企业地位	净资产收益率	销售利润率	经营周转能力	销售增长率	速动比率	利息保障倍数	资产负债率	长期资产适合率	净利润增长率	总资产增长率	应收账款周转率	存货周转率
1	1	8.692	1.000	0.00	0.00	0.00	0.00	0.00	0.00	0.00	0.00	0.00	0.00	0.00	0.00	0.00	0.00	0.00	0.00
	2	1.946	2.114	0.00	0.00	0.00	0.00	0.02	0.05	0.00	0.00	0.00	0.00	0.00	0.00	0.08	0.00	0.00	0.00
	3	1.393	2.498	0.00	0.00	0.00	0.00	0.00	0.00	0.00	0.00	0.00	0.03	0.00	0.06	0.00	0.11	0.00	0.00
	4	0.935	3.048	0.00	0.00	0.00	0.00	0.00	0.00	0.00	0.04	0.05	0.71	0.00	0.01	0.02	0.01	0.00	0.00
	5	0.833	3.231	0.00	0.00	0.39	0.00	0.00	0.00	0.00	0.40	0.02	0.03	0.00	0.01	0.47	0.01	0.00	0.00
	6	0.726	3.459	0.00	0.18	0.29	0.07	0.06	0.02	0.00	0.23	0.07	0.01	0.02	0.06	0.06	0.01	0.03	0.01
	7	0.553	3.965	0.00	0.46	0.01	0.85	0.15	0.28	0.00	0.17	0.01	0.00	0.02	0.14	0.02	0.14	0.14	0.02
	8	0.257	5.814	0.00	0.03	0.01	0.01	0.17	0.21	0.83	0.00	0.06	0.01	0.01	0.17	0.09	0.05	0.00	0.09
	9	0.222	6.261	0.00	0.00	0.39	0.00	0.03	0.09	0.14	0.05	0.23	0.02	0.27	0.51	0.03	0.33	0.04	0.10
	10	0.154	7.524	0.00	0.31	0.29	0.05	0.00	0.01	0.18	0.04	0.06	0.02	0.27	0.02	0.13	0.00	0.00	0.03
	11	0.137	7.956	0.01	0.01	0.01	0.78	0.25	0.21	0.02	0.02	0.06	0.00	0.01	0.00	0.01	0.05	0.00	0.01
	12	0.073	10.912	0.98	0.01	0.26	0.01	0.06	0.09	0.00	0.00	0.34	0.02	0.06	0.00	0.05	0.03	0.00	0.00
	13	0.045	13.835	0.29	0.01	0.85	0.05	0.27	0.21	0.14	0.01	0.24	0.02	0.32	0.01	0.03	0.01	0.78	0.04
	14	0.015	24.203	0.06	0.57	0.08	0.45	0.74	0.21	0.18	0.34	0.00	0.04	0.36	0.09	0.02	0.28	0.00	0.69
	15	0.013	25.769																
	16	0.005	40.423																
	17	0.003	48.236																
	18	0.002	59.756																

由表 5-2 可知，企业地位和净资产收益率的相关系数达 0.628，净资产收益率和销售利润率达 0.767，净资产收益率和净利润增长率达 0.533，销售利润率和应收账款周转率达 0.711，销售利润率和存货周转率达 0.609，经营周转能力和净资产收益率达 0.767，速动比率和资产负债率达 -0.657，资产负债率和总资产增长率达 0.695，长期资产适合率和速动比率达 -0.657，净资产增长率和净资产收益率达 0.533，总资产增长率和长期资产适合率达 0.695，应收账款周转率和经营周转能力达 0.711，预付款周转率和经营周转率达 0.609，这些指标的相关系数都比较大，相关性较高，因此，有必要进行因子分析。

由表 5-3 可知，12、13、14、15、16、17、18 这些变量的特征根接近 0，且条件系数大于 10，说明变量间存在多重共线性。

因子分析从各个变量中提取的信息量如表 5-4 所示。

表 5-4 变量共同度结果

	起始	撷取
公司规模	1.000	0.804
企业管理状况	1.000	0.908
企业地位	1.000	0.759
净资产收益率	1.000	0.907
销售利润率	1.000	0.837
经营周转能力	1.000	0.929
销售增长率	1.000	0.865
速动比率	1.000	0.842
利息保障倍数	1.000	0.816
资产负债率	1.000	0.818
长期资产适合率	1.000	0.861
净利润增长率	1.000	0.740
总资产增长率	1.000	0.885
应收账款周转率	1.000	0.877
存货周转率	1.000	0.790
预付款周转率	1.000	0.746

续表

	起始	撷取
上游企业基本情况	1.000	0.526
宏观经济状况	1.000	0.543

撷取方法：主体元件分析。

（2）因子分析结果。综合考虑特征根大于 1 及累积贡献率达到 80% 的原则，选取前八个因子作为主成分进行分析，累计信息量达到 83.6%（见表 5-5）。

表 5-5　说明的变异数统计

元件	起始特征值			撷取平方和载入			循环平方和载入		
	统计	变异的百分比（%）	累加（%）	统计	变异的百分比（%）	累加（%）	统计	变异的百分比（%）	累加（%）
1	2.972	18.576	18.576	2.972	18.576	18.576	2.616	16.351	16.351
2	2.616	16.347	34.923	2.616	16.347	34.923	2.026	12.665	29.016
3	2.214	13.839	48.762	2.214	13.839	48.762	1.869	11.678	40.695
4	1.659	10.369	59.131	1.659	10.369	59.131	1.861	11.634	52.328
5	1.297	8.104	67.235	1.297	8.104	67.235	1.715	10.717	63.046
6	0.991	6.196	73.431	0.991	6.196	73.431	1.151	7.193	70.239
7	0.866	5.415	78.845	0.866	5.415	78.845	1.103	6.891	77.130
8	0.769	4.809	83.654	0.769	4.809	83.654	1.044	6.524	83.654
9	0.624	3.902	87.556						
10	0.528	3.303	90.859						
11	0.494	3.084	93.943						
12	0.413	2.581	96.524						
13	0.222	1.389	97.913						
14	0.188	1.173	98.251						
15	0.163	0.561	98.742						
16	0.106	0.354	99.086						
17	0.090	0.313	99.646						
18	0.057	0.254	100.000						

撷取方法：主体元件分析。

(3) 经过旋转之后，前八个因子对应的系数如表5-6所示。

表5-6 旋转元素矩阵

	元件							
	1	2	3	4	5	6	7	8
公司规模	0.288	0.476	-0.054	-0.056	-0.554	-0.423	-0.023	0.036
企业管理状况	0.248	-0.124	0.058	-0.036	-0.026	0.161	-0.005	0.895
企业地位	0.667	0.161	-0.131	-0.078	-0.012	-0.262	0.209	0.392
净资产收益率	0.879	-0.110	0.063	0.087	0.208	0.118	0.178	0.149
销售利润率	0.708	-0.346	0.114	0.045	0.166	0.222	0.316	-0.157
经营周转能力	0.200	0.085	-0.266	0.589	0.676	-0.058	-0.055	-0.013
销售增长率	0.147	0.192	-0.033	-0.004	-0.107	-0.095	0.886	0.019
速动比率	0.012	-0.885	0.103	-0.119	-0.141	-0.049	-0.110	0.020
利息保障倍数	0.078	0.090	-0.116	0.101	-0.157	0.852	-0.088	0.139
资产负债率	-0.156	0.817	0.318	0.042	-0.008	0.066	0.085	-0.107
长期资产适合率	0.034	-0.108	0.900	-0.132	-0.010	-0.123	-0.060	0.044
净利润增长率	0.790	0.050	0.005	-0.045	-0.134	-0.035	-0.303	0.024
总资产增长率	0.023	0.241	0.905	0.018	-0.073	0.021	0.028	-0.001
应收账款周转率	0.121	0.140	-0.015	0.110	0.887	-0.192	-0.084	-0.011
存货周转率	0.092	0.174	-0.008	0.848	0.076	0.121	0.078	-0.079
预付款周转率	-0.111	-0.043	-0.046	0.847	0.084	0.000	-0.057	0.038
上游企业情况	0.052	-0.010	0.318	0.066	-0.088	-0.010	0.085	0.139
宏观经济状况	0.043	0.101	0.103	0.024	0.090	0.103	0.005	0.012

撷取方法：主体元件分析。
转轴方法：具有Kaiser正规化的四次方最大值转轴法。

根据此旋转过的因子载荷矩阵，可以得出各主成分与原指标体系中各指标的线性关系，并据此计算出各主成分的值，表达式如下：

$$Factor1 = 0.288X_1 + 0.248X_2 + 0.667X_3 + 0.879X_4 + 0.708X_5 + 0.20X_6 + 0.147X_7 + 0.012X_8 + 0.078X_9 - 0.156X_{10} + 0.034X_{11} + 0.79X_{12} + 0.023X_{13} + 0.121X_{14} + 0.092X_{15} - 0.111X_{16} + 0.052X_{17} + 0.043X_{18}$$

式（5-2）

$$Factor1 = 0.476X_1 - 0.124X_2 + 0.161X_3 - 0.11X_4 - 0.346X_5 + 0.085X_6 +$$
$$0.192X_7 - 0.885X_8 + 0.090X_9 + 0.817X_{10} - 0.108X_{11} + 0.050X_{12} +$$
$$0.241X_{13} + 0.140X_{14} + 0.174X_{15} - 0.043X_{16} - 0.10X_{17} + 0.101X_{18}$$

式（5-3）

$$Factor1 = -0.054X_1 + 0.058X_2 - 0.131X_3 + 0.063X_4 + 0.114X_5 - 0.266X_6 -$$
$$0.033X_7 + 0.103X_8 - 0.116X_9 + 0.318X_{10} + 0.900X_{11} + 0.005X_{12} +$$
$$0.905X_{13} - 0.015X_{14} - 0.08X_{15} - 0.046X_{16} + 0.318X_{17} + 0.103X_{18}$$

式（5-4）

……

以此类推，共提取八个因子。

5.4.3 产业链应收账款信用风险评估

5.4.3.1 信用风险 Logistic 回归分析及结果

先用 PCA - Logistic 回归模型对应收账款信用风险进行评估，以便能与 PCA - SVM 模型的分类效果进行对比。由上述可知，本书运用 SPSS 统计分析的 Factor 过程对产业链金融的应收账款信用风险设计的 16 个指标进行主成分分析，基于上述原则，选取了前八个因子作为主成分。其次，采用 SPSS 对这八个主成分进行 Logistic 回归。回归方法采用向前逐步回归法（Wald 方法）。

最终第一个主因子进入方程，其他均被剔除。

表 5 -7　方程式中的变数

		B	S. E.	Wald	df	显著性	Exp（B）
步骤 1[a]	FAC1_1	0.918	0.406	5.112	1	0.024	2.505
	常数	1.312	0.298	19.440	1	0.000	3.714

注：a 代表步骤 1 上输入的变数：[%1:, 1:]。

根据表 5-6 可得估计的 Logistic 回归的结果如下：

$$P = \frac{e^A}{1 + e^B}$$

式（5-5）

其中

$$A = 1.3 + 0.288X_1 + 0.248X_2 + 0.667X_3 + 0.879X_4 + 0.708X_5 + 0.20X_6 +$$
$$0.147X_7 + 0.012X_8 + 0.078X_9 - 0.156X_{10} + 0.034X_{11} + 0.79X_{12} +$$
$$0.023X_{13} + 0.121X_{14} + 0.092X_{15} - 0.111X_{16} + 0.052X_{17} + 0.043X_{18}$$

式（5-6）

$$B = 1.3 + 0.288X_1 + 0.248X_2 + 0.667X_3 + 0.879X_4 + 0.708X_5 + 0.20X_6 +$$
$$0.147X_7 + 0.012X_8 + 0.078X_9 - 0.156X_{10} + 0.034X_{11} + 0.79X_{12} +$$
$$0.023X_{13} + 0.121X_{14} + 0.092X_{15} - 0.111X_{16} + 0.052X_{17} + 0.043X_{18}$$

式（5-7）

根据式（5-6）、式（5-7），SPSS 软件计算出的分类结果如图 5-3 所示，Logistic 回归模型的总体预测准确率为 77.3%，其中对"不可信"的电子行业中小企业判别的准确率为 96.6%，对"可信"的电子行业中小融资企业判别的准确率为 11.8%；即第一类错误率为 3.4%，第二类错误率为 88.2%。

表 5-8　Logistic 回归结果分类

观察值			预测值		
			y		正确百分比（%）
			0	1	
步骤1ª	y	0	2	15	11.8
		1	2	56	96.6
	整体百分比（%）				77.3

注：a 代表分割值为 0.500。

其中，第一类错误是指将"不可信"中小融资企业（1）判断为"可信"企业（0）；第二类错误是指将"可信"中小融资企业（0）判断为"不可信"企业（1）。

5.4.3.2　信用风险 SVM 模型分析及结果

将上节中通过采用主成分分析的方法计算出的八个主成分 Factot1，Factot2，…，Factot8 作为 PCA-SVM 模型的输入变量，用 0 表示电子行业中小融资企业属于"可信"信用风险客户类别，1 表示中小融资企业属于"不可信"信用风险客户类别，{0，1} 即为模型的输出变量 y，如图 5-3 所示。

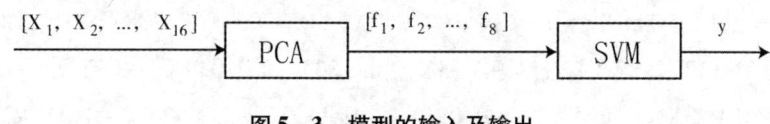

图 5-3 模型的输入及输出

因为 SVM 模型源于统计学习理论中的机器学习方法,这种方法需要把样本分成两类,即训练样本和测试样本,先输入输出训练样本,模型自动学习并从中得出规律,然后再输入输出测试样本对其进行检验,由此来判断模型训练的结果能否得到很好的推广,即模型的泛化能力。

为了避免出现偶然性结果,本书通过随机抽取的方式,抽取了 10 次两类样本,一共得到 10 组不同的训练样本集和测试样本集。在 R 软件中使用 SVM 程序对测试集进行分类。10 次测试的样本集分布情况和测试结果分别如表 5-9 和表 5-10 所示。

表 5-9 第一组样本集分布情况

样本集	样本集规模	"可信"样本数	"不可信"样本数
训练样本	57	12	45
测试样本	18	0	18
全部样本	75	12	63

其他九组样本集分布情况同理。

表 5-10 10 次样本测试结果

样本编号	训练样本(%)		测试样本(%)		样本总体(%)	
	Type I	Type II	Type I	Type II	Type I	Type II
1	3.5	8.3	0	0	2.8	5.9
2	0	0	4.7	20	2.8	5.9
3	0	0	0.9	11.1	2.8	5.9
4	0	0	2.3	14.3	2.8	5.9
5	1.4	11.1	0	0	2.8	5.9
6	0	0	4.6	25	2.8	5.9
7	1.8	7.1	0	0	2.8	5.9

续表

样本编号	训练样本（%）		测试样本（%）		样本总体（%）	
	Type I	Type II	Type I	Type II	Type I	Type II
8	0	0	3.2	14.3	2.8	5.9
9	2.5	7.7	0	0	2.8	5.9
10	0	0	4.1	20	2.8	5.9
均值	2.3	3.42	3.3	10.47	2.8	5.9

从表5-10可以看出，样本总体的第一类错误率为2.8%，第二类错误率为5.9%，即对"不可信"中小融资企业的判别准确率为100%，对"可信"中小融资企业判别的准确率为94.1%，说明了模型效果显著。这个实证结果表明，基于PCA-SVM模型对于中小融资企业的产业链金融应收账款信用风险评估的准确率较高。

5.4.3.3 SVM和Logistic回归结果对比分析

两种模型对应收账款信用风险评估的结果对比如表5-11所示。

表5-11 两模型对比

产业链评估方法	样本总体（%）	样本总体（%）	
	整体分类正确率（%）	第一类错误	第二类错误
Logistic 回归	77.3	3.4	88.2
SVM 模型	94.1	2.8	5.9

传统评估方法	样本总体（%）	样本总体（%）	
	整体分类正确率（%）	第一类错误	第二类错误
Logistic 回归	77.8	34.5	14.7
SVM 模型	84.64	15.86	15.05

由表5-11可以看出，在产业链金融应收账款信用风险评估的指标体系下，Logistic回归对样本总体的整体分类正确率高达77.3%，其中第一类错误率达3.4%，第二类错误率达88.2%，SVM模型样本总体的整体分类正确率为94.1%，其中，第一类错误率为2.8%，第二类错误率为5.9%；因此，无

论从总体预测正确率上看还是从两类错误率上看，SVM 模型都是优于 Logistic 模型的。此外，从传统的只运用财务指标对产业链的评估可以看出，基于产业链的信用风险指标对风险进行的评估正确率明显高于传统的信用风险指标对风险进行的评估，也说明了加入产业链因素对风险进行评估更准确，将企业放入一整条产业链中进行产业链风险更合理。

同时，两类分类错误率还可以用来检验中小融资企业信用风险模型的效果。由前文可知，第一类分类错误是指将"不可信"中小融资企业判断为"可信"企业，第二类分类错误是指将"可信"中小融资企业判断为"不可信"企业。可以看出，两类错误中的第一类错误显然更值得关注，因为这种误判将高风险的极可能无法偿还贷款的中小融资企业视为低风险的可以偿还贷款的企业。如果第一类错误出现，信托等金融机构进行信贷的整笔款项或应收款就可能无法收回。而第二类错误出现，信托等金融机构至多少进行一笔信贷，即少收入一笔利息。因而对信托等金融机构来说，第一类分类错误更重要。而从本书实证可以看出，SVM 评估模型的第一类错误率要比 Logistic 回归模型的第一类错误率低，因此，更加符合信托等金融机构对中小融资企业信用风险预测的要求。

此外，对于两种方法对比分析，除了在结果上进行比较外，从分析过程可知，SVM 无法给出具体哪些因素对产业链金融应收账款信用风险造成了影响及影响程度如何，而 Logistic 回归方法既可以给出影响信用风险的因素，同时又能指示该因素对风险的影响程度。因此，两种方法从不同角度分析各有优劣，哪种方法更适合需依需求者或使用者自身情况而定。

5.5 基于 AHP – VAGUE 的产业链并购信用风险评估

层次分析法（Analytic Hierarchy Process，AHP）是美国匹兹堡大学教授 Saaty 于 1977 年提出的，是一种定性与定量分析相结合的多准则决策分析方法。它将需要研究的复杂问题分解为不同的组成元素，并针对总目标按相互关系影响划分为有序递阶的层次结构，通过两两比较，确定层次中诸因素相对于上一层次某一因素的相对重要性，构造出两两比较判断矩阵，然后综合人的判断以决定各因素相对重要性的顺序。

Vague 集是 Zadeh 模糊集的一种推广形式，它等同于 Zadeh 模糊集的另一推广形式——直觉模糊集。它在处理模糊多目标决策问题上得到了成功的应用。本部分将以电影行业内部并购为例，利用 AHP 和 VAGUE 集相结合的方法，对电影行业产业链并购中的信用风险进行评估。

5.5.1　AHP 风险模型构建

以产业链并购为例，根据前人的研究与对产业链的基本认识，确认最后选择的产业链并购的风险指标，指标选取的基本原则：产业链外部因素 + 内部因素。

（1）外部因素主要是指行业风险。首先，产业链金融服务的第一步是产业链的选择，产业链的选择涉及方案设计及风险分析的点。不同行业的风险特征有所不同，政府政策及法律法规范围都有所差异，信托公司在选择行业时应深入了解相关行业，有过紧密的合作，这样对于行业的风险把控更加有效。

其次，法律风险是所有金融操作中都不可忽视的风险。委托人设立项目的目的是否违法及委托人是否具备资格、目标公司是否涉及违法业务等，都需要在信托计划展开之前进行详细的调查。信托方案的设计及操作人员的行为是否合法合规等都需要进行监督。

最后，电影市场的全球化使得跨国并购显得不足为奇，到异国进行企业的局部或全部并购，不论是现金直接购买资产以达到资源的整合，还是以股票购买的形式实现资产及经营权的控制。在产品运行中，国际汇率都是最为常见的风险之一，利率或汇率发生改变之时对并购方的影院的定价有着直接的影响，在浮动利率波动剧烈的情况下，并购核心公司有可能需要额外资金以完成并购支付，并购目标院线公司的运营资金成本计划也会有所变化而导致最终的利润计划更改，利率汇率市场的变动对于并购的完成增加了很多不确定的成本。

综上所述，风险决策中应当考虑：产业自身的发展背景、行业现状基本发展情况及并购行为是否符合行业周期的发展趋势判断、政府现有的政策支持以及法律法规的制定及未来政策的发展趋势，以及市场利率的变化是否稳定。

（2）产业链内部因素主要是并购行为的分析、核心企业自身的信用能力分析以及其他流程中可能出现的风险点分析。

1）并购行为分析：从核心企业角度来进行分析，核心企业主要股东的背景、双方企业文化背景的融合、人员减少或增加的变化风险，协同效应的评价，从横向并购的角度进行分析，主要通过节约成本以及是否符合大方向的市场布局来进行评价。产业整合方式同产业自身发展不吻合，产业链金融服务中对企业的服务是在产业发展的背景下进行，例如，产业正处在转型结构化上升时，核心企业依旧选择盲目的横向并购，那么，这种整合对于企业今后利润增长的正面效应并不乐观且可能会有负面效应，企业的整合方式应该尽量同产业整体的发展趋势吻合，这样才能顺应产业价值的变化方向，获取更有效的利润增长点。

2）核心企业财务指标主要以合作方借款企业核心企业的财务指标为主，主要从资产能力、负债能力、盈利能力指标、盈利质量、运营能力、财务风险指标等对核心企业的财务状况进行评价。

3）在信托产品运行中可能出现的风险点分析：①融资问题，融资金额不到位或者融资时间过长等。②操作问题，并购过程中因操作失误而造成了损失，或者出现了协议风险（协议风险的出现是一方违反协议而造成的损失），协议风险在产业链金融中出现的概率较小，但是出现之后的损失较严重。所以应当在选择企业之时做好尽职调查，对企业的协议违反可能性进行预测。③抵押品问题，抵押品的价值评估、在并购实行中抵押品的价值变动问题。④信托方案的退出机制，在不确定的风险情况下是否有完善合理的退出机制。

根据以上原则，最终确立风险指标的选取，如表5-12所示。

行业情况：行业发展情况、政策法规、产业链竞争情况、市场利率情况。

并购行为：管理层的管理能力、文化融合的风险、人员整合风险、并购协同效应。

核心企业财务状况：资产状况、负债状况、利润及盈利状况、现金流状况。

产品运行风险：融资风险、操作风险、抵押风险、退出机制。

表 5-12 最终指标及选取原则

行业情况	行业发展情况	行业现状基本发展情况及并购行为是否符合行业周期的发展趋势判断、政府现有的政策支持以及法律法规的制定及未来政策的发展趋势，以及市场利率的变化是否稳定、是否会影响并购价值较大变化
	政策法律法规	
	产业链竞争情况	
	市场利率情况	
并购行为	管理层能力	核心企业主要股东的背景、企业文化背景的融合、人员减少或增加的变化风险，主要通过节约成本来进行分析并购的协同效应分析
	文化融合的风险	
	人员整合风险	
	并购协同效应	
财务状况	资产状况	财务指标主要以借款企业核心企业的财务指标为主，主要从盈利能力指标、盈利质量、运营能力、财务风险指标等对核心企业的财务状况进行评价
	负债状况	
	利润及盈利状况	
	现金流量状况	
产品运行风险	融资风险	主要是操作过程可能遇到的风险，如融资不到位、操作失误以及抵押品的价值变化或损失等引起的风险
	操作风险	
	抵押风险	
	退出机制	

5.5.1.1 AHP 模型建立

根据表 5-13 所确定选取的指标，利用 Yaahp 软件自动生成的问卷进行调查，产业链金融五位研究小组成员进行指标的打分，以算术平均法的比重为基础进行 AHP 层次分析。

Yaahp 分析软件中对于每一项指标有九个层次打分描述，1、3、5、7、9 分别代表同样、稍微、比较、十分、绝对重要。而 2、4、6、8 则处在相邻的两个等级中间，以表述两种评价之间的模糊不确定性。问卷内容主要是针对所有指标的两两比较，根据评价的分数不同，结合所有专家的评价，得出各个指标的重要程度占比。指标的结果出现后，最后对结果进行一致性指标的检测，一致性检验的目的是检验是否出现矛盾的情况，例如 A＞B 且 B＞C，最后却得到 A＜C 的矛盾结果。指标数越小，表明一致性越高。

表 5-13 为一级指标的权重，由此可知在产业链并购风险中，最为关注的风险是借款企业的基本状况，企业自身现有资金状况及未来的资金趋势是贷款失败与否中最为关键的因素。

表 5-13 行业情况下各指标权重

要素	权重
企业状况	0.549
行业情况	0.246
并购行为	0.1112
产品运行风险	0.0938

表 5-14 为一级指标之下二级指标的基本情况——产业情况比重，从结果可知：在行业情况中，最为看重的是产业链的竞争情况，次之是行业发展情况，即选取的企业是否自身实力强大、是否具有龙头地位，产业整体发展情况是否有可操作性。

企业状况中最能反映企业状况的是企业的现金流状况及盈利状况。利润及盈利指标则反映企业的盈利能力，企业的盈利能力是企业各项能力的综合体现，如管理能力及经营能力等，如盈利能力强且盈利持续高于行业水平。现金流相关指标直接反映企业的经营现状，企业现状的好坏是预测企业是否会持续良好经营及是否容易出现违约等问题的重要指标。

并购行为中并购协同效应及管理层能力的比重最为重要，电影产业链并购整合的实质就是并购可以以更低的成本打开市场。同自身重新下设新市场与直接通过并购新公司相比，并购以更快的速度占领已有的市场，并有更富裕的时间逐渐开发新市场。

产品运行风险中普遍、最为关注抵押风险，次之是融资风险和退出机制。在操作中，抵押品可以在一定程度上减小其他风险所带来的损失。

表 5-14　下设二级指标权重

一级指标	二级指标	权重	一级指标	二级指标	权重
行业情况 (0.246)	行业发展情况	0.310976	企业状况 (0.5490)	负债状况	0.15082
	产业链竞争情况	0.42439		现金流状况	0.303097
	市场利率情况	0.068699		利润及盈利状况	0.425319
	政策法律法规	0.196341		资产状况	0.120765
并购行为 (0.1112)	并购协同效应	0.463129	产品运行风险 (0.0938)	退出机制	0.250533
	人员整合	0.093525		融资风险	0.307036
	文化融合	0.101619		抵押风险	0.367804
	管理层能力	0.341727		操作风险	0.075693

综上所述，最终状况各因素的指标评价权重如图 5-4 所示。

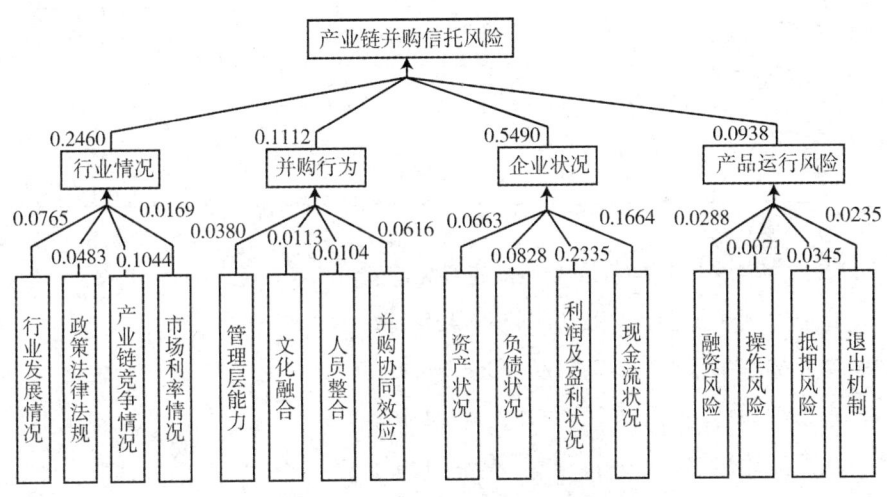

图 5-4　AHP 分析法结果

5.5.1.2　一致性检验

模型建立之后要对模型是否有效进行检验，第一步要检验各个小组成员的评价是否有效，主要通过一致性检验 CR，以某一成员评价的行业情况为例进行过程分析，结果如表 5-15 所示。

（1）将成对比较矩阵中的每一列与该列所对应的系数相乘，之后再将计算结果相加,得到一个向量加权值。

$$0.2934 \times \begin{pmatrix} 1 \\ 3 \\ 0.2 \\ 0.25 \end{pmatrix} + 0.5363 \times \begin{pmatrix} 0.3333 \\ 1 \\ 0.1667 \\ 0.25 \end{pmatrix} + 0.0639 \times \begin{pmatrix} 5 \\ 6 \\ 1 \\ 2 \end{pmatrix} + 0.1064 \times \begin{pmatrix} 4 \\ 4 \\ 0.5 \\ 1 \end{pmatrix} =$$

$$\begin{pmatrix} 1.2172 \\ 2.2255 \\ 0.2652 \\ 0.4416 \end{pmatrix}$$

表 5-15   X 成员行业情况评价结果

行业情况	行业发展情况	产业链竞争情况	市场利率情况	政策法律法规	W_i
行业发展情况	1	0.3333	5	4	0.2934
产业链竞争情况	3	1	6	4	0.5363
市场利率情况	0.2	0.1667	1	0.5	0.0639
政策法律法规	0.25	0.25	2	1	0.1064

(2) 将各个向量加权同标准优先级相除:

行业发展情况:1.2172/0.2934 = 4.1486

产业链竞争情况:2.2255/0.5363 = 4.1497

市场利率情况:0.2652/0.0639 = 4.1502

政策法律法规:0.4416/0.1064 = 4.1504

(3) 通过第(2)步得到数值的平均值,以 A 表示:

A =(4.1486 + 4.1497 + 4.1502 + 4.1504)/4 = 4.1497

(4) 计算随机一致性指标 CI:

$$CI = \frac{A - N}{N - 1}$$

其中,N 为比较项的个数,则:

CI =(4.1497 - 4)/(4 - 1) = 0.0499

(5) 计算一致性指标：

$$CR = \frac{CI}{RI} = 0.0561$$

RI 为一致性指标，其值取决于比较项的个数，4 阶矩阵的 RI = 0.9。

最终得出 CR < 0.1，则表明该数据有效可用。

表 5-16 显示的是各个人员的一致性检验结果，结果显示各个评价指标的一致性检验 CR 都小于 0.1，表明各个小组成员的调查数据没有出现矛盾情况，所以，各个成员的数据有效可用。

表 5-16　调查人员各项指标的一致性检验结果

	并购信托风险	行业情况	并购行为	企业状况	产品运行风险
A	0.0304	0.0561	0.0471	0.0958	0.0656
B	0.0742	0.0952	0.0512	0.0922	0.0475
C	0.0897	0.0520	0.0512	0.0227	0.0227
D	0.0964	0.0865	0.0949	0.0976	0.0039
E	0.0951	0.0667	0.0246	0.0806	0.0551

对各个成员进行平均权重分配后进行的集合后的群体决策性检验后得出的总体结果一致性比例：CR = 0.1894，最小修正后 CR = 0.0955，表明输入数据时有点小误差，导致判断矩阵略有区别，利用最小改变算法进行自动修正可以达到一致性要求，所以不需要对矩阵数据进行进一步处理，数据结果可靠并且可以使用。

由此研究小组可得出结论，在产业链并购信托产品中，风险决策中最为关注的还是核心企业的基本状况，最能反映企业风险的则是财务状况中的利润指标以及现金流指标。现金流指标反映了企业经营活动的基本情况，而利润指标及盈利指标反映了企业的实力。

5.5.2　Vague 决策因素分析

5.5.2.1　产业并购环境分析

结合以上对电影行业基本现状的描述，对电影行业的并购环境进行基本的环境分析。

（1）院线市场集中度较高，城市竞争转移三线。在逐年上升的票房背景下，由表5-17可以发现，我国前几位院线公司的地位基本确立，大地院线每年增长快速，而万达院线一直是影视行业的龙头，2015年的票房将近占了全国市场的1/8。万达院线近几年一直保持院线公司票房的首位。从MCR_5（市场集中度）的值可以发现近几年来前五位院线公司的市场集中度都超过40%，国内共有48家院线公司，整体而言，市场集中度较高。

表5-17 我国近几年票房前十位院线公司

单位：亿元

排名	2012年	2013年	2014年	2015年
1	万达院线（24.56）	万达院线（31.61）	万达院线（42.12）	万达院线（58.81）
2	上海联和院线（16.50）	上海联合院线（18.83）	中影星美（24.47）	中影星美（37.60）
3	中影星美（16.20）	中影星美（18.38）	大地院线（23.50）	大地院线（34.72）
4	中影南方新干线（13.26）	大地电影院线（15.90）	上海联合院线（22.21）	上海联合院线（30.31）
5	广州金逸珠江（11.75）	中影南方新干线（15.43）	广州金逸珠江（20.88）	中影南方新干线（29.73）
6	大地院线（11.50）	广州金逸珠江（15.41）	中影南方新干线（19.83）	广州金逸珠江（28.49）
7	北京新影联（8.26）	浙江时代（9.06）	浙江时代（11.86）	中影数字院线（20.96）
8	浙江时代（7.16）	北京新影联（8.76）	中影数字院线（11.02）	横店院线（19.76）
9	太平洋院线（6.03）	浙江横店（7.78）	横店院线（10.58）	浙江时代（15.43）
10	横店院线（5.68）	中影数字院线（7.50）	北京新影联（10.14）	江苏幸福蓝海院线（13.59）
MCR_5	0.48187	0.4601	0.4493	0.43

资料来源：国家广电总局、EBOT艺恩日票房智库数据。

结合表5-17和表5-18、表5-19可知，大型院线的市场集中度以每年约1.5%的速度下降及前十位城市院线的市场份额总占比每年以略大于1%的速度下降，其中一线城市的下降最为明显，这种现象的出现主要是地方院线在三四线城市的市场份额增加，而大型院线公司的市场布局主要以一线城市为主，而电影观看增加快速的人群趋势已经逐渐从一二线转移至三四线城市，2015年三四线城市票房贡献约为155亿元，地方院线在未来的市场扩张中有一定的发展潜力，故此，从产业整体发展而言，大型院线应扩张到三线城市市场并作为主要发展方向，并购地方影院为主要趋势。

表5-18 2012~2015年不同级别城市票房增长率

单位：%

年份	2012	2013	2014	2015
一线	22.3	18.9	31	42.7
二线	28.2	24.7	32.9	44.6
三线	36.6	32.5	34.3	55.5
四线	46.8	35.8	42	60.9
五线	80.6	51.7	52.6	63.2

资料来源：艺恩小镇青年票房统计。

表5-19 近年城市电影票房前十位

票房排名	2012年	2013年	2014年	2015年
1	北京（9.44%）	北京（8.6%）	北京（7.7%）	北京（7.2%）
2	上海（7.90%）	上海（7.24%）	上海（6.84%）	上海（6.71%）
3	广州（4.55%）	深圳（4.37%）	广州（4.39%）	广州（4.26%）
4	深圳（4.48%）	广州（4.3%）	深圳（4.14%）	深圳（4.11%）
5	武汉（3.57%）	成都（3.41%）	成都（3.43%）	成都（3.29%）
6	成都	武汉	武汉	武汉
7	重庆	重庆	重庆	重庆
8	杭州	杭州	杭州	杭州
9	南京	南京	南京	南京
10	西安	西安	苏州	苏州
MCR_{10}	43.84	41.19	39.24	37.98

资料来源：中国票房。

(2) 电影整体票房上升，IP 电影受关注。从表 5-20 中可以看出前十位票房整体大幅度上升，2015 年第十位的票房同 2012 年第十位相比增加了一倍多，表明电影受众的数量已经在逐步增加。另外，国内国外近几年以小说或游戏为背景制作的电影往往受人关注，以迪士尼系列电影、《大圣归来》、《小时代》系列、《鬼吹灯》等为首的票房成绩不俗，观众越来越注重口碑及电影制作质量。一方面，推进了国内的 IP 电影制作，提高电影制作的质量；另一方面，也推动了电影市场的纵向并购走向，观众对创意制作的喜爱更加容易带动电影衍生品市场的发展和繁荣。

表 5-20　2012～2015 年电影票房前十排名

单位：%

排名	2012 年	2013 年	2014 年	2015 年
1	人再囧途之泰囧 (12.67)	西游降魔篇 (12.46)	变形金刚 4：绝迹重生 (19.79)	捉妖记 (24.38)
2	泰坦尼克号 3D 版 (9.48)	钢铁侠 3 (7.68)	心花路放 (11.69)	速度与激情 7 (24.26)
3	十二生肖 (8.81)	致我们终将逝去的青春 (7.19)	西游记之大闹天宫 (10.46)	寻龙诀 (16.79)
4	画皮 II (7.03)	私人订制 (7.18)	智取威虎山 3D (8.83)	港囧 (16.2)
5	碟中谍 4：幽灵协议 (6.75)	环太平洋 (6.96)	星际穿越 (7.51)	复仇者联盟 2：奥创纪元 (14.56)
6	少年派的奇幻漂流 (5.71)	狄仁杰之神都龙王 (6.02)	X 战警：逆转未来 (7.24)	夏洛特烦恼 (14.39)
7	复仇者联盟 (5.68)	中国合伙人 (5.39)	美国队长 2 (7.21)	侏罗纪世界 (14.2)
8	黑衣人 3 (5.04)	警察故事 2013 (5.36)	猩球崛起 2：黎明之战 (7.11)	煎饼侠 (11.59)
9	冰川时代 4 (4.49)	北京遇上西雅图 (5.2)	爸爸去哪儿 (6.96)	澳门风云 2 (9.72)
10	地心历险记 2：神秘岛 (3.88)	小时代 (4.88)	分手大师 (6.66)	西游记之大圣归来 (9.56)

资料来源：中国票房。

(3) 受众群体以线上消费为主。电影受众主要以80后、90后为主，这类群体以网上购票为主，据1905电影网数据显示，2015年60%的观众利用线上平台方式进行购票活动，线上平台改变了传统的售票模式，线下到线上模式的转变，反映市场需求的分析可由影院大数据的分析获取，核心企业可以将这类企业纳入其产业战略规划中，更容易获取观众偏好及电影消费习惯，从而成为对未来电影制作项目的一个趋势分析。

(4) 行业政策法律法规完善。行业发展方面：2007年颁布电影行业管理规范。但在2015年，我国取消了2002年开始实施的对新建影院及改造的资助政策，现有资源的整合成为不可避免的趋势，2016年广电总局发布了《电影数字节目版权保护技术体系框架》、《电影院票务管理系统技术要求和测量方法》等相关法律文件。一方面，重视影视版权的重要性；另一方面，对于影院票务线上线下严格管理，有效防止偷票房等不法行为以维护电影行业的正常运行。2014年国务院发布的《关于进一步优化企业兼并重组市场环境的意见》提出尽量减少环节审批，提高效率促进产业优化。电影行业投资2009年开始就允许个人资本投入电影制作行业，这对资本进入电影行业起到了很好的开端，2015年政府在电影专项资金的投入也达到22亿元，大多资本都是仅以电影制作项目融资进入电影行业，而对全产业链服务的资金很少。对于信托而言，"99号文件"明确指出鼓励信托成立子公司，开展产业并购业务，促进经济调整。

(5) 市场利率。随着利率市场化的推进，我国的利率市场存在一定的波动风险，借款期间整体利率下调，必然给借款企业带来一定的损失；在跨国并购估值时有一定的浮动风险。在经济下行的背景下，政府对于利率调整的预期也会给并购带来一定的估值损益。

总体而言，对于电影产业的整体并购环境分析，核心企业应针对产业调整趋势主要以三线城市横向产业整合并购及上下游纵向并购为主。

5.5.2.2 核心企业评价

以万达院线为例，万达集团中不论是地产还是影视文化以及正在进行中的旅游产业，都是通过并购上下游的企业来进行产业链的完善与发展。以近几年来影视文化为例。电影的制作包括整个创作（包括小说、游戏等）、版权授予后的电影制作（包括剧本的修改、导演、演员的选定等环节）、电影的发行、电影院线及影院的放映。

万达于2012年成立了万达文化产业集团，2015年收入512亿元，集团下属四个文化类产业：影视、旅游、体育、儿童娱乐。其中，万达影视控股公司是全球收入最高的影视企业，拥有影视制作、发行、放映、影视产业园区、电影节等，这是全球唯一一个拥有完整产业链的影视制作公司。旗下有万达影视传媒、影视产业园（青岛）、五洲电影发行、圣汐游艇公司、万达电影院线、美国AMC影院、澳大利亚HOYTS院线。

万达院线（002739）隶属于万达集团，是其旗下文化发展的一部分，以资产联结型合并，2005年成立，2015年1月正式上市。据国家广电总局的统计，我国2015年全国电影屏幕已经达到了31627块，而万达院线的屏幕2015年已经达到了2557块，占全国的8%左右，几年来稳居行业的龙头地位。

以万达院线为核心企业，对于万达院线自身基本情况的分析从几个方面进行：股东背景、资产状况、负债情况、利润及盈利状况、现金流状况。

（1）股东背景：公司的大股东直接参与公司的经营。对于公司的经营状况最为关注，强大的股东背景有利于公司的持续运营，股东的更换也能在一定程度上反映公司的变化。由表5-21可知，2015年万达前十位股东基本没有变化，股东人数稳定且有两名新进股东，表明股东对公司未来发展有持续的信心，万达院线主要股东是北京万达投资有限公司，即主要以万达集团为背后依靠，股东实力十分雄厚。

表5-21 2015年末万达院线排名前十位股东

时间	名次	股东名称	股份类型	持股数（股）	占总股本持股比例（%）	增减（股）
2015年12月25日	1	北京万达投资有限公司	限售流通A股	680000000	57.91	不变
2015年12月25日	2	孙喜双	限售流通A股	42000000	3.58	不变
2015年12月25日	3	博瑞远达（天津）股权投资合伙企业（有限合伙）	限售流通A股	40000000	3.41	不变

续表

时间	名次	股东名称	股份类型	持股数（股）	占总股本持股比例（%）	增减（股）
2015年12月25日	4	上海仁福投资有限公司	限售流通A股	30000000	2.55	不变
2015年12月25日	5	北京万达文化产业集团有限公司	限售流通A股	29443544	2.51	新进
2015年12月25日	6	戴成书	限售流通A股	20000000	1.70	不变
2015年12月25日	6	东莞市凯德实业投资有限公司	限售流通A股	20000000	1.70	不变
2015年12月25日	8	华控成长（天津）股权投资基金合伙企业（有限合伙）	限售流通A股	16000000	1.36	不变
2015年12月25日	9	石根建	限售流通A股	14000000	1.19	不变
2015年12月25日	9	天津红杉基业股权投资合伙企业（有限合伙）	限售流通A股	14000000	1.19	不变

资料来源：东方财富网企业年报。

（2）资产状况：对重要资产类科目进行调查分析，从表5-22可以看出，流动比率每年都在增长，至2015年速动比率达到1.93，流动比率已经达到1.97，接近2，速动比率高是因为影院产品主要以现金为主直接交易，货币资金比较充裕而预付款以及应收款占比较少，而2015年万达院线将澳洲第二大院线公司成功收购以及对国内一些规模较小的院线公司的收购，使得万达院线的非流动资产（主要是影院资产）指数型增长，这也使得总资产周转率下降，首次低于1。

表5-22 万达院线近几年资产状况财务指标情况

期限	2011年12月31日	2012年12月31日	2013年12月31日	2014年12月31日	2015年12月31日
流动资产（亿元）	5.21	8.26	13.4	19.8	49.6

续表

期限	2011年12月31日	2012年12月31日	2013年12月31日	2014年12月31日	2015年12月31日
非流动资产（亿元）	13.89	17.74	21.1	25.9	105
资产总额（亿元）	19.1	26.0	34.5	45.7	155
货币资金（亿元）	3.39	6.95	11.8	17.5	43.1
应收账款（亿元）	1.17	2.06	2.83	2.31	3.84
总资产周转率（次）	—	1.34	1.33	1.33	0.80
速动比率（%）	0.72	0.81	1.05	1.24	1.93
流动比率（%）	0.75	0.83	1.08	1.27	1.97

资料来源：东方财富网企业年报。

（3）负债状况：对重要负债类科目进行调查分析，从表5-23可以看出，万达近几年的资产负债率都处于50%以下，表明万达院线的偿债能力一直很强，债务结构以流动负债为主，主要以短期借款为主，这种借款方式的融资快，但是风险较大，在2015年长期负债这一项指标中占据了超半数负债，由于2015年的并购事项较多，资金需求量大，长期负债比重增加。

表5-23　2011～2015年万达院线负债状况指标

期限	2011年12月31日	2012年12月31日	2013年12月31日	2014年12月31日	2015年12月31日
流动负债（亿元）	7.00	9.98	12.4	15.6	25.3
长期负债（亿元）	—	—	960万	924万	38.2
应付账款（亿元）	1.17	2.06	2.83	2.31	6.19
负债总额（亿元）	7.00	9.98	12.5	15.7	63.4
资产负债率（%）	36.61	38.40	36.19	34.34	41.03

资料来源：东方财富网企业年报。

（4）利润及盈利状况：从表5-24中的整体数据可以看出，各项盈利指标普遍呈增长趋势，股东权益至2015年已经达到了91.2亿元，反映万达院线公司自身实力雄厚。营业收入同比增长逐年增加，2015年接近50%，行业三年平均水平为23.98%，万达则达到了37.49%，企业未来发展趋势可观。

从预收款与现金流同营业收入的比可以看出,影院特性导致营业收入基本来源现金预收款比例较小,主要是由影院营业特征形成。费用的增长比较稳定,这是由于万达院线扩张所形成的必要费用。净利率即主营业务利润率,这是一个重要的盈利指标,反映了企业的盈利能力,每投入一元可以净赚多少,这直接反映了企业的竞争能力强弱,万达院线从 2011 年起净利率都超过10%,近三年平均水平为 14.97%,行业水平为 14.03%,由此可见,万达院线的盈利能力非常强。

表 5-24 2011~2015 年万达院线盈利状况指标

期限	2011年12月31日	2012年12月31日	2013年12月31日	2014年12月31日	2015年12月31日
股东权益合计(亿元)	12.1	16.0	22.0	30.0	91.2
营业收入同比增长(%)	—	32.73	32.71	37.24	49.85
预收款/营业收入	0.11	0.12	0.10	0.10	0.09
销售现金流/营业收入	1.01	1.06	1.06	1.06	1.06
营业总成本(亿元)	14.0	20.0	26.2	35.1	52.4
管理费用(亿元)	1.41	1.91	2.57	3.38	5.25
营业利润(亿元)	3.87	4.64	6.83	9.37	14.5
利润总额(亿元)	4.16	5.26	7.89	10.6	15.6
净利润(亿元)	3.07	3.90	6.05	8.03	11.9
营业收入总额(亿元)	22.1	30.3	40.2	53.4	80.0
毛利率(%)	36.51	34.02	34.79	34.27	34.56
净利率(%)	13.92	12.87	15.03	15.03	14.85

资料来源:东方财富网企业年报。

(5)现金流量状况:从表 5-25 中可以发现,经营活动产生的现金流主要是商品及劳务的购买和销售产生,投资活动产生的现金流量主要源于固定资产、无形资产和其他长期现金类的支付,筹资活动产生的现金流量在前几年则主要是来自分配股利、利润或偿付利息。综合三个指标判断企业处于高速发展期,产品迅速占领市场,销售快速上升趋势,表现为经营活动中大量货币资金回笼,同时为了扩大市场份额,企业仍需大量追加投资,而仅靠经营活动现金流量净额可能无法满足所需投资，必须筹集必要的外部资金作为补充。

表 5-25 2011~2015 年万达院线现金流量状况指标

期限	2011 年 12 月 31 日	2012 年 12 月 31 日	2013 年 12 月 31 日	2014 年 12 月 31 日	2015 年 12 月 31 日
经营活动产生的现金流量（亿元）	4.34	9.10	10.2	12.6	20.9
销售商品、提供劳务收到的现金（亿元）	22.4	32.3	42.6	56.6	84.5
购买商品、接受劳务支付的现金（亿元）	11.4	14.9	20.8	29.2	41.7
投资活动产生的现金流量（亿元）	-5.71	-5.51	-5.37	-6.88	-34.9
购建固定资产、无形资产和其他长期支付的现金（亿元）	5.67	5.53	5.37	6.72	11.0
筹资活动所产生的现金流量（元）	-225 万	-180 万	-195 万	-277 万	39.4 亿
分配股利、利润或偿付利息支付的现金（元）	277 万	195 万	180 万	225 万	5.37 亿
吸收投资收到的现金（亿元）	—	—	—	—	34.3

资料来源：东方财富网企业年报。

5.5.2.3 并购行为分析

我国电影市场处在高速发展的阶段。一方面，影院数量急速上升，逐渐满足市场需求，院线品牌的龙头地位基本确立，市场集中度较高，规模较小的影院的营业额难以超过大型品牌的影院；另一方面，产业链价值逐渐从下游转移到上游，如版权的价值挖掘以及衍生品的价值挖掘，万达院线目前主要以横向扩张为主,但在2016年披露了拟发行股份购买万达集团影视类资产,表明万达院线开始逐渐进行纵向产业链的整合。表5-26为万达院线近两年来的并购之路,院线的横线并购主要是为了市场扩张。与重新建造一家影院和并购规模较小的影院比起来,前者不仅节约了时间成本还有经营成本等,由于万达院线并购之后,影院的工作人员并没有任何变化,仅是管理权有所变化,对于影院管理文化之间的融合,影院的质量主要在于视觉效果及工作人员服务,并购文化之间的融合也较为快速。

表5-26 2015~2016年万达院线的并购事件

披露日	交易标的	交易总价值(万元)
2015年6月25日	澳洲HG Holdco 100%股权及债权	224620.25
2015年6月27日	慕威时尚、重庆世茂等12家公司100%的股权	220000.00
2016年2月4日	大连奥纳、厚品文化、赤峰北斗星100%的股权	未公布

资料来源:Wind资讯。

以万达院线并购重庆世茂等,2家公司的100%股权为产业并购评价对象,并购标的旗下共有15家影院,其中7家影院成立时间不超过2年,将部分影城运营不满一年的因素考虑在内,2014年,单影城日均票房3.97万元、年均票房1450万元;单银幕日均票房4885元,年均票房178.3万元;单座日均票房28.9元,年均票房1.05万元;全国单影城平均票房628万元,单银幕平均票房124.7万元,单座平均票房0.87万元。世茂单银幕票房高出全国水平的43%,单座票房高出全国水平的20.7%,营业价值可观。万达院线最终收购价格为10亿元,万达院线以发行等值股权进行收购,对并购行为的分析从以下四个方面进行:

(1)主营业务相同,并购融合成本小。重庆世茂多位于大中城市的核心地段,具有良好的商业环境及物业条件,形成了业内知名的品牌影响力。万达院线将其整合后,将会利用市场资源和管理优势进一步提高重庆世茂的商业价值。万达院线单银幕产出是全国的2.1倍,收购重庆世茂后,万达院线通过标准化的经营体系、强大的信息系统、统一的内部培训以及相同区域的协同效应,使重庆世茂达到万达院线同类影城单银幕产出水平,从而对票房收入有一定幅度的提升。同时,万达院线利用品牌影响力和规模优势,能够促使重庆世茂卖品、广告等非票房收入有较大幅度提升，改善其收入结构及盈利能力。万达院线通过多年发展，在向第三方进行物品采购、设备维护等方面具有成本优势，可以有效降低重庆世茂被整合后的维护和经营成本，提高影城利润率水平。

(2) 从万达产业布局的角度分析此次并购，重庆世茂旗下15座影院主要分布在三线城市，如重庆、贵阳、福州等地，从产业发展来看，三线及以下城市正逐步成为票房新的增长点，为万达影线迅速扩张小镇青年市场提供了很好的平台，万达院线并购重庆世茂在不依靠万达广场的基础上进行扩张，同时，万达院线与重庆世茂达成战略合作，后者及其所属公司目前在建及未来建设的商业地产项目中的电影院，均将由万达院线独家承租经营，今后影院独家进驻口碑不错的重庆世茂地产项目，对影院的轻资产快速扩张有一定的优势，在并购方向上符合电影产业的走向。同时并购慕威时尚可以获取更多好莱坞影片资源以促进影院广告发展及影院商品销售，时尚电影实时大数据用于对用户进行可视化分析，有助于提升整体影院的票房收入。

(3) 以市净率 (PB)、市销率 (TTM) 为基础进行分析，重庆世茂的盈利状况无法获得，同类上市公司也较少，主要依靠资产和收入进行分析。院线公司主要依靠影院盈利，相对而言无形资产较少，固定资产为主，股权交易价值可以从市净率角度进行分析，万达院线的市净率约为10，经过审计，重庆世茂净资产为0.956亿元，万达并购估值10亿元，处在合理的区间内。以市销率为估计准则，由表5-27可知：重庆世茂15家影城票房总收入为1.86亿元，考虑到济南、上海、南通、北京2014年的营业时间是287天、17天、27天、3天，年化后票房总收入应约为2.34亿元，根据票房占比85%进行计算，重庆世茂的年销售收入为2.75亿元，分析得出重庆世茂的市销率约为3.64。重庆世茂股份最终获得6753106股，万达总股本56000万股，并购价格每股约为148元，据此计算得出万达此时的市销率为15.52，相比而言重庆世茂的市销率较低，有一定的投资价值。

(4) 预期收益，并购的价值不仅体现现有的资产，更重要的是未来的盈利能力。以销售收入为先，收益贴现为计算方法，2015年一年期国债折现率为3.14%。票房数据以艺恩数据库2014年及2015年前3个月数据为基础，预测重庆世茂年票房 2.28 亿元，并购发生后从万达院线自身运营结果角度进行分析，市场对万达院线未来整体营业收入的基本预测增长率及营业收入净利率约为 20%，随着市场扩张逐年减缓。影院收入主要来源于票房、其他收入（影院产品及广告收入）值，万达集团的其他收入近几年以每年 5% 增加，2015 年为 20%，预测未来几年保持这种趋势不变，最终营业收入预测如表 5-27 所示，依据市场利率贴现可得最终收入贴现为 19.37 亿元，净利润贴现为 3.874 亿元，未来对于整个票房市场还是积极的预期，为今后线下衍生品市场做个良好的铺垫。

表 5-27 15 家重庆世茂影院主营业务收入

时间	2015 年（1~3 月）	2014 年	2013 年
票房收入（万元）	5713.41	18616.05	11684.82
卖品收入（万元）	496.95（7.5%）	1929.11（8.8%）	1105.00（8.1%）
其他收入（万元）	417.00（6.29%）	1372.26（6.26%）	851.77（6.24%）
合计（万元）	6627.36	21917.42	13641.60

资料来源：万达并购交易预案。

表 5-28 并购重庆世茂影院销售预测

销售预测	2015 年	2016 年	2017 年	2018 年
票房收入（亿元）	2.28	3.576	4.864	5.057
其他收入（亿元）	0.57	0.894	1.216	2.723
营业收入（亿元）	2.85	4.47（57%）	6.08（36%）	7.78（28%）
净利润（亿元）	0.57	0.894	1.216	1.556

5.5.3 Vague 集风险决策

Vague 的理论阐述：论域 $U = \{u_1, u_2, u_3, u_4, \cdots, u_n\}$，这类信息系统通常可直观地表示为一个二维表的形式，以行为对应要研究的对象，以列为对应对象的属性，来罗列和描述客观对象。当信息表中的数据足以反映论域时，通过各类属性的对应关系来体现各个属性在论域中的逻辑关系，即一种自我知识发现的过程。其中 u_i（$i=1, 2, \cdots, n$）是所讨论的对象，在本书中是 AHP 得到的值，U 上一个 Vague 集 A 由真隶属函数 t_A 和假隶属函数 f_A 所描述，t_A 表示支持 $x \in A$ 的证据隶属度下界，表示反对的证据隶属度下界。其中，$t_A: U \rightarrow [0, 1]$，$f_A: U \rightarrow [0, 1]$，且 $t_A(u_i) + f_A(u_i) \leq 1$。

$$\pi_A(x) = 1 - t_A(u_i) - f_A(u_i) \quad \text{式}(5-8)$$

式（5-8）中，$\pi_A(x)$ 表示 x 的不确定性犹豫度，$\pi_A(x)$ 越大表明不确定性越大，对 x 的信息知道得越少；反之，表明确定性越高。当 $\pi_A(x) = 0$ 时，则表明可以精确地知道 x。

当 U 连续时，一个 Vague 集 A 可以表示为：

$$A = \int_U \frac{[t_A(u), f_A(u)]}{u}, \quad u \in U \quad \text{式}(5-9)$$

当离散时，一个 Vague 集可以表示为：

$$A = \sum_{i=1}^{n} \frac{[t_A(u_i), f_A(u_i)]}{u_i}, \quad u_i \in U \quad \text{式}(5-10)$$

测定并购项目风险值为 V。在确定各项指标的权重之后，尝试利用 Vague 集来进行特定项目的风险评价。Vague 语言值及对应情况如表 5-29 所示。以十分安全、安全、比较安全、一般安全、比较危险、危险、十分危险这七个语言变量来进行描述。

表 5-29　Vague 语言值及对应情况

等级	对应决策
十分安全	项目可行性高，收益有保障，正常运行的概率高
安全	项目可行性较高，可以正常运行，良好的操作保证产品的正常运行
比较安全	项目具有可操作性，可以正常运行但也需要防范未知风险
一般安全	项目基本可操作，也需要较多的关注、安全监督和保障
比较危险	项目偏于风险，不建议操作，选择操作需要更多的保障措施与监督
危险	项目风险较大，不适宜进行产品操作
十分危险	项目风险很大，不适宜进行产品操作

根据项目具体情况对各个项目因素进行评价，最终结果记录如表 5-30 所示。

表 5-30　各风险因子的投票人数

序号	风险因子	十分安全	安全	比较安全	一般安全	比较危险	危险	十分危险	放弃
1	行业发展情况	X_{a1}	X_{a2}	X_{a3}	X_{a4}	X_{a5}	X_{a6}	X_{a7}	X_1
2	政策法律法规	X_{b1}	X_{b2}	X_{b3}	X_{b4}	X_{b5}	X_{b6}	X_{b7}	X_2
3	产业链竞争情况	X_{c1}	X_{c2}	X_{c3}	X_{c4}	X_{c5}	X_{c6}	X_{c7}	X_3
4	市场利率情况	X_{d1}	X_{d2}	X_{d3}	X_{d4}	X_{d5}	X_{d6}	X_{d7}	X_4
5	管理层能力	X_{e1}	X_{e2}	X_{e3}	X_{e4}	X_{e5}	X_{e6}	X_{e7}	X_5
6	文化融合的风险	X_{f1}	X_{f2}	X_{f3}	X_{f4}	X_{f5}	X_{f6}	X_{f7}	X_6
7	人员整合风险	X_{g1}	X_{g2}	X_{g3}	X_{g4}	X_{g5}	X_{g6}	X_{g7}	X_7
8	并购协同效应	X_{h1}	X_{h2}	X_{h3}	X_{h4}	X_{h5}	X_{h6}	X_{h7}	X_8
9	资产状况	X_{j1}	X_{j2}	X_{j3}	X_{j4}	X_{j5}	X_{j6}	X_{j7}	X_9
10	负债状况	X_{k1}	X_{k2}	X_{k3}	X_{k4}	X_{k5}	X_{k6}	X_{k7}	X_{10}
11	利润及盈利状况	X_{l1}	X_{l2}	X_{l3}	X_{l4}	X_{l5}	X_{l6}	X_{l7}	X_{11}
12	现金流量状况	X_{m1}	X_{m2}	X_{m3}	X_{m4}	X_{m5}	X_{m6}	X_{m7}	X_{12}
13	退出机制	X_{n1}	X_{n2}	X_{n3}	X_{n4}	X_{n5}	X_{n6}	X_{n7}	X_{13}
14	融资风险	X_{o1}	X_{o2}	X_{o3}	X_{o4}	X_{o5}	X_{o6}	X_{o7}	X_{14}
15	抵押风险	X_{p1}	X_{p2}	X_{p3}	X_{p4}	X_{p5}	X_{p6}	X_{p7}	X_{15}
16	操作风险	X_{q1}	X_{q2}	X_{q3}	X_{q4}	X_{q5}	X_{q6}	X_{q7}	X_{16}

投票总人数为 X，其中 X_{ij} 表示选择该评价语言标度的人数，每一行之和等于投票总人数。

第一步，根据投票值确定各项的 V 值。以行业发展为例，取 10 位投票结果是 2、2、5、0、0、0、0、1，即 $X_{a1}=2$、$X_{a2}=2$、$X_{a3}=5$、$X_{a4}=0$、$X_{a5}=0$、$X_{a6}=0$、$X_{a7}=0$、$X_1=1$。Vague 集的性质确定行业发展的 Vague 区域表示为（0.2，0.3）、（0.2，0.3）、（0.5，0.6）、（0，0.1）、（0，0.1）、（0，0.1）、（0，0.1）。

第二步，根据得到的矩阵计算出每一种安全程度所对应的 Vague 隶属区间。

$V_{十分安全} = W_a \times V_{a1} + W_b \times V_{b1} \cdots + W_q \times V_{q1} = 0.549 V_{a1} + 0.246 V_{b1} \cdots + 0.075693 V_{q1} = （T_{十分安全}，1-F_{十分安全}）\cdots$

$$V_{十分危险} = W_a \times V_{a7} + W_b \times V_{b7} \cdots + W_{q*} V_{q7} = (T_{十分危险}, 1 - F_{十分危险})$$

式（5-11）

依据 Vague 集的性质可知，t 表示支持相应决策一方，f 表示反对相应决策一方，1-t-f 表示模糊度。

$$\mu = t + t(1 - t - f)$$

式（5-12）

选取前人对 Vague 集的改进研究成果进行最后的方案评价，μ 值越大，表明决策意愿更偏向该方案。

以万达集团并购奥纳为例，以小组成员继续进行对于并购事件的评价。最终得到的 Vague 集如表 5-31 所示。

表 5-31 因素的 Vague 集

风险因子	十分安全	安全	比较安全	一般安全	比较危险	危险	十分危险
行业发展情况	(0,0)	(0.6,0.6)	(0.4,0.4)	(0,0)	(0,0)	(0,0)	(0,0)
政策法律法规	(0,0)	(0.2,0.2)	(0.4,0.4)	(0.4,0.4)	(0,0)	(0,0)	(0,0)
产业链竞争情况	(0.2,0.2)	(0.6,0.6)	(0.2,0.2)	(0,0)	(0,0)	(0,0)	(0,0)
市场利率情况	(0,0.2)	(0.2,0.4)	(0.2,0.4)	(0.4,0.6)	(0,0.2)	(0,0.2)	(0,0.2)
管理层能力	(0.2,0.2)	(0.4,0.4)	(0.4,0.4)	(0,0)	(0,0)	(0,0)	(0,0)
文化融合的风险	(0.2,0.2)	(0.2,0.2)	(0.6,0.6)	(0,0)	(0,0)	(0,0)	(0,0)
人员整合风险	(0,0.2)	(0.6,0.8)	(0.2,0.4)	(0,0.2)	(0,0.2)	(0,0.2)	(0,0.2)
并购协同效应	(0,0.2)	(0,0.2)	(0.2,0.4)	(0.4,0.6)	(0.2,0.4)	(0,0.2)	(0,0.2)
资产状况	(0.2,0.2)	(0.6,0.6)	(0.2,0.2)	(0,0)	(0,0)	(0,0)	(0,0)
负债状况	(0.2,0.2)	(0.4,0.4)	(0.4,0.4)	(0,0)	(0,0)	(0,0)	(0,0)
利润及盈利状况	(0.2,0.2)	(0.6,0.6)	(0.2,0.2)	(0,0)	(0,0)	(0,0)	(0,0)
现金流量状况	(0.2,0.2)	(0.4,0.4)	(0.4,0.4)	(0,0)	(0,0)	(0,0)	(0,0)
退出机制	(0,0.2)	(0.2,0.4)	(0.4,0.6)	(0.2,0.4)	(0,0.2)	(0,0.2)	(0,0.2)
融资风险	(0,0.2)	(0.4,0.6)	(0.4,0.6)	(0,0.2)	(0,0.2)	(0,0.2)	(0,0.2)
抵押风险	(0,0.2)	(0.2,0.4)	(0.2,0.4)	(0.4,0.6)	(0,0.2)	(0,0.2)	(0,0.2)
操作风险	(0,0.2)	(0.2,0.4)	(0.4,0.6)	(0.2,0.4)	(0,0.2)	(0,0.2)	(0,0.2)

根据式（5-11）可得出：

$V_{十分安全}$ = 0.0765 × (0, 0) + 0.1044 × (0, 0) + 0.0169 × (0.2,

0.2) + 0.0483 × (0, 0.2) + 0.0515 × (0.2, 0, 2) + 0.0104 × (0, 0.2) + 0.0113 × (0, 0.2) + 0.038 × (0, 0.2) + 0.0828 × (0.2, 0.2) + 0.1664 × (0.2, 0.2) + 0.2335 × (0.2, 0.2) + 0.0663 × (0.2, 0.2) + 0.0235 × (0, 0.2) + 0.0288 × (0, 0.2) + 0.0345 × (0, 0.2) + 0.0071 × (0, 0.2) = (0.1329, 0.1622)

同理可得：

$V_{安全}$ = (0.4521, 0.4866)、$V_{比较安全}$ = (0.3091, 0.3437)、$V_{一般安全}$ = (0.0639, 0.0984)、$V_{比较危险}$ = (0.0076, 0.03526)、$V_{危险}$ = (0, 0.0345)、$V_{十分危险}$ = (0, 0.0345)。

根据式（5-12）计算出相应的 μ，$\mu_{十分安全}$ = 0.226581、$\mu_{安全}$ = 0.467697、$\mu_{比较安全}$ = 0.416420、$\mu_{一般安全}$ = 0.117429、$\mu_{比较危险}$ = 0.01487、$\mu_{危险}$ = 0、$\mu_{十分危险}$ = 0。从最终的结果 μ 值比较中可以得出：$\mu_{安全}$ > $\mu_{比较安全}$ > $\mu_{十分安全}$ > $\mu_{一般安全}$ > $\mu_{比较危险}$ > $\mu_{危险}$ = $\mu_{十分危险}$。

从结论中可知，项目的运行评价等级为安全，项目的可行性较高，可以运行，通过良好的操作行为可以运行。但万达院线2015年的年报及行业的整体经营内容方式趋势表明，横向并购确实带来一定的营业增长，但快速并购的同时应当注意合并影院之后的管理，且从大趋势中可以发现，横向并购并不是市场今后的主要走向，在各级城市的影院布局已经逐渐饱和的情况下，万达集团应当走纵向并购之路，以电影及其他影视剧拍摄制作+院线的产业链进行整体发展，万达集团并购时光网及慕威时尚等，在逐步创造一个发展影视衍生品的环境。从2016年万达影视资产重组的行为中能够看出这种上下游并购的大方向，在影视版权制作、放映这一整条产业链的布局基本完成，院线在获取版权之后可以进行影视衍生品的开发与设计、周边产品的贩卖等。此外，还可以利用万达集团的地产优势发展衍生乐园模式等，利用电影文化产品的开发创造更高的文化价值。

5.5.4 信托项目调查建议

通过以上对信托产品的设计以及基本的风险评价决策等，为操作信托产品的尽职调查做一个基本框架，通过对信托目的、委托人及目标企业、信托财产、投融资主体、并购项目的各个流程等进行调研及分析，对于项目的可行性、可能出现的操作风险进行分析，以有效地对信托产品运行操作提供良好的指导。对于电影行业产业链的信托项目产业特点，调查应当以业务部门为主，法律及财务等部门进行合作。

调查方式包括但不限于相关证照的检验、报表的索取、企业的实际运行情况调查、相关利益方的调查等。

调查内容：委托人及投融资主体资质及基本情况、信托目的、并购项目内容、调查期间因电影项目自身特色而增加的调查对象、信用增级措施。

（1）委托主体：主要是进行身份调查，包括法人资格、是否为我国合法公民等，主体身份资格是否符合法律法规的要求。

（2）调查信托目的：主要调查信托目的及财产是否为合法目的，是否有不合规不合法的利益目的，受益人或受益人范围无法确定等。

（3）投融资主体：投融资主体即企业状况的调查是最为关键的一环，由以上分析可知，需要调查的内容具体包括基本概况、财务情况、管理层状况等。

1）核心企业基本情况：成立的背景及时间、注册地址及实际办公地址、法人代表、所属行业、经营范围、主营业务及其竞争力、行业排名、重大事件、发展战略及风格等企业文化。

2）资本状况：注册资本、股权结构、前10名股东的背景、上市公司的上市时间及股本数量等。

3）财务状况：调查企业近三年审计的财务报表、对集团客户除对其合并报表进行调查外，还应对公司本部报表进行调查。

4）资产状况：对重要资产类科目进行调查分析，重点分析反映各类资产占比和资产流转速度以及资产的利用率的财务数据。

5）负债状况：对重要负债类科目进行调查分析，重点分析能够反映负债基本数额及各类负债占比、债务的期限结构等的财务指标。

6）利润及盈利状况：重点分析能够反映营业收入总额及各类营收的数值及占比，营业成本及各类成本数值及占比、营业净利润等。

7）现金流量状况：重点分析能够反映经营活动、投融资活动的现金流量的现金流财务指标。

8）其他财务指标：根据实际情况对重要的财务指标进行挑选及分析。

9）债权和债务状况：项目公司目前的债权及其形成的意愿、贷款金额、利率、期限、到期日、是否有逾期贷款、其他债务形式、债务金额、利率期限等情况，相关关联人的债务情况，对主要股东或其他公司的债务进行担保及抵押的情况。

10）管理状况：现行组织架构、公司章程、人力及财务管理制度、各级高级管理人员简历及相关从业经验。

11）业务和产品状况：项目公司主要业务的现状及各业务分配情况和发展前景、产品的科技含量。

12）市场和销售状况：项目公司业务或产品的销售渠道、行业集中度、进入壁垒、目标客户、目前的主要客户以及其地域分布情况和对其的依赖度等。

13）其他：项目公司是否有偷漏税行为、是否有较大影响的诉讼案件、是否因违反国家政策法规受到过处罚、是否出现过重要安全事故、有无重大经济纠纷、有无不良的社会影响。

（4）并购项目调查。

1）项目概况：项目地点、时间、类型、规模、预计投资总额、已投资数额、投资方、参与人员情况等。

2）市场分析：电影行业现状发展、未来趋势、法律法规及政策框架、政府的产业政策及限制条款等竞争因素、进入壁垒、技术资源、资金成本等行业状况和格局。

3）项目主要产品情况及盈利模式；并购项目资本金的落实情况；并购项目预期的投入产出分析，并购协同效应的基本判断；项目敏感性分析、融资对项目的影响；项目可行性研究结论。

（5）信用增级措施的调查：信用增级措施主要是通过担保人和抵押物的方式。

1）担保调查。①保证人的资格（个人具有完全民事行为能力和清偿能力公民，团体、事业单位、企业法人等分支机构不得提供担保，法律规定的特殊情况除外）；②保证人的资料需要提供包括：（需要加盖公章）；第三方提供信用保证的，第三人应出具保证承担连带保证责任的承诺书或担保协议，包括保证意愿、保证范围和保证方式等；第三方公司简介及章程、税务登记证复印件、法人的身份证明、组织机构代码证复印件、营业执照副本复件、近三年审计报告及最新财务报表、贷款卡（号）及贷款卡密码；③保证人的经营状况（可参照前述对投融资主体的调查内容）。

2）抵（质）押物的调查（原则是有价值和易变卖）。标的物的基本情况调查，重点调查对象的评估机构资质及其评估价值及变现能力，是否为第一抵押权人、是否存在重复抵押；土地为抵押物的，应调查土地性质、出让金是否交清等。

第三篇　产品设计篇

产业链金融能够有效汇集商流、物流、信息流、资金流，依托产业链核心企业的实力和声誉以及相关机构的信用担保，实现为整个产业的中小企业提供个性化融资服务的目的，同时也将单个企业的高风险转换为整个产业链的分散风险。当然，为产业链提供金融服务的机构也在这一过程中获益，既深化了与企业的合作关系，又为所管理的资金找到了合适的投资方向。而在过去相当长的一段时间内，产业链金融的参与主体仍是各个商业银行，而管理资金量充裕、机制灵活的信托业却很少参加这场金融盛宴。

信托业要想在日益激烈的金融市场竞争中筑建自身的领域属地，必须深入挖掘产业链金融中的业务机会。根据产业链金融经营的核心环节以及信托业的特性，需要从不同产业链金融信托业务模式的角度进行深入分析，从采购环节的应收账款信托、销售环节的预付账款融资信托、经营环节的抵押融资信托、资本经营环节的抵押融资信托、资本经营环节的抵押融资信托、项目建设环节的项目融资信托等多融资模式方面，开展有效的产品设计。通过产业链横向和纵向发展关键环节的融资服务，帮助产业链解决发展过程中的资金瓶颈问题。

第6章 采购环节的应收账款信托产品设计

2008年以来，全球金融危机给中国经济带来了严峻的挑战，国内需求不振和国际订单的下滑使许多企业面临严重的流动性危机，产业链上许多核心企业陷入了财务困境。银行等金融机构创新的产业链应收账款融资业务，有效地解决了中小企业融资难的困境、扩大了银行等金融机构的融资服务范围。

6.1 应收账款融资概述

应收账款融资模式指的是卖方将应收账款融资工具，主要有保理、商业承兑汇票贴现、赊销项下的未到期应收账款，转让给金融机构，由金融机构为卖方提供融资的业务模式。产业链的应收账款融资，一般为产业链上游的中小企业的融资。

应收账款建立在债务人商业信用的基础之上，因此，本质上，应收账款是一种信用债权。目前，应收账款融资在西方国家已成为一种普遍的融资方式，应收账款和存货被认为是最有价值的担保物，在美国动产担保的70%是应收账款。世界金融机构调查了130个经济体，其中110多个国家的法律允许应收账款融资。它在直接有效地规避应收账款所带来的风险的同时，可以迅速、低成本地筹集企业所需的资金，开辟了企业融资的新渠道。这种融资新途径，对于我国盘活大量企业资产、解决中小企业贷款难问题有一定的借鉴意义。

6.1.1 应收账款融资主体的需求

当前市场竞争非常激烈，当供应商面对实力雄厚的经销商或销售长线产品时，经常被迫采用赊销货款的方式，供应商将产品卖给客户，客户不是马上支付现金而是过一段时间才能支付，这样形成大量应收账款。但是在收回货款之前供应商还需要支付产品生产加工花费的劳动成本及其他人工成本。应收账款融资模式指现金缺口出现在企业产品销售环节上，为产业链中处于上中游的中小型企业提供融资服务的一种模式。在应收账款融资模式下，参与其中的有企业债权、银行等金融机构及债务企业，核心企业一般为债务企业，凭借其在产业链中较好的信用水平及较强的实力，在融资模式中一般起着反担保作用，如果产业链融资出现问题，弥补银行等金融机构损失的责任将由债务企业承担，因此，在此种模式下，可以有效控制银行等金融机构的贷款风险。

6.1.2 应收账款融资的特点

（1）还款具有自偿性。应收账款融资已经是国际上广为接受的融资产品，属于资产支持类信贷，借款人以自己的应收账款为融资做担保，还款来源是企业依法收回应收账款的现金流。在应收账款融资下，银行等金融机构只需要确认应收账款的贸易真实性和账期，关注对应收账款的控制权和应收账款的变现能力，就可以防范借款人的信用风险，实现贷款的安全。

（2）融资期限短。应收账款是企业的短期债权，账期一般小于 90 天，出质人具有较好信誉的才可以成为融资质押物，且要确定合适的放款率，一般融资额为应收账款面值的 50%~90%。

（3）有公开透明的质押物登记公示系统。质押物登记公示的目的是在应收账款上建立优先权的先后顺序和抗辩权。应收账款登记公示有利于保护银行等金融机构的权利，规避法律风险。

（4）操作的封闭性。金融机构实施从出账到资金收回的全程控制，期间既包括对资金流的控制，也包括对物流的控制。典型的动产质押授信业务，客户将授信资金专项用于采购原材料（银行等金融机构直接代理客户将货款支付给上游供货商），并将采购项下的货物直接抵押给银行等金融机构，以分次赎出货物进行销售。

（5）授信用途的特定化。应收账款融资下的每次资金贷出，都对应明确的贸易背景，做到贷出金额、时间和交易对手等信息的匹配。

我国商业银行等金融机构近年来市场竞争性增强，特别是市场化利率改革，使得依赖传统金融的借贷业务获得盈利的模式越来越难以为继，而产业链金融业务就是一项最容易实施的创新业务，我国商业银行等金融机构以及其他金融机构应更加积极开展这项市场业务。同时，产业链金融直接针对实体经济，特别是中小型企业，我国政府也应该针对这项业务提出更加切实有效的具体措施，实现中小企业和商业银行等金融机构的"双赢"。

6.2 应收账款融资方式

应收账款融资有四种模式，一是应收账款质押融资，即企业以应收账款为质押物，向商业银行等金融机构或专业金融机构申请贷款，并且以应收账款的变现来偿还贷款。二是应收账款售让融资，即应收账款的债权人把应收账款售让于专业的金融机构（俗称保理商）并获得融资，保理商负责与应收账款有关的一切事务，并承担损失，这项业务称为保理。三是应收账款证券化，它是一种金融衍生工具，以应收账款的现金流为基础资产，通过金融机构的设计运作，衍生出有稳定收益的证券，并向投资者出售。由于国内金融市场还不够成熟，因此，目前国内金融机构开展的大都是应收账款的保理业务和应收账款质押融资业务。四是应收账款信托融资，企业将应收账款转让给信托公司，由信托公司包装成信托产品，由银行等金融机构理财计划购买信托优先受益权，第三方购买劣后受益权，企业获取现金。信托产品到期时，应收账款按约定归集至信托专户，优先受益人获取固定收益，第三方获取该收益或承担相应损失，因应收账款未收回的风险由第三方承担，在目前国内尚未允许开展企业资产证券化的情况下，应收账款信托是一种准债权资产证券化。

6.2.1 应收账款的质押融资

应收账款质押融资是指应收账款债权人以应收账款为质押标的向银行等金融机构或其他金融机构提供担保,银行等金融机构对其财务状况进行分析后,确定适当的质押率和贷款期限,与应收账款债权人订立应收账款抵借贷款合同和应收账款质押监督协议,并提供资金。在这种方式下,应收账款只是作为质押品,根据实质重于形式的原则,与应收账款所有权相关的风险和报酬并未转移,属于企业以应收账款为质押取得借款。借款人必须在银行等金融机构开设具有担保性质的应收账款质押专户,借款方用于质押的每笔应收账款的回收都要通过该专户进行结转,贷款方通过质押账户有效监督借款方应收账款的回收情况。金融机构在其质押的应收账款的债务企业不能及时付款时,仍享有对申请贷款企业的追索权,申请贷款的企业必须承担损失。用于抵借融资质押的应收账款必须满足一定的条件,如应具有真实贸易背景,买卖双方有一定时期或数量的交易记录并且合作良好,卖方的履约能力已得到买方认可;买方资金实力较强,无不良信用记录,基本能按时付款,不存在长期拖欠现象,以往合同不存在履约纠纷。应收账款项下的产品已发出并由买方验收合格,买方确认应收账款的具体金额并承诺只向销售商在贷款银行等金融机构开立的指定账户付款;应收账款的到期日早于借款合同规定的还款日等。按照操作模式的不同,应收账款抵借融资可以分为应收账款质押贷款与应收账款质押循环贷款。前者主要适用于发生频率较小,单笔金额较大,与买方企业对账清楚的情况;后者主要适用于应收账款发生频繁、回收期短、周转快、特别是连续发生的小额应收账款,应收账款保持一个较为稳定存量的情况。

6.2.1.1 流程

①产业链上游企业(一般为中小企业)与下游企业(一般为核心企业)签订合同,由上游企业为下游企业供货。②下游企业作为债务方,出具应收账款单据并延迟支付货款。③上游企业作为融资方,向银行等金融机构提交应收账款质押申请材料、欲质押的合同、应收账款债务人的情况介绍等。④银行等金融机构对融资企业进行资格审查,并对债务企业的经营情况、财

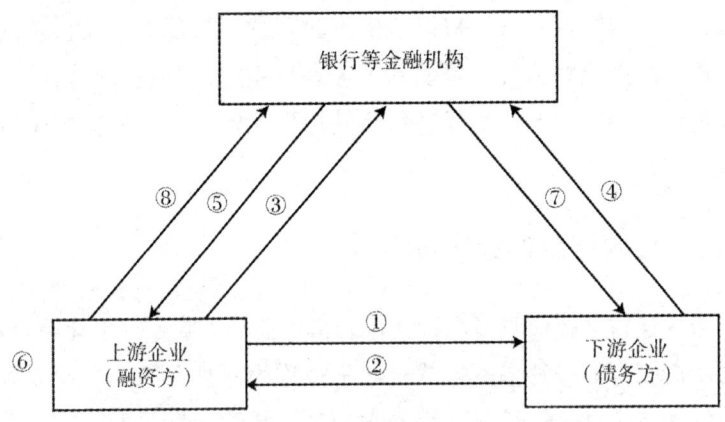

图 6-1　产业链应收账款质押融资业务流程

务情况及资信等进行了解和评估，并要求债务企业向银行等金融机构出具应收账款单据证明并做出付款承诺。⑤银行等金融机构与融资企业签订应收账款质押融资合同，并在应收账款质押登记系统上进行登记公示。同时，银行等金融机构向融资企业授信并提供贷款。我国银行等金融机构的应收账款贴现率一般维持在60%~80%。⑥上游企业获得贷款后将资金投入生产和采购原材料。⑦下游企业将产品在市场上出售并收到货款。⑧下游企业作为债务方，直接将应收账款打入上游企业在银行等金融机构的账户。

6.2.1.2　业务特点

（1）从贷款期限来看，应收账款质押融资期限一般是6~12个月，用于企业补充流动性资金，是一种循环的自我清偿的贷款。在会计意义上是短期借款；但在财务概念中却可以是长期借款。

（2）从融资额度来看，应收账款抵借贷款金额不得超过质押应收账款金额的50%~90%。

（3）从融资对象来看，抵质押方继续保留应收账款的权益，同时也要承担坏账的责任，银行等金融机构为控制风险，对业务对象的选择十分严格，买方（应收账款付款方）一般是信誉良好、具有充分付款能力的大型企业或公用事业单位。

（4）从业务规模来看，银行等金融机构一般不接受质押的应收账款为：特许经营或有关知识产权等各种收费所产生的应收账款；同一集团公司内部的应收账款;受留置权、抵押权影响的应收账款;从他方受让得来的应收账款;已经逾期的应收账款等。目前除了金融机构外,企业应收账款还可抵质押给专业担保公司,由专业担保公司为其担保融资,或者将应收账款质押给典当行融资等。

6.2.2 应收账款的让售融资

应收账款让售又称应收账款转让,是指企业将应收账款出让给金融机构,借以筹集所需资金的一种融资方式。通常被称为保理业务。保理业务是应收账款融资的主体类型,也是业务量最大的应收账款融资类型。按照有无追索权或者是否承担坏账损失,保理可以分为有追索权保理和无追索权保理,其中,有追索权保理是指出售方企业应承担向购买者即金融机构偿付的责任,在已经转让的应收账款上发生的任何坏账损失,均由转让方企业承担;无追索权保理是指应收账款购买方要承担应收账款的坏账损失,而出售方只需承担销售折扣、销售折让或销售退回的损失。通常让售应收账款的企业在商品发运之前,向金融机构或信贷公司提出申请,经过金融机构或信贷公司审查同意并签订合同,在商品发运之后,即可将应收账款让售给贷款机构,企业让售得到的融资款并不是让售应收账款的全部,而是从中扣除金融机构扣留款、手续费及企业因筹措资金而应负担的资金使用费后的余额,即为企业筹款现额。金融机构扣留款是为了应付客户销售折扣、折让、销售退回等从应收账款总额中扣留的部分,它具有保证金性质,扣款比例由企业与金融机构协商确定,一般为10%~20%,可见,企业可筹措的资金小于应收账款账面值。企业将应收账款让售后,应收账款从企业隔离出来,企业无法再接触该应收账款,即使企业破产清算,其他债权人也无法对该应收账款主张任何权利,受让方(金融机构)有权将该应收账款再出售或质押,企业无权再买回该应收账款。受让方(金融机构)负责应收账款的管理、收回,承担应收账款收回风险及坏账损失,而让售方(企业)则承担销售折扣、折让和销售退回的损失。应收账款让售时,让售方要通知欠款客户,并由欠款客户将款项支付给受让方。

6.2.2.1 无追索保理融资的流程业务流程（见图6-2）

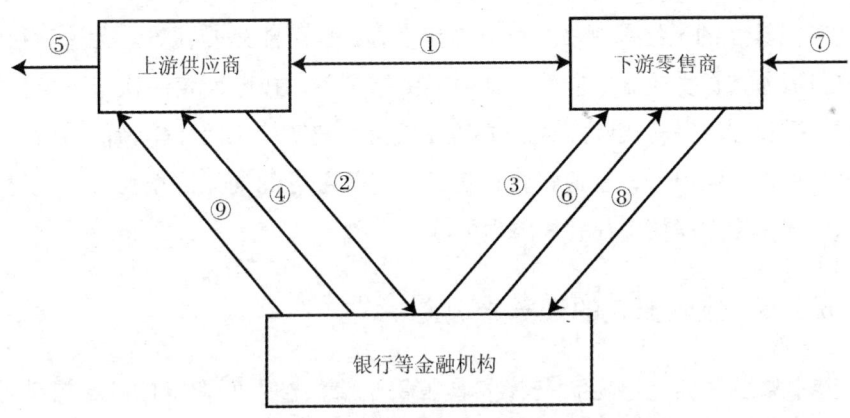

图6-2 产业链中无追索保理融资流程

①上游供应商与下游零售商签订合同，向下游企业供货，并编制发票等单据，形成应收账款；②上游供应商因融资需求向银行等金融机构申请应收账款保理业务并提交相关材料；③银行等金融机构将应收账款转让事宜告知下游零售商，并对其资信情况进行调查，对应收账款进行确认；④银行等金融机构与上游供应商签订保理协议，并按协议约定的比例（一般为60%~80%）向供应商提供贴现融资；⑤供应商将从银行等金融机构获得的融资贷款用于购买原材料和生产加工；⑥应收账款到期日前，银行等金融机构向下游零售商提示付款；⑦零售商收到市场上销售产品的货款；⑧零售商按照合同约定的金额将款项汇入银行等金融机构的指定账户；⑨银行等金融机构在扣除保理服务费用和贴现利息后，将应收账款的余额划入供应商的账户，并且银行等金融机构承担零售商到期不能按时或全额还款的风险。

6.2.2.2 特征

（1）让售方式相当于一种销售行为，要确认损益。应收账款让售价格必须低于应收账款账面值，方可让售出去，两者之间的差额是让售方的损失，受让方的劳务收入和风险收入。

（2）让售和受让的标的物是信用债权。赊销业务本身建立在商业信誉基础上，应收账款让售实际上是转让信用债权。

(3) 让售既转移了收款的所有权,同时也转让了无法收回应收账款的风险。

(4) 让售的最终承担者,可能是让售方,也可能是受让方。无追索权让售时,债务方在受让方的催款和其他经济措施下,按账面值一次或分次如数还款,受让方取得转让收益;若债务方撤销、破产等原因无偿债能力时,受让方则承担坏账损失;有追索权让售,让售债务方到期无法偿付时,让售方则承担向受让方偿债责任和风险损失。

6.2.3 应收账款的证券化融资

应收账款证券化融资,是将应收账款原始权益人所拥有的缺乏流动性,但能产生预见现金流的应收账款,通过一定的结构性重组,转变为在资本市场可销售和流通的金融产品的过程。其本质就是将可证券化的应收账款未来所产生的现金流收益权转让给投资者的过程,应收账款的所有权可以转让也可以不转让。应收账款证券化融资以销货或服务产生的应收账款为支撑,通过特定的组织机构和结构设计提升信用状况,向投资者发行信用级别较高的证券。作为一种全新的融资方式,应收账款证券化融资能够优化和利用数额较大的应收账款,解决企业应收账款规模过大的问题。应收账款证券化的理论依据是资产证券化。资产证券化是近30年来世界金融领域最重大和发展最迅速的金融创新工具。证券化的实质是融资者将被证券化的金融资产的未来现金流量的收益权转让给投资者,而金融资产的所有权可以转让也可以不转让。应收账款作为一种流动性相对较好的资产,已成为资产证券化的重要内容。在国际上,证券化的应收账款已经覆盖了汽车应收款、信用卡应收款、租赁应收款、航空应收款、高速公路收费等极为广泛的领域。进行应收账款证券化融资,应先成立一个独立的证券化特设机构——SPV (Special Purpose Vehicle),SPV 是一个专门从事应收账款证券化业务的中介投资机构,发行应收账款特殊证券是其法定的唯一收入来源,经营行为受到严格的法律限制,SPV 通常为原始债权人的全资子公司或控股公司。应收账款的原始债权人将应收账款汇集后直接出售给 SPV,SPV 对所有的应收账款按期限、现金流和业务来源等特征进行重组匹配,组成应收账款特殊证券。委托信用评级机构对 SPV 的应收账款进行信用评级,对即将发行的应收账款特殊证券进行信用增级——即通过担保、保险等形式提高应收账款特殊证券的信用等级,以改善发行条件。最后由证券承销商对 SPV 所发行的应收账款特殊证券包销,在资本市场发行,由投资者购买;证券承销商将出售的证券资金,扣除一定的费用后返还给 SPV。应收账款特殊证券在市场上流通,托管银行等金融机构负责对该特殊证券的还本付息工作。

6.2.3.1 业务流程(见图 6-3)

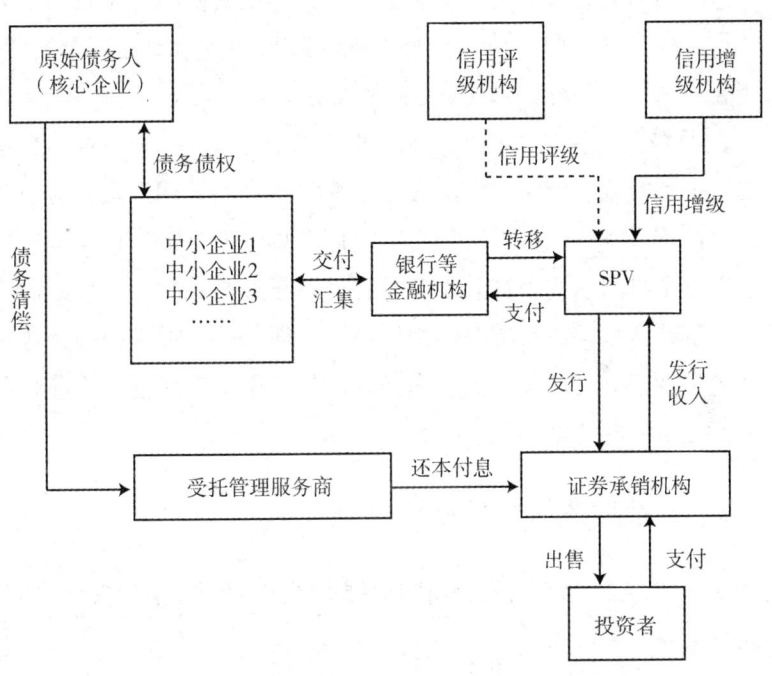

图 6-3 应收账款证券化交易流程

(1)根据银行等金融机构提出的标准,产业链上的 N 个中小企业将与核心企业相关的应收账款交付汇集到银行等金融机构,银行等金融机构提前把证券化收益垫付给中小企业,再把这些应收账款汇集成资产池之后转移给 SPV。

(2)SPV 把这些应收账款组合,形成应收账款资产池,并聘用信用增级机构、评级机构对证券进行信用增级和评级,然后以组合后的应收账款为支持、通过证券承销机构向投资者发行有价证券。

（3）SPV通过向投资者销售证券在资本市场上筹集到足够的资金向银行等金融机构支付转移应收账款的款项。

（4）用资产池中的现金流向投资者清偿本息。

6.2.3.2 特点

（1）应收账款证券化是一种较安全的融资渠道。通过将应收账款以真实价值的一定比例出售给证券化的发行人，即特殊目的机构SPV，企业可以将以前60~120天的平均收款期限缩减至一个月甚至更短。实际相当于通过折扣方式获得了资金的时间价值，也将付款人违约的风险转嫁到投资者身上，因而对于企业来讲是一种较为安全的融资渠道。

（2）应收账款证券化是一种低成本的融资渠道。应收账款证券化信用评级的重要依据是构成基础池的已出售应收账款本身的信用质量，与还款人的还款记录、信用级别、经营状况等有关，而受卖方的整体资信影响较小。因而，即使卖方本身的信用等级并不高，也可以通过与还款记录良好的优质应收账款组成资产池来提高交易的信用级别，从而获得比通常的银行等金融机构贷款或者发行证券更加优惠的利率条件。从这个角度来看，应收账款证券化是一种低成本的融资渠道。

6.2.4 应收账款信托融资

自2002年以来，已有信托公司陆续推出了应收账款信托产品，实践证明了应收账款信托的可操作性。

6.2.4.1 模式

（1）无追索权卖断型。即将应收账款卖断给信托公司，信托公司将其包装成信托产品销售给投资者。该种模式下，对投资者而言，承担了应收账款不能收回的风险，在产品定价上，除了需获得资金占用收益外，还需获得风险溢价报酬；对应收账款销售方而言，该部分应收账款可以从资产负债表中移除。

（2）有追索权卖断型。即将应收账款卖断给信托公司，信托公司将其包装成信托产品销售给投资者。该种模式下，对于到期不能收回的应收账款，信托公司可以向应收账款出售方进行追索,产品定价仅考虑资金占用成本即可。该种模式不能达到从资产负债表中移除的目的。

(3)售出回购模式。融资方先将应收账款出售给信托公司,在一定期限后溢价购回。该种模式已经丧失了应收账款信托融资的本意,只是一种变现的资产融资行为。例如,某些地产商为了规避某些政策限制而通过信托公司设置应收账款信托产品实现融资。

6.2.4.2 基本条件

设立应收账款信托产品在信托标的、参与方等方面必须满足一些基本条件,主要包括:

(1)企业资产经营情况良好,应收账款金额较多,且最近几年回收基本正常。

(2)应收账款的形成必须有真实的贸易背景,有明确的权利归属和到期日,并取得了转让应收账款所必要的同意、批准及授权,对于欠账方资质不佳的,应收账款所在企业应提供相关担保条件或措施保证应收账款收回的可能性。

(3)应收账款回收期限与信托期限相匹配。企业应收账款信托融资在进行可行性分析时,每一项信托产品都有两个基本要素,即法律制度和金融技术,应收账款信托产品遵行"信托制度+资产证券化技术"模式。在目前国内尚未允许开展企业资产证券化的情况下,应收账款信托是一种准债权资产证券化,一方面,通过设立SPT(Special Purpose Trust)方式解决真实出售问题;另一方面,通过把债权证券化出售提前将现金流变现,符合资产证券化的特征。

通过设立应收账款信托,一方面,将应收账款变成信托资产后,盘活了企业的应收账款,企业可以马上募集到资金,用取得的现金从事经营活动,从而提高资金使用效率,满足企业短期或中期融资需求,降低了负债率,达到优化资产负债表的目的;另一方面,这种融资方式的期限及操作模式灵活,能较好地满足企业资金管理的需求。与银行贷款相比,这种融资的本质是企业的资产交易行为,资金用途灵活,不受信贷资金用途的制约。

6.3 应收账款融资法律环境

根据中国人民银行颁布的《应收账款质押登记办法》的解释，应收账款是指权利人因提供一定的货物、服务或设施而获得的要求债务人付款的权利，包括现有的和未来的金钱债权及其产生的收益。具体包括以下权利：①销售产生的债权；②出租产生的债权；③提供服务产生的债权；④公路、桥梁、隧道、渡口等不动产收费权；⑤提供贷款或其他信用产生的债权。针对中小企业应收账款占用较多的情况，中国于 2007 年 10 月 1 日颁布了《中华人民共和国物权法》以及 2007 年 10 月 8 日实施了《应收账款质押登记办法》，为金融机构开展应收账款质押融资业务提供了明确的法律依据和规范的登记程序，应收账款融资迅速成为各商业银行等金融机构拓展中小企业融资业务的重点。

应收账款融资既是一种动产担保，也是一种权利质押，涉及融资各方的利益，需要有严密的法律法规来保障融资各方的利益。在国外，由于应收账款融资已被广泛利用，其立法及实践均较为成熟。如联合国际贸易法委员会颁布的《联合国国际贸易应收款转让公约》，美国对于应收账款融资的法律法规集中体现于《统一商法典》，而其他各国商业银行专门成立了应收账款担保（保理）联盟，制定共同的规则，促进应收账款融资。我国在《中华人民共和国物权法》出台前，应收账款质押融资业务发展缓慢，基本上处于探索阶段。金融机构根据业务发展需要和《中华人民共和国担保法》、《贷款通则》、《中华人民共和国合同法》等有关规定，对应收账款融资业务进行了有益的尝试。目前，我国应收账款融资法律法规包括《中华人民共和国担保法》、《中华人民共和国物权法》及《应收账款质押登记办法》（以下简称《登记办法》）。《中华人民共和国担保法》明确了少项不动产的收益权，《中华人民共和国物权法》对应收账款质押条款做了概括性规定，确立的应收账款质押制度大大推动了应收账款融资乃至整个金融市场的健康发展。《登记办法》规定了应收账款质押的流程与办法，从物权登记和融资供需信息服务两方面，推动中小企业应收账款融资的发展与创新。

6.3.1 应收账款质押的法律渊源

应收账款质押属于权利质押的范畴，一般在一个国家的《担保法》或者《民商法》中规定。在我国，由于立法时代的原因，应收账款质押法律条款的诞生经历了以下法律进程：

(1) 我国1995年10月1日颁布实施的《中华人民共和国担保法》第75条在第1、第2、第3款列举规定了权利质押的种类：一是债权质权；二是股权质权；三是知识产权质权；第4款规定了"依法可以质押的其他权利"。至于其他权利为什么权利，法律没有明确规定。如此规定，是立法者认为第75条第1、第2、第3款所列举的三项内容还不足以包揽权利质押的全部内容而留有余地的处理。

(2) 最高人民法院关于适用《中华人民共和国担保法》的司法解释于2000年12月13日开始施行。该司法解释第97条对《中华人民共和国担保法》第75条第4款规定的"依法可以质押的其他权利"做如下解释：以公路桥梁、公路隧道或者公路渡口等不动产收益权出质的，按照担保法第75条第4项的规定处理。根据该条解释的规定，不动产收益权可以作为权利质押。如此说来，实践中除了公路桥梁、隧道和渡口等不动产收益权质押外，其他不动产收益，如高速公路的收费权，公园、旅游区的门票收费权，公寓楼、写字楼的租金收入也可以作为权利质押的标的。以上这些不动产收益都属于普通债权应收账款项目，不过该司法解释没有规定普通债权可以作质押的问题。

(3) 司法部2005年6月颁布的《公证机构办理抵押登记办法》，第18条规定了"以承包经营权等合同权益、应收账款或未来可得权益进行物权担保的，公证机构办理登记可比照本办法执行。"该办法属于规章层级，但它首次提出应收账款权益质押的问题。

(4) 我国于2007年10月1日颁布实施了《中华人民共和国物权法》。在《中华人民共和国物权法》规定的权利质押中，第223条、第228条规定了"应收账款"出质问题。第228条规定："以应收账款出质的，当事人应当订立书面合同。质权自信贷征信机构办理出质登记时设立。""应收账款出质后，不得转让，但经出质人与质权人协商同意的除外。出质人转让应收账款所得的价款，应当向质权人提前清偿债务或者提存。"这是我国正式以法律形式规定了应收账款权利质押问题。

（5）中国人民银行在《中华人民共和国物权法》出台的同时，颁布了《应收账款质押登记办法》，与《中华人民共和国物权法》同时施行。该办法给出了应收账款的基本定义及具体分类：应收账款是指权利人因提供一定的货物、服务或设施而获得的要求义务人付款的权利，包括现有的和未来的金钱债权及其产生的收益，但不包括因票据或其他有价证券而产生的付款请求权。具体包括以下五类：即销售产生的债权，包括销售货物，供应水、电、气、暖，知识产权的许可使用等；出租产生的债权，包括出租动产或不动产；提供服务产生的债权；公路、桥梁、隧道、渡口等不动产收费权；提供贷款或其他信用产生的债权。

从以上我国应收账款质押法律条款诞生的法律进程看，应收账款质押作为普通债权质押的法律规定，先由《中华人民共和国担保法》的概括性规定，到司法解释对少项不动产收益权的确定性规定；后由《中华人民共和国物权法》对应收账款质押条款的概括性规定，再到《应收账款质押登记办法》对应收账款质押的定义及应收账款质押的具体分类项规定，这其中法律规范的表现形式，既有法律，也有行政法规。根据在法律适用过程中，特别法优于普通法的原则，新法优于旧法的原则，对应收账款质押贷款的实践运用，应优先适用《中华人民共和国物权法》和《应收账款质押登记办法》。

6.3.2 应收账款质押相关法律规定

（1）《中华人民共和国物权法》中关于应收账款质押的规定。《中华人民共和国物权法》相关规定构成应收账款质押的法律基础，该法第223条规定：债务人或者第三人有权处分的权利包括应收账款等，可以出质。第228条规定：以应收账款出质，当事人应当订立书面合同；质权自信贷征信机构办理出质登记时设立；应收账款出质后，不得转让，但经出质人与质权人协商同意的除外；出质人转让应收账款所得的价款，应当向质权人提前清偿债务或者提存。第 220 条规定：出质人请求质权人及时行使质权，因质权人怠于行使权利造成损害的，由质权人承担赔偿责任。

（2）《中华人民共和国物权法》与《中华人民共和国担保法》。关于担保物权，《中华人民共和国物权法》与《中华人民共和国担保法》及其司法解释存在较多不一致的地方。但从法律位阶上看，《中华人民共和国物权法》高于《中华人民共和国担保法》及其司法解释，这是由于《中华人民共和国物权法》是全国人民代表大会颁布的，而《中华人民共和国担保法》及其司法解释分别是由全国人大常务委员会和最高人民法院颁布的。因此，当两者规定不一致时，应以《中华人民共和国物权法》规定为准，即《中华人民共和国担保法》及其司法解释与《中华人民共和国物权法》的规定有不一致的，应以《中华人民共和国物权法》的规定为准；《中华人民共和国物权法》无相关规定，而《中华人民共和国担保法》有规定的，可以适用《中华人民共和国担保法》的规定。

（3）《应收账款质押登记办法》与登记公示系统。《应收账款质押登记办法》（以下简称《办法》）通过规范应收账款质押登记来保护质押当事人和利害关系人的合法权益。《办法》第 6 条规定：应收账款质押登记通过登记公示系统办理；第 7 条规定：应收账款质押登记由质权人办理；质权人也可以委托他人办理登记。因此，应按《中华人民共和国物权法》及《应收账款质押登记办法》规定在信贷征信机构应收账款质押登记公示系统中进行出质登记。"信贷征信机构"是指中国人民银行征信中心。

应收账款质押登记公示系统主要用于应收账款质押的登记和公示，为质权人和出资人提供查询服务，该系统可以揭示应收账款存在的担保权益，使银行可以在查询后迅速、便捷、清楚地了解应收账款存在的权利质权，保护质权人和银行等金融机构的利益，降低信贷风险，促进应收账款融资的发展。

6.4 应收账款融资信托产品设计

6.4.1 产品要点

(1) 产品名称：××信托·B公司应收账款投资集合资金信托计划。

(2) 产品类型：应收账款投资集合资金信托计划。

(3) 发行机构：××信托有限责任公司。

(4) 投资起点：100万元人民币起，100万～300万元不超过50份；300万元以上不受份额限制，均按照1万元的整数倍增加。

(5) 推介期：20××年××月××日至20××年××月××日，项目分期发售。一期推介期为20××年××月××日至20××年××月××日，根据资金募集情况可提前结束或延长。

(6) 发行规模：信托计划总规模为人民币××亿元，每期和每类受益权规模以实际募集金额为准。

(7) 信托期限：×年。

(8) 预期收益率：

E1类，100万元≤投资的信托资金<300万元，年预期收益率为9.5%；

E2类，300万元≤投资的信托资金<800万元，年预期收益率为10%；

E3类，投资的信托资金≥800万元，年预期收益率为10.5%；

E4类，向特定投资者募集。

(9) 交易结构与资金运用方式：信托公司接受产业链核心企业B公司的委托，以其对产业链上游供货商A公司形成应收账款债权设立财产权信托。基于此应收账款融资信托计划，信托公司向合格的投资人募集所需资金，然后将募集的资金通过托管银行借给产业链核心企业B。B公司将获得的信托融资支付给上游供货商A公司。在信托合约到期时，由B公司支付融资的本金和利息给信托公司。若B公司未能如期履行对信托公司的付款义务，则产业链上游供货商有义务回购全部未偿债权;若供应商也无力回购全部未偿债权,则未偿付部分全部由担保公司进行清偿。具体交易结构如图6-4所示。

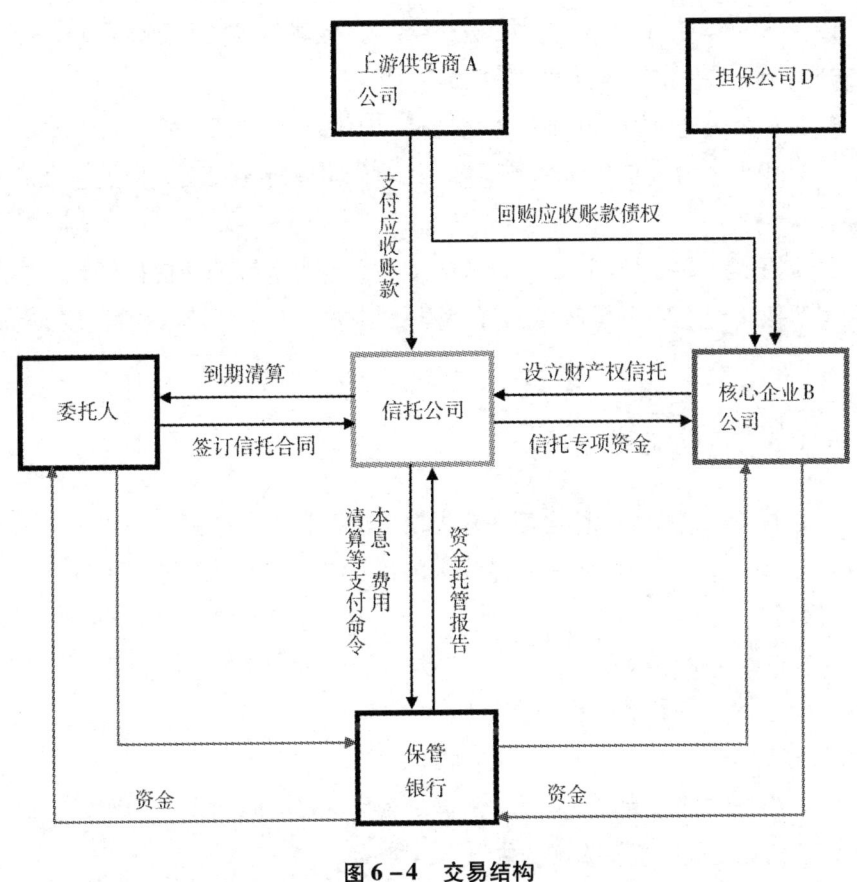

图6-4 交易结构

(10) 投资收益的支付:①信托计划成立后满12个月时,部分回购标的应收账款债权,支付××亿元的信托投资本金及预期投资收益至信托财产专户;②信托计划成立后满24个月时回购剩余债权,支付其余信托投资本金并按相同溢价支付投资收益至信托财产专户。

6.4.2 风险保障措施

(1) 产业链上游供货商A公司、产业链核心企业B公司、担保公司与英大国际信托四方签订《债权债务确认书》，确认应收账款债权有效，并对应收账款回款账户设立监管。

（2）应收账款在××银行应收账款质押登记系统办理登记公示。

（3）××信托与产业链上游A公司签署应收账款投资及回购合同，约定信托到期后，A公司以溢价方式回购标的债权。

（4）B公司提供国有土地使用权抵押（预估××亿元，抵押率××%）。

（5）担保公司（信用评级AA+）为A公司履行相关义务提供连带保证担保。

风险揭示：受托人承诺以受益人的最大利益为宗旨处理信托事务，并谨慎管理信托财产，但不承诺信托资金不受损失，亦不承诺信托资金的最低收益。

6.4.3 认购流程

（1）投资人请按拟认购金额在募集期限内缴款至信托资金募集账户，缴款方式可选择银行柜台转账或网银转账，转账时请注明姓名和联系电话，账户信息如下：

开户行：××银行。

户　名：××信托有限责任公司。

账　号：×××××××。

（2）根据"同时到账金额优先、同等金额到账时间优先"的原则通知投资人签订信托合同。投资人应提供以下信息：

自然人：认购资金转账凭证原件，本人的身份证原件，作为信托收益兑付账户的本人银行账户复印件。

机构客户：认购资金转账凭证原件和复印件，营业执照复印件，授权委托书，法定代表人身份证复印件，经办人有效身份证件，信托收益分配账户复印件。以上材料均需加盖公章。

6.5 应收账款融资信托产品风险分析

产业链金融信托计划提升了产业链的整体绩效水平和资金运用效率,但与此同时,产业链金融在进行信托产品设计时所伴随的风险因素也不容小觑,如业务主体的信用风险、客体的转让抵押风险、操作风险、信息风险、宏观经济风险、产业链风险、法律风险等。在实践中,应将所有潜在风险进行归类分析,并对风险进行衡量,在此基础上对风险进行相应的控制和处理。下面重点分析产业链金融下应收账款信托融资模式所隐含的相关风险。

6.5.1 业务主体风险

应收账款融资业务的主体是指应收账款的卖方B(销售商)和买方C(购货商),业务主体风险主要是卖方B及买方C的生产经营、管理、市场和信誉等因素造成的清偿风险。进行融资的应收账款应产生于客户之间(卖方B与买方C)的正常贸易活动。买卖双方贸易关系正常稳定,买方C(购货商)已经接受或者将来肯定接受卖方B的商品或者服务,买卖双方的合同已经生效,卖方B(销售商)已经完成了履约的准备并全部履行了贸易合同项下的义务。主体风险又分为下游债务企业C的风险和核心债权企业B的风险以及投资者的风险两种。

(1) 下游债务企业C的风险。需要融资的一般为产业链上的中小企业,企业在贷款期内可能有破产或其他影响其支付能力的风险,其自身有比较多的不确定因素,加之经营的业务比较单一,外界经营环境对他们的影响力比较强,所以他们的抗风险能力比较弱,一笔交易的失败就可能导致企业破产。

(2) 核心债权企业B的风险以及投资者的风险。应收账款质押信托融资实际上是将企业的债权从原债权企业也就是核心企业B转移到了信托公司,也就是这里的英大国际信托,如果债务企业的履约能力不强,极有可能导致企业不能按期收回应收账款,因此,中心节点处的英大国际信托作为债权转移后的主体将主要承担这一风险，而英大国际信托也是将风险转移给购买信托产品的投资者，所以，最终为投资者承担了风险。同时，由于回购条款，核心企业 B 也在一定程度上承担了这一风险，造成损失。

由上可知，以上风险主要是信用风险，包括下游企业 C 拖欠款项以及与受信的核心企业 B 合谋。下游企业 C 由于自身原因违背付款的承诺，不及时还款。金融机构可以选择向下游企业追偿，在追偿无果的情况下也可以向核心企业 B 要求回购（在签署了回购协议的条件下）。由于中小企业一般没有闲置资金在手，所获贷款正常情况下也已投入生产，因此向中小企业追回贷款的概率较低。在这种情况下，金融机构即英大国际信托面临较大的信用风险，因为产业链金融是基于核心企业 B 的信用而进行的，一旦核心企业 B 的信用出现问题，很可能导致整个产业链金融出现问题并陷入僵局。尽管产业链金融融资本身已经对应收账款融资中的信用风险进行了控制和优化，但信用风险依旧是当前产业链金融中小企业应收账款质押融资的主要风险之一，也是仍然有待改进的一个方面。

6.5.2 业务客体风险

应收账款融资业务的客体是指应产生应收账款的买卖双方 B、C 签订的商务合同。业务客体风险也是履约风险。如果形成应收账款的合同出现履约风险，将直接影响企业按期还款，从而给信托公司、担保机构、证券投资者造成损失。履约风险可分为以下五类：

（1）权利虚假风险。表现为：一是虚构应收账款。此种情形下，应收账款根本不存在。二是原来存在应收账款，但在担保出质前已清偿，只是出质人未下账，或以其他应收账款数据冒充出质应收账款。三是出质后出质人（核心企业 B）收取了应收账款债务清偿的款项，但未提存或保管，而是用作其他目的，致使应收账款嗣后不存在。以不存在的应收账款担保质押，担保合同自始无效，质押物嗣后不存在的，质押合同可能会被认定为无效。不论何种情形，其实质均等于无第二还款来源，提供应收账款融资方也就是英大国际信托不可能从债务人那里获得受偿。至于出质人（核心企业 B）、债务人（下游企业 C）有过错的，提供融资方（英大国际信托）可要求其承担相应的民事赔偿责任。

（2）转让抵押风险。一是再转让风险。如出质人B将已出质应收账款再次转让，包括叙做保理，提供融资方质权将受到影响。《中华人民共和国物权法》第228条规定：应收账款出质后，不得转让，但经出质人与质权人协商同意的除外。但如转让，有何后果，《中华人民共和国物权法》未明确规定。这也涉及出质登记对第三人（含债务人）的效力问题。这些均给提供融资方实现质权带来潜在风险。二是"倒签"转让风险。如果出质人以"倒签"方式转让已出质应收账款，或叙做保理，将产生何种法律后果，无明确法律规定。这可能会被认定在质押合同签订之时，质押物已不存在，质押合同自始无效。三是如果债务人将有效财产全部或部分抵押或质押的，那么因担保物权的优先性，将使债务人供以清偿应收账款债务的责任财产，至少在一段时间内减少，若担保物权被行使，则直接导致债务人的责任财产减少。这将影响债务人的清偿能力。

（3）合同解除、撤销、变更的风险。合同（设立的财产权信托合同）债权出质后，当事人能否解除、撤销、变更合同，《中华人民共和国物权法》未做规定。如果合同债务人因重大误解、被欺诈等而与出质人签订合同的，合同债权被解除、撤销后，合同债权将自始不存在，质押合同也自然无效，变更后，合同债权减少。质押物价值降低。而绝大多数收费权的行政批准色彩较浓（如公路收费权），受政策因素影响易被取消。因此，无论解除、撤销或变更合同债权还是取消收费权，均使提供融资方面临清偿风险。

（4）作为质押物的应收账款质量高估风险。应收账款质量主要取决于双方交易的稳定性、双方所在行业地位、产品竞争力以及产品质量等因素。商业银行等金融机构在开展基于产业链金融的应收账款质押融资过程中，贷款额度是依据应收账款额度乘以放款率确定的，因此，应收账款质量高估必然会造成银行等金融机构的贷款额度虚高。

（5）账款回收时间跨度。应收账款实质上拉长了企业产品变化为现金的时间跨度、资金周转放慢。时间跨度越长，应收账款质量不断恶化，而且也加大了按期回收应收账款的风险。产业链各方在三种融资模式下承担的风险各不相同。应收账款质押中，卖方依然是应收账款收款人，收款权没有转交给银行等金融机构，只是予以质押；卖方仍要承担买方违约导致的资金风险，银行等金融机构直接向卖方追偿债务，卖方即使取得了资金的融通，但是应收账款的回收风险没有降低，而保理实质上是卖方转让给金融机构应收账款，对卖方而言不仅应收账款的回收风险大幅度降低，而且资金得到了融通，对金融机构而言重要的是控制回款风险。

6.5.3 操作风险

根据巴塞尔委员会（以下简称委员会）在协议中所给的定义，操作风险是指由不完善或有问题的内部程序、人员及系统或外部事件所造成损失的风险。根据中国银监会颁布的《商业银行操作风险管理指引》中的定义，操作风险是指由不完善或有问题的内部程序、员工和信息科技系统以及外部事件所造成损失的风险，包括法律风险，但不包括策略风险和声誉风险。一般意义上，一家银行不断地出现这样或那样由于操作原因导致的损失，必然会对该银行等金融机构的声誉产生负面影响。从以上权威机构给出的定义可以看出，操作风险损失是指与操作风险事件相联系，并且按照通用会计准则反映在财务报表上的财务损失，包括所有与该操作风险事件有联系的成本支出，但不包括机会成本、损失挽回、为避免后续操作风险损失而采取措施所带来的相关成本。

6.5.4 宏观经济和环境风险

该类风险主要包括宏观经济风险、市场风险、政策风险、行业风险、区域风险，属于典型的系统性风险，其中宏观经济风险主要是由宏观经济的不确定性造成的，例如宏观经济周期的波动性，与申请人相关的各类要素都会发生变化，导致申请人的经营出现不确定性，且该类因素的影响一般不分行业、地区，对企业的影响剧烈。市场风险一般是由于应收账款质押融资模式的还款是以下游企业销售商品为前提的，当出现商品价格波动、汇率变动、替代品出现等市场风险时，下游企业很可能因此而无法获取预期的销售收入，情况严重的可能影响下游企业的整个资金运作过程，即使特大型的企业也有可能因为某一订单引发的资金问题而陷入财务困境，这必然影响其向上游企业还款，自然也就影响金融机构贷款的回收。政策风险主要是经济发展政策的出台或变化对企业经营产生的影响。一般来说，政策的不利变动会带来整个行业的兴衰。行业风险一般指行业内部某些因素的影响，如技术的变革、行业整体的发展前景不明确等，导致行业利润水平降低的风险，以及主要受宏观经济环境、产业政策、信贷政策、行业发展前景、政府监督、行业依赖性、行业经济周期等因素的影响。基于产业链金融的中小企业应收账款质押融资是以核心企业为依托，向整个产业链上的多数企业提供质押融资服务而产生融资的行业集中问题。区域风险主要是由于企业所处的位置不同，其所在地区的法律、经济、政治等条件约束不同而导致的不确定性。一般来说，沿海地区的市场环境、政府服务、人员素质等相对较高、市场经济更加繁荣，企业发展面临的阻力相对较小，区域风险相对较小。

6.5.5 产业链风险

应收账款质押融资的还款来源主要是应收账款未来的现金流，应收账款能否足额按时偿还依赖于上下游合作关系或者说是整条产业链系统。产业链系统风险作为产业链金融业务的特有风险，对信托产业链金融业务的开展起着最直接的影响。一般来说，产业链系统风险分为产业链竞争风险、产业链协调风险。

产业链竞争风险指的是某个行业内部可能存在多条类似的产业链，每一条产业链上的多个企业通过自身的资源、业务的范围等条件构成该条产业链的竞争水平，申请人所在的该条产业链系统的竞争水平高低将直接决定产业链金融业务的开展。另外，申请人在产业链系统中所处的位置、竞争地位优势，也直接决定了银行等金融机构对于借款人的准入及融资额度大小。同时由于产业链系统处于不断的变化之中，信托公司需要对借款人在产业链系统中的地位保持实时跟踪与了解。

产业链的运营效率直接决定了产业链的协调性，即产业链协调风险的高低。一个高效的产业链内部信息传导快，分工明确，协调合作的关系顺畅，对应的产业链协调风险自然就低；反之，则产业链协调风险高。如果产业链协调不畅，就会导致应收账款资金不能够按时到达，会对银行等金融机构经营及申请人的还款带来不便。因而，产业链的协调性从一个侧面反映了产业链的竞争性，两者共同决定了产业链系统的风险高低。

6.5.6　法律风险

2007年出台的《中华人民共和国物权法》和《应收账款质押登记办法》明确规定，债务人或者第三人有权处分的应收账款可以出质，且《中华人民共和国物权法》规定质权人不限于金融机构，而《中华人民共和国商业银行法》的规定却与之矛盾。对于产业链金融这一新型的融资模式，我国相关法律法规还未实现同步，某些规定甚至可能对这一融资模式的运行起到负面作用，这将为产业链金融的三种融资模式（不只是应收账款融资模式）的运营带来巨大的法律风险。此外，《中华人民共和国合同法》等法律规定了一些不得转让的应收账款质押债权，如果金融机构以这些不得转让的应收账款债权为质押而同意放款，则当贷款出现问题时金融机构的权益将得不到法律保护。类似地，在应收账款融资模式下，债务人即下游核心企业还享有相应的抗辩权等。这一系列的法律规定，都可能造成金融机构的损失。

第 7 章　销售环节的预付款融资信托产品设计

预付账款融资模式适用于销售环节。处于产业链下游的经销商从核心企业进货销售时，须向核心企业预先支付货款，供应商以仓单所代表的提货权向银行等金融机构出质，由银行等金融机构向核心企业支付需预付的款项，形成预付账款融资，经销商以销售货物的收入偿还银行等金融机构贷款本息。预付融资是银行等金融机构以客户与上游厂商签订的商务合同为基础，通过签订三方协议，为客户提供预付款融资，包括先票后货业务、担保提货业务、未来货权质押开立信用证业务。其中，先票后货和未来货权质押开证业务在上游厂商发货之后一般会转为动产抵质押。

7.1　预付款融资概述

预付账款融资模式（又称保兑仓）是银行等金融机构向处于产业链下游的、经常需要向上游的核心企业预付账款才能获得企业持续生产经营所需的原材料的中小企业所提供的一种融资模式。具体来说，在核心企业（供应商）承诺回购的前提下（若融资企业未能足额提取货物，核心企业须负责回购剩余货物），金融机构、核心企业、融资企业、第三方物流企业四方共同签订"保兑仓协议书"，允许融资企业（购货方）向金融机构缴纳一定数额的保证金后，由融资企业向金融机构申请以供应商在指定仓库的既定仓单为质押，获得金融机构贷款支持，并有金融机构控制其提货权。其中，第三方物流企业承担了既定仓单的评估和监管责任，确保银行等金融机构对提货权的控制。

7.1.1 预付账款融资主体的需求

一般向产业链上的核心企业预付一定账款的中小企业往往在市场交易产业链上处于劣势地位，这样才能够维持中小企业继续生产需要的产成品和原材料等，这样将导致企业资金的占用时间加长，如果企业本身缺乏资金，就产生了融资需求。预付账款融资模式（保兑仓）主要针对处于产业链下游中小企业全额付款购货而资金缺乏的困境，银行等金融机构为小企业提供融资便利。一般用于供应商承诺回购条件下的采购。

首先，供应商愿意承诺回购是因为这样做可以扩大产品销售规模，同时避免产生大量应收账款，优化自己公司的财务状况。

其次，在预付账款融资模式下，融资企业不必一次性全额支付给上游企业，而是可以分不同批次支付货款并分批提取货物，从而可以有效缓和中小企业在资金缺乏方面的困境；同时分销商分批量采购货物还可获得批量优惠价款。

最后，预付账款融资模式不仅为银行等金融机构进一步挖掘了客户资源，而且使用的银行等金融机构承兑汇票既可由供应商以物权为保证，承担连带责任，还进一步降低了银行等金融机构的风险。因此，预付账款融资模式在实现融资企业供应商批量销售和杠杆采购的同时，也给银行等金融机构带来了收益，实现了产业链上多方共赢的局面。

7.1.2 预付账款融资模式的目的

在产业链金融模式中，与核心企业所处的地位、实力相比，依附于其的上下游中小企业在相互的市场性交易中处于劣势，中小企业得以继续生产的资金源于核心企业的预付款，而预付款的支出无形中限制了资金流动，不利于资金流在市场中快速、流畅地运行，而一旦资金匮乏，必然需要融资。预付账款融资模式的出现主要是为了解决市场中为大型企业提供服务的中小企业在与大型企业进行稳定、长期的贸易时面临的资金短缺问题，为中小企业提供相对宽松、便捷的融资服务。在预付账款融资模式下，融资企业以向为其提供融资服务的银行等金融机构提供保证金为前提，在核心企业为其信誉担保的情形下，通过从第三方监管人处分批提取货物，减轻其无力全额支付资金或者全额支付资金后负担沉重的压力；同时分销商批量采购可获得批量优惠价款。预付账款融资模式对银行等金融机构而言，是一举多得，利远大于弊。这种模式下，银行等金融机构对中小企业的信贷不再盲目或者保守，这为银行等金融机构充分挖掘了优质的客户资源，降低了银行等金融机构选择客户的风险，而银行等金融机构承兑汇票不仅可以作为物权凭证还可以令供应商承担连带责任，又给银行等金融机构上了一道保险锁。

7.1.3 预付款融资的功能特点

（1）利用银行等金融机构融资支付货款，减少自有资金占用。
（2）利用预付结算方式批量定购，取得优惠价格，扩大盈利空间。
（3）融资手续简便，无须提供其他抵质押物或保证担保。

7.2 预付款融资方式

预付账款融资模式中，卖方提供自身的信誉支持，帮助买方在银行等金融机构获得定向采购资金，帮助买方解决采购资金缺口的同时，促进卖方自身产品的销售。此模式有不同的细分。根据参与主体中是否有第三方物流公司，可以将预付账款融资模式细分为先票后货（或称为四方保兑仓模式）和担保提货授信（有的称之为三方保兑仓模式或厂商银模式）以及未来货权质押开证。

7.2.1 先票后货

先票款后货授信也称为四方保兑仓模式。在此模式中，买卖双方基于真实的商品交易，以银行等金融机构信用为载体，买方以银行等金融机构承兑汇票为结算支付工具，由银行等金融机构控制所要交易的货权，第三方物流企业受银行等金融机构之托保管货物，银行等金融机构和第三方物流企业根据买方缴纳的保证金向买方进行放货。卖方对承兑汇票保证金之外的敞口金额部分提供退款或者回购承诺作为担保。

(1) 先票后货的业务流程如图7-1所示。

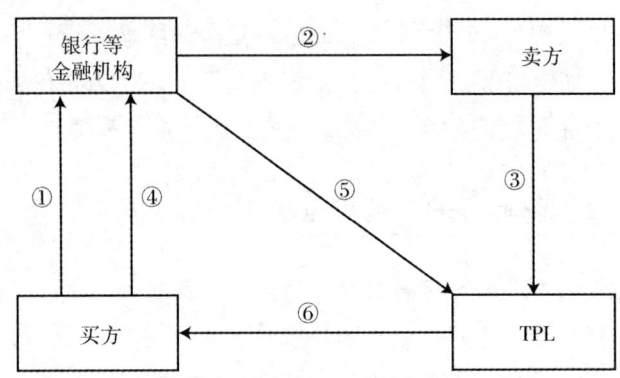

图7-1　四方保兑仓业务流程

①基于与卖方的产品交易，银行等金融机构同意提供保兑仓融资模式，买方（融资企业）向银行等金融机构缴纳一定的保证金；②银行等金融机构出账，并直接用于向卖方支付货款；③卖方发货，货物直接进入银行等金融机构授予的监管方的仓库；④买方根据自身经营需要，向银行等金融机构补充提货保证金；⑤银行等金融机构根据保证金的量，通知向买方释放相应数量的货物；⑥买方在TPL处提货。

(2) 先票后货的业务优势如下：

对于借款企业而言，有如下优势：①企业融资不受已有存货规模限制，与存货融资相比，进一步将融资的时点前置到增量采购阶段；②利用少量保证金扩大采购规模，并可因大量预付货款获得较高折扣；③可提前锁定价格，防止涨价风险。对上游供应商而言，有如下优势：①可以实现大额销售；②取得预付账款，直接确认当期销售收入，有效改善当期现金流；③有可能向商品买方收取较高的票据贴现利息，获得一定的财务收益；④引入银行等金融机构和第三方监管机构，协助供应商强化对经销商的信用考察和存货管理。

7.2.2 担保提货

担保提货授信又称三方保兑仓。三方保兑仓是四方保兑仓的简化模式，相对四方保兑仓少了一个主体。它由制造商（下文称卖方）、经销商（下文称买方）和银行等金融机构三方组成。它是在买方缴纳一定保证金的前提下，银行等金融机构开立承兑汇票用于买方支付货款，卖方出具全额提单作为授信的抵质押物。随后，买方根据自身的经营需要，分次向银行等金融机构提交保证金，银行等金融机构根据相应的保证金再分次通知卖方向买方发货。汇票到期后，若买方无法转入全额保证金，由卖方支付银行等金融机构承兑汇票保证金差额部分或者回购剩余部分货权。

（1）其基本业务流程设计如图7-2所示。

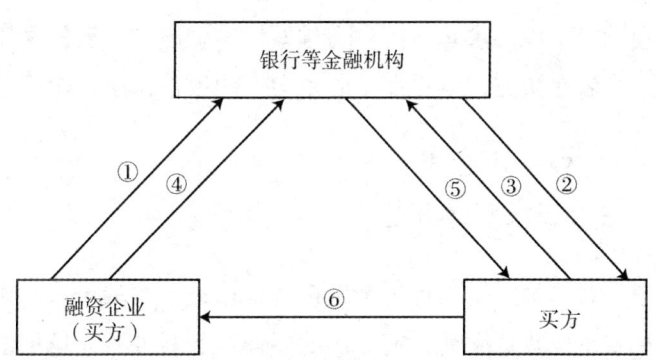

图7-2 三方保兑仓融资业务流程

①融资企业向银行等金融机构缴存一定比例的保证金；②银行等金融机构向融资企业提供融资，相应的资金用来支付货款；③卖方向银行等金融机构出具货物的仓单用于质押，保证银行等金融机构的风险可控；④融资企业根据自身经营需要向银行等金融机构追加提货保证金；⑤银行等金融机构根据追加的保证金数额，通知卖方直接向买方发货；⑥卖方向买方发货。

买方实现销售后，再缴存保证金，重复以上流程；汇票到期后，由买方支付承兑汇票与保证金之间的差额或者将未提完的货物回购，如果卖方违约拒绝回购，则由银行等金融机构来承担相应损失。

(2) 担保提货业务的具有如下优势：

对借款企业而言，优势为：①在购货阶段向客户提供融资，解决客户采购形成的资金缺口；②不对所采购货物实施第三方仓储监管，减少操作成本；③货权归属客户，不影响其日常经营。

对供应商而言，优势为：①实现大额销售；②取得预付账款，缓解资金压力，有效改善当期现金流入表现；③有可能向商品买方收取较高的票据贴现利息，获得一定的财务收益。

总的来说，三方保兑仓模式相比四方保兑仓简化，缩小了风险控制的考虑范围，使得内部的交易成本降低。这两种预付账款融资模式都要求卖方和买方具有一定的条件：①买方的销售渠道要稳定，使货物的市场风险尽可能低；②卖方要有足够的货物供给力，经营实力强，并对货物的质量有所保证；③如果买方没有完全提货时，卖方要对货物进行回购或者对银行等金融机构相应数额的退款，这就要求卖方的实力雄厚、信誉度高。预付账款融资模式虽然直接的受益者是买方，但它占用的是卖方的授信额度，而不是买方的授信额度。

7.2.3 未来货权质押开证

未来货权质押开证是指银行等金融机构根据进口商的申请，在进口商按照银行等金融机构的规定缴纳一定比例的保证金后对外开立信用证，信用证项下未来货权质押给银行等金融机构，银行等金融机构通过控制信用证项下的货权，监控进口商的买卖行为，并采取必要风险控制手段而开展的一种封闭式的短期融资授信业务。

(1) 对借款企业而言，有以下四点优势：①解决企业向国外出口商采购终端商品或原材料形成的资金缺口；②信用证到期前，可选择进口押汇进行承接，延长授信总期限，缓解支付压力；③使用信用证进行结算，有利于争取更优惠的价格条件；④融资比例最高可达80%，可因大量采购获得较高折扣。

(2) 对出口商而言，具有下列三点优势：

①实现大额销售；②采用信用证方式结算，避免买方的信用风险；③可利用收到的信用证融资，缓解资金压力。

未来货权质押开证的业务流程如下：①企业与出口商签订商品进口合同；②企业向银行等金融机构缴存一定比例的保证金；③银行等金融机构向出口商开出信用证。

出口商按合同约定装运货物，提交合格单据。在银行等金融机构收到单据时，企业可选择两种操作，一种是补足保证金，银行等金融机构放单。另一种是企业申请办理进口押汇，如办理进口押汇则银行等金融机构将指定报关行报关，并将货物置于指定监管公司监管之下，同时办理货物的抵质押手续。如企业需要提货则补入保证金，银行等金融机构通知监管公司放货。

此外，自2002年以来已有信托公司陆续推出了应收账款信托产品，预付账款信托与应收账款信托一样，也可以预付账款为质押物向信托公司进行融资，信托公司进而设计相应的预付账款信托计划销售给投资者，预付账款信托同理也是一种债权信托计划。

7.3 预付款融资法律环境

预付款是一种支付手段，其目的是解决合同一方周转资金短缺。预付款不具有担保债务履行的作用，也不能证明合同的成立。收受预付款的一方违约，只需返还所收款项，而无须双倍返还。此外，法律对预付款的使用有严格规定，当事人不得任意在合同往来中设置预付款项，而对定金则无此限制。依据《浦发银行等金融机构预付款融资业务管理办法（试行）》（2008），预付款融资是指银行等金融机构为满足购货商（融资申请人）向特定供应商以预付方式采购的融资需求，依托供应商（及终端买方，如有涉及）的信用，在对采购项下物流及资金流进行监控的前提下提供的融资。融资形式包括贷款、票据承兑等授信业务品种。

在预付账款融资模式下，以中小企业与核心企业签订的进口采购合同项下未来的货物权利作为质押，以核心企业回购承诺为前提，银行等金融机构为中小企业代垫货款。该融资模式下，中小企业将进口合同项下的货物单据及货物本身质押给银行等金融机构，用于质押的是未来的货物权利，那么，这是动产质押还是权利质押呢？此时，银行等金融机构既直接占有货物的全套单据，包括提单、仓单等，又以物流企业作为代理人间接占有货物。应该认为银行等金融机构是通过控制货物的全套单据来全程控制货物的，包括控制货物进口报关、仓储运输等环节，以此控制货物流转的风险。因此，预付账款模式下，仍是动产质押。

其主要法律依据是《中华人民共和国担保法》规定"本法所称动产质押，是指债务人或者第三人将其动产移交债权人占有，将该动产作为债权的担保。债务人不履行债务时，债权人有权依照本法规定以该动产折价或者以拍卖、变卖该动产的价款优先受偿"。《中华人民共和国物权法》对动产质权做了如下规定"为担保债务的履行，债务人或者第三人将其动产出质给债权人占有的，债务人不履行到期债务或者发生当事人约定的实现债权的情形，债权人有权就该动产优先受偿"。

7.4　预付款融资的信托产品设计

7.4.1　产品要点

（1）产品名称：××信托·A公司预付款投资集合资金信托计划。

（2）产品类型：预付款投资集合资金信托计划。

（3）发行机构：××信托有限责任公司。

（4）投资起点：100万元人民币起，100万～300万元不超过50份；300万元以上不受份额限制，均按照1万元的整数倍增加。

（5）推介期：20××年××月××日至20××年××月××日，项目分期发售。一期推介期为20××年××月××日至20××年××月××日，根据资金募集情况可提前结束或延长。

（6）发行规模：信托计划总规模为人民币××亿元，每期和每类受益权规模以实际募集金额为准。

（7）信托期限：×年。

（8）预期收益率：

E1类，100万元≤投资的信托资金<300万元，年预期收益率为9.5%；

E2类，300万元≤投资的信托资金<800万元，年预期收益率为10%；

E3类，投资的信托资金≥800万元，年预期收益率为10.5%；

E4类，向特定投资者募集。

（9）交易结构与资金运用方式：信托公司接受产业链核心企业B公司的委托，以对上游供货商企业A公司形成预付款设立财产权信托。基于此预付款融资信托计划，信托公司向合格的投资人募集所需资金，然后将募集的资金通过托管银行借给产业链核心企业B公司。B公司在获得信托融资后，将所获信托融资专项支付给A公司。在信托合约到期时，由产业链核心企业B公司对预付款进行偿付。若其未能如期履行对信托公司的付款义务，则产业链上游供货商有义务回购全部未偿债权。若供货商也无力回购全部未偿债权，则未偿付部分全部由担保公司进行清偿。具体交易结构如图7-3所示。

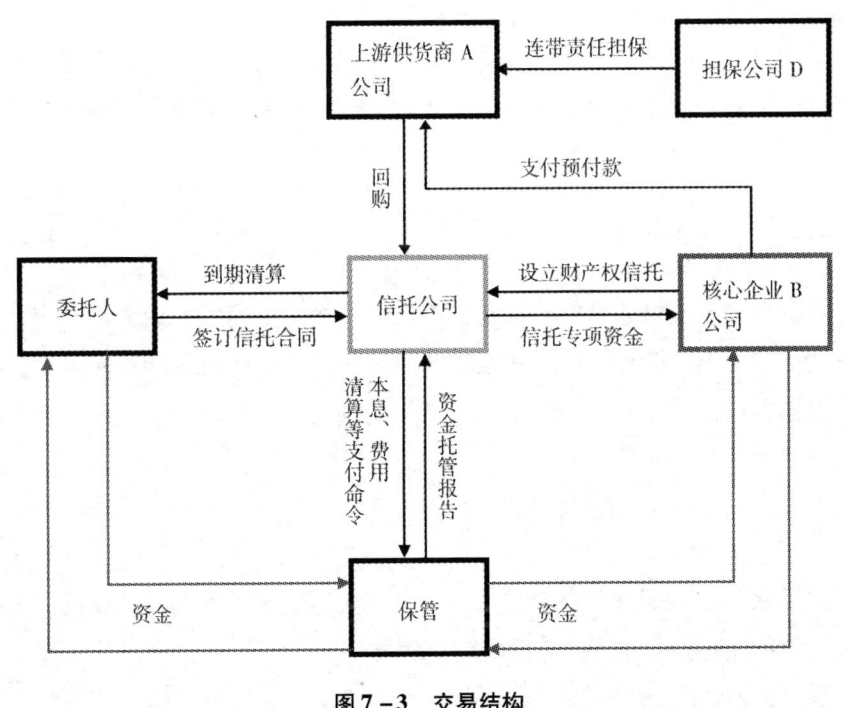

图7-3　交易结构

（10）投资收益的支付：①信托计划成立后满 12 个月时部分回购标的预付款债权，支付××亿元的信托投资本金及预期投资收益至信托财产专户；②信托计划成立后满 24 个月时回购剩余债权，支付其余信托投资本金并按相同溢价支付投资收益至信托财产专户。

7.4.2 风险保障措施

（1）产业链上游供货商 A 公司、产业链核心企业 B 公司、担保公司与信托公司四方签订《债权债务确认书》，确认预付款债权有效；并对预付款回款账户设立监管。

（2）预付款在××银行预付款质押登记系统办理登记公示。

（3）信托公司与产业链上游 A 公司签署应收账款投资及回购合同，约定信托到期后，A 公司以溢价方式回购标的债权。

（4）B 公司提供国有土地使用权抵押（预估××亿元，抵押率××%）。

（5）担保公司 D（信用评级 AA+）为 A 公司履行相关义务提供连带保证担保。

风险揭示：受托人承诺以受益人的最大利益为宗旨处理信托事务，并谨慎管理信托财产，但不承诺信托资金不受损失，亦不承诺信托资金的最低收益。

7.4.3 认购流程

（1）投资人请按拟认购金额在募集期限内缴款至信托资金募集账户，缴款方式可选择银行柜台转账或网银转账，转账时请注明姓名和联系电话，账户信息如下：

开户行：××银行。

户　名：××信托有限责任公司。

账　号：××××××××。

（2）根据"同时到账金额优先、同等金额到账时间优先"的原则通知投资人签订信托合同。投资人应提供以下材料：

自然人：认购资金转账凭证原件，本人的身份证原件，作为信托收益兑付账户的本人银行账户复印件。

机构客户：认购资金转账凭证原件和复印件，营业执照复印件，授权委托书，法定代表人身份证复印件，经办人有效身份证件，信托收益分配账户复印件。以上材料均需加盖公章。

7.5 预付款融资信托产品风险分析

预付账款信托的参与者包括供应商A、融资企业（这里的核心企业B）、担保公司D、保管银行、信托公司以及广大投资者等，这种模式的业务特点在一定程度上可以分散信托公司等金融机构的风险。预付账款融资和应收账款融资的风险在很多方面相似，如融资主体客体的风险、操作风险、宏观经济风险、产业链风险等，这里不再赘述，只对其中的部分进行简单说明。下文将根据预付款融资的内涵及业务流程对预付账款信托模式中容易出现的风险进行分析。

（1）核心企业B的资信。核心企业的生产能力、经营情况、盈利能力、商品质量以及信用都有可能带来风险。信托融资企业（买方这里也即核心企业B）的信用风险是预付款融资面临的首要风险，是指在信贷过程中，由于各种不确定性，信托融资企业B不能按时偿还贷款，造成信托公司贷款本金及利息损失的可能性。信用风险的成因主要包括内部原因（如企业管理不善、经营不善、决策失误等）和外部原因（如宏观经济环境、法律制度、政治环境等）。

（2）上游供应商A的资信。预付账款融资时基于卖方A的信誉度对买方B提供融资服务，银行等金融机构对卖方A的资信和实力的评估至关重要，如果卖方A资信和实力不足，或者在融资过程中多度占用客户的预付款挪作他用，则可能会对信托公司和买方B都造成损失，且无法保证买卖双方贸易的真实性。

预付账款信托融资模式中，如果供应商A提供的材料以次充好，导致进行信托融资的核心企业B无法正常生产销售产品，不能按时偿还贷款，将影响整个业务的顺利开展。此外，若最后上游供应商 A 无法提供中游核心企业 B 向其购买的材料货物等，英大国际信托有权按照其签订的回购协议对上游企业供应商 A 进行预付账款债权的回购，且由担保公司提供连带责任保证，因此，供应商 A 的回购能力是审查的重点。

(3) 产业链的运营状况。在预付款融资中，产业链各节点企业是相互联系的，信托融资企业所处产业链的整体运营状况对融资企业的信用状况具有直接的影响。产业链金融是对产业链中的资金流进行有效的管理。一旦一个节点企业出现问题，相应的风险会沿着产业链上下游不断扩散，蔓延到整个产业链。而产业链的整体运营状况良好，交易风险较小，可以降低借款企业的信用风险。产业链的整体运营状况可以通过产业链生产绩效、产业链竞争力、产业链信息化程度、产业链上下游企业的合作程度等指标来反映。产业链生产绩效反映了产业链的整体生产能力、管理水平及快速响应市场的能力，是对产业链投入产出的量的度量，主要衡量指标包括核心企业产需率、核心企业产销率、产业链的产品生产或服务循环期、产业链总成本利润率等。产业链竞争力是对产业链投入产出的质的度量，主要衡量指标包括产品质量竞争力、产品品牌竞争力、客户满意度等。产业链信息化程度反映了产业链中信息流的畅通程度，对产业链中各节点企业的生产流程、存货控制与配送规划等将产生直接影响，主要衡量指标有信息共享程度、信息系统完备性等。产业链上下游企业的合作程度越高，产业链的整体实力就越强，借款企业的信用风险则相应下降，主要衡量指标有上下游企业彼此信赖程度、上下游企业合作密切程度、上下游企业产品依赖度等。

(4) 需求和质押物价格波动以及监管风险。如今产品的更新换代速度很快，如果质押物的品牌或质量出现重大负面影响事件，也会严重影响其销售，从而影响质押物的变现能力。预付账款融资模式是买方 B 借助卖方 A 的信用实力对金融机构申请授信融资，卖方 A 则将自身的货物质押给金融机构以满足金融机构风险防范的需要。对于这种融资模式的各主体来说，质押物的价格波动会直接对金融机构的风险控制产生影响。市场需求决定着买方 B 销售的收益或损失，直接影响能否顺利完成所有提货和按期偿还银行等金融机构的授信融资。卖方 A 承担着回购剩余货物的责任，如果市场需求降低，则卖方 A 会出现损失。而质物监管风险主要是由第三方物流企业承担，其质物监管风险大小主要是由物流企业对质押物出入仓库和管理水平的风险控制。

（5）操作风险。操作风险主要指单据接受及票据丢失、传递过程中产生的纠纷。在整个产业链融资过程中将涉及多次资金流动、货物流动及信息流动，操作不恰当则容易产生欺诈风险及纠纷。

（6）回购违约风险。当买方 B 的提货量严重不足且购销协议数量一定时，卖方 A 还要承担买方 B 未缴足保证金的风险。如果供应商 A 违约，拒绝回购剩余产品或归还差额金额，相应的损失就落在了信托公司头上，进而落在了广大投资者头上。

（7）虚假保证金的风险。即在没有实际资金从买方 B 账户划入信托公司保证金账户的情况下，买家向信托公司申请提货并获得了银行等金融机构的同意，导致此后信托公司"货、财"两空的风险发生。

（8）其他风险。整个融资过程的流程较多，牵涉多个主体，而且涉及多次货物和资金的变动，相关单据和审查也比较多。因此，除了上述比较常见的风险外，还有很多其他风险。

第8章 经营环节的抵押融资信托产品设计

8.1 抵押融资概述

存货抵押融资模式是指产业链上的中小企业以其拥有的原材料、产成品等存货为融资担保,银行等金融机构以存货的价值和合作企业提供的信息建议为基础,为该融资企业提供所需要的贷款,并以第一笔销售产生的现金流作为还款来源的融资模式。

对于有些原材料资源短缺,并且生产产品的加工时间比较长的企业,为了扩大自身业务发展规模,常常需要提前备货,因此,企业的产品、产成品的库存或原材料库存将占用大量流动资金,而这些资金难以迅速实现资金回笼,容易导致企业资金短缺,从而影响生产企业的正常经营及扩大规模经营。而存货抵押融资模式主要是针对企业从存货入库到实现销售的全过程中出现资金短缺的中小企业提供融资服务的融资模式。

对于有着融资需求的中小企业来说,不动产的缺乏使其难以获得银行等金融机构的贷款。而在经济发达国家,存货质押融资业务已经发展得相当成熟。在美国等发达国家,70%的担保来自于以应收账款和存货为主的动产担保。存货质押融资是中小企业以原材料、半成品和产成品等存货作为质押向金融机构融资的业务。和传统银行等金融机构贷款集中在不动产抵押或者第三方担保公司担保,存货质押融资是利用企业与上下游真实的贸易行为中的动产为质押，从银行等金融机构获得贷款。

8.2 抵押融资方式

8.2.1 动产质押融资

动产质押融资是指企业以银行等金融机构认可的货物为质押申请融资。企业将合法拥有的货物交给银行等金融机构认定的仓储监管公司监管，不转移其所有权。企业既可以获得融资，又不影响正常经营周转。动产质押融资支持多种融资方式，包括贷款、信用证、保函、开立银行承兑汇票、保证贴现商业承兑汇票等，企业可以灵活选择适用于自身状况的方式使用融资。动产质押可采用逐批质押、逐批融资的方式，企业需要销售货物时可以交付保证金提取货物，也可以采用以货易货的方式，用符合银行等金融机构要求的、新的等值货物替代准备提取的货物。

这种运作模式主要针对中小企业运营环节。该模式主要特征是以动产质押贷款的方式，将存货、仓单等动产质押给银行等金融机构而取得贷款。第三方物流企业提供质押物监管、拍卖等一系列服务，如有必要，核心企业还会与银行等金融机构签订质物回购协议。这种融资模式将"死"物资或权利凭证向"活"的资产转换，加速动产的流动，缓解了企业现金流短缺的压力。动产质物具有很大流动性，风险很大。第三方物流企业和核心企业与银行等金融机构合作，可有效降低信贷风险，并提高金融机构参与产业链金融服务的积极性。

这种动产质押产业链金融服务在国内也已有很多实践案例。深圳市财信德实业发展有限公司（以下简称"财信德"）是一家从事国内商业批发、零售业务的贸易公司，成立于1998年，注册资本1000万元，是内蒙古伊利牛奶（上市公司，以下简称"伊利股份"）在深圳地区的总代理。财信德作为一家成立较晚、资产和资本规模都不算大的民营企业，自有资金根本不可能满足与伊利股份的合作需要。同时又没有其他可用作贷款抵押的资产，如果进行外部融资，也非常困难，资金问题成为公司发展的"瓶颈"。此时财信德向民生银行提出以牛奶作为质押物申请融资的业务需求。在了解财信德的实际需求和经营情况，并结合其上游供货商伊利股份的发展现状，民生银行、广州银行等金融机构经过研究分析，大胆设想，与提供牛奶运输服务的物流企业合作，推出了以牛奶作为质押物的质押业务。物流企业对质押物提供监管服务，并根据银行的指令，对质押物进行提取、变卖等操作。银行给予财信德综合授信额度3000万元，以购买的牛奶做质押，并由生产商伊利股份承担回购责任。该业务自开展以来，财信德的销售额比原来增加了近2倍。这充分说明了产业链金融服务能够很好地扶持中小企业，解决了企业流动资金不足的问题，同时也有效控制了银行等金融机构的风险。该案例成功的关键先在于民生银行的业务创新，同意用牛奶作为质押物对企业进行授信，牛奶属于容易变质的食品，因此，操作过程中物流企业的积极配合也是非常重要的，在银行等金融机构、物流企业、贷款客户三方的共同努力下，才有可能实现融资的顺利开展。

动产质押也可以向金融机构进行融资，如动产抵押信托，在产业链中以货物进行抵押，进而向信托公司进行融资，此种方式很早已用于应收账款信托计划。

8.2.2 未来提货权质押融资

未来提货权质押融资是指企业采购物资时，凭采购合同向银行等金融机构融资以支付货款，然后凭银行等金融机构签发的提货单向买方提取货物的业务。未来提货权质押融资的融资方式包括贷款、开立银行等金融机构承兑汇票和开出商业承兑汇票保贴函等。在这种融资模式下，企业可以在没有其他抵质押物或保证的情况下，从银行等金融机构获得融资，以支付预付货款，减少自有资金占用，可以提前确定销售规模，稳定客户关系，同时可以利用淡季批量订货和预付结算方式取得优惠采购价格。未来提货权质押融资是指下游企业与上游供货商签订采购合同后，凭借采购合同向商业银行等金融机构申请贷款以用于向上游供货商支付采购合同规定的货款，并凭借银行等金融机构开具的提货单提取合同规定的货物的行为。这种融资模式与动产质押融资的区别是：融资企业并不需要具有可抵押或质押的资产，就能从商业银行等金融机构获得资金支持，从而在不占用自有资金的情况下，向上游供货商支付货款，预先锁定销售规模。

8.2.3 标准仓单质押授信

标准仓单是由期货交易所按国家相关法律规定签发的实物提货凭证。提货凭证下的货物必须符合合约的规定质量，由于其标准性较强，又有国家相关法律的保障，因此具有很强的流动性，可以用于质押贷款。在标准仓单质押授信融资模式下，中小企业向商业银行等金融机构申请贷款，商业银行等金融机构对授信进行审批后，与期货公司和需要融资的中小企业签订三方质押合同，并就贷款事宜与中小企业订立合同，然后向期货交易所申请冻结仓单，在收到期货公司的冻结确认书后，即对中小企业发放贷款。在还款期限到期后，商业银行等金融机构将根据中小企业的还款情况来决定是否对仓单做出处置。如果中小企业未能按时偿还贷款，那么商业银行等金融机构有权对仓单做出处置，处置所得归商业银行等金融机构所有。而当中小企业按时履约后，商业银行等金融机构将通知期货交易所对所质押的仓单进行解冻，最后仓单恢复流通状态。在标准仓单质押授信融资模式下，引入了期货交易所这一主体，起到了对标准仓单的监管作用。

8.3 抵押融资法律环境

8.3.1 我国动产抵押立法现状

新中国成立后相当长一个时期内，我国民事法律中未见对抵押的规定，直至 1986 年通过的《民法通则》才将抵押确定为债权担保的一种方式。1995 年颁布的《中华人民共和国担保法》中规定了保证、抵押、质押、留置和定金五种担保方式，抵押规定在该法第三章。我国《民法通则》沿袭苏联的民法典，未对抵押权和质押权进行明确区分，于第89条笼统地规定：债务人或者第三人可以提供一定的财产作为抵押物。债务人不履行债务的，债权人有权依照法律的规定以抵押物折价或者以变卖抵押物的价款优先得到偿还。

1995年通过的《中华人民共和国担保法》对抵押权和质押权做了区分，分别予以规定。并在该法第34条第1款规定：下列财产可以抵押：①抵押人所有的房屋和其他地上定着物；②抵押人所有的机器、交通运输工具和其他财产；③抵押人依法有权处分的国有的土地使用权、房屋和其他地上定着物；④抵押人依法有权处分的国有的机器、交通运输工具和其他财产；⑤抵押人依法承包并经发包方同意抵押的荒山、荒沟、荒丘、荒滩等荒地的土地使用权；⑥依法可以抵押的其他财产。虽然没有明确提出动产抵押的概念，但是从该条文第2、第4、第6项中可以得出动产亦可以成为抵押权的标的。

2007年通过的《中华人民共和国物权法》更为明确地规定了动产抵押制度，该法第180条第1款规定：债务人或者第三人有权处分的下列财产可以抵押：①建筑物和其他土地附着物；②建设用地使用权；③以招标、拍卖、公开协商等方式取得的荒地等土地承包经营权；④生产设备、原材料、半成品、产品；⑤正在建造的建筑物、船舶、航空器；⑥交通运输工具；⑦法律、行政法规未禁止抵押的其他财产。第2款规定：抵押人可以将前款所列财产一并抵押。该条第1款第4、5、6、7项即是有关动产可以设定抵押的规定。第181条：经当事人书面协议，企业、个体工商户、农业生产经营者可以将现有的以及将有的生产设备、原材料、半成品、产品抵押，债务人不履行到期债务或者发生当事人约定的实现抵押权的情形，债权人有权就实现抵押权时的动产优先受偿。是对动产浮动抵押的规定。第185条：设立抵押权，当事人应当采取书面形式订立抵押合同。这是设立抵押权的形式的规定。第188条：以本法180条第1款第4项、第6项规定的财产或者第5项规定的正在建造的船舶、航空器抵押的，抵押权自抵押合同生效时设立；未经登记，不得对抗善意第三人。这是对动产抵押效力的规定。

8.3.2 动产抵押相关制度

当下，我国的市场经济高速发展，但是与市场经济相关的法律法规却并不能与之配套。这就带来了市场管控的漏洞和保障制度的缺失,从而使交易市场缺少了所必需的稳定性与安全性。加之我国学界在动产抵押物范围、抵押登记制度以及第三人权益保障等方面还存有分歧。所以,我国对动产抵押制度一贯抱以保守的态度。

(1)《中华人民共和国担保法》中的动产抵押制度。《中华人民共和国担保法》第3章由抵押与抵押物、抵押合同与抵押登记、抵押的效力、抵押权的实现及最高额抵押这五部分构成,对抵押进行了较为详细的规定。由于我国对动产抵押抱有较为保守的态度,所以我国法律并没有将动产抵押与不动产抵押进行分立编纂,而是进行了一体式的规定。这就是《中华人民共和国担保法》第3章笼统地以抵押命名,以及在具体法律条文中很难将动产抵押与不动产抵押进行明晰剥离的原因。此外,《中华人民共和国担保法》对抵押物的限制颇多而且仅能担保合同之债而将侵权行为、无因管理和不当得利引起的债务排除在担保范围之外。只有在《最高人民法院关于适用〈中华人民共和国担保法〉若干问题的解释》出台以后,动产抵押担保债权的范围才得以拓宽。此外,在《中华人民共和国担保法》中,对整个登记制度的规定都较为模糊,欠缺严谨周密的特性,而且对登记对抗主义与登记生效主义缺乏合理的区分。这使得在抵押权的效力上,有的采取登记对抗主义,有的则采取登记生效主义,欠缺统一性。

(2)《中华人民共和国物权法》中的动产抵押制度。《中华人民共和国物权法》对动产抵押进行了明文规定。《中华人民共和国物权法》规定:"经当事人书面协议,企业、个体工商户、农业生产经营者可以将现有的以及将有的生产设备、原材料、半成品、产品抵押,债务人不履行到期债务或者发生当事人约定的实现抵押权的情形,债权人有权就实现抵押权时的动产优先受偿。"

《中华人民共和国物权法》规定:企业、个体工商户、农业生产经营者以本法第181条规定的动产抵押的,应当向抵押人住所地的工商行政管理部门办理登记。抵押权自抵押合同生效时设立;未经登记,不得对抗善意第三人。

《中华人民共和国物权法》规定:依照本法第181条规定设定抵押的,抵押财产自下列情形之一发生时确定:①债务履行期届满,债权未实现;

②抵押人被宣告破产或者被撤销；③当事人约定的实现抵押权的情形；④严重影响债权实现的其他情形。

基于现实国情，《中华人民共和国物权法》对动产抵押制度依然采用较为保守的态度，依然延续了先前的立法理念。但是，《中华人民共和国物权法》较之《中华人民共和国担保法》有两个明显的进步：

第一，《中华人民共和国物权法》对于动产担保物权统一采用了登记对抗主义而摒弃了登记生效主义，不再将物权成立与债权生效混为一谈。

第二，《中华人民共和国物权法》确立了我国的动产浮动抵押制度，这对于我国动产抵押制度的发展以及整个动产担保制度的演进来说，都具有非常重要的意义。但是，我们也要看到《中华人民共和国物权法》虽然对动产抵押进行了明文规定，但较之质权制度，其在抵押物范围、效力及权益保护等方面仍缺少更为明确与详细的规定。此外，登记公示制度也同样是《中华人民共和国物权法》制定过程中的一个短板。整部《中华人民共和国物权法》关于动产抵押登记的规定不仅所占篇幅不大，还较为笼统和分散，这使得我国的动产抵押在登记公示方面依然缺少微观指导性和可操作性。

(3) 有关动产抵押制度的特别法。除了《中华人民共和国物权法》和《中华人民共和国担保法》，其他法律也对动产抵押做出了相关规定，只不过此时的抵押物是特定的。《中华人民共和国海商法》第2章第2节的船舶抵押权对船舶抵押权的设立、船舶抵押权的效力、船舶抵押权的登记及抵押权之间的竞合等问题进行了明确规定。在《中华人民共和国民用航空法》第3章第2节民用航空器所有权和抵押权里，对用航空器进行抵押进行了较为详细的规定。

8.3.3 动产抵押的实现

在动产抵押设定之后，如果债务人到期不能履行债务，抵押权人有权对动产进行拍卖。动产抵押权在实现方面也具有不同于不动产抵押权实现的特点。

(1) 动产抵押的实现方式与不动产抵押的实现方式大体上相同，但在抵押权的实现方面，由于某些动产价值很难有一个公正的市场价格，评估作价有时也比较困难,且成本相对较高,这就有许多国家法律对动产抵押的实现方式做了一些特殊的规定。例如,允许动产抵押权的实现在更大范围内自力救济的途径,如美国、加拿大都允许在不违反公共秩序的前提下自力取回动产;但在我国,在动产抵押实现时,现行法律仍然不允许采用自力救济,主要考虑一旦允许自力救济,即抵押权人可以直接取走动产,会引发多方面的问题:一是会造成变相的设定高利贷现象,因为抵押人会因为一时的窘迫,以高额的抵押物来换取相对低额的贷款,这与我国担保法禁止流质契约的立法本意是相违背的。二是容易引发当事人之间的冲突,徒生很多纠纷。在我国目前的法制环境下,没有法院等公权力的介入,当事人很难自己解决纠纷。三是会损害其他债权人的利益,因为完全由抵押权人取回抵押物,如果抵押物的价值明显大于被担保债权的价值,一旦实行私力救济,其他债权人就不可能再从抵押物的剩余价值中受偿了。

(2) 由于动产常常是种类物,所以在债务人将一批动产抵押之后,债务人还有可能再次对该动产予以处分,但抵押权人对已经处分的动产不一定能够追及,这就有可能会损害抵押权人的利益。在这方面,笔者认为可以借鉴中国台湾地区的有关立法经验。中国台湾地区《动产担保交易法》第17条规定:债务人不履行契约或抵押物被迁移、出卖、出质、移转或受其他处分,以致有害于抵押权之行使者,抵押权人得占有抵押物。这实际上赋予了抵押权人一种追及的效力。抵押权的追及效力方面,动产抵押与一般抵押权也不尽相同,由于动产抵押公示的特殊性,追及力在动产抵押领域成为很矛盾的制度。动产所有权本以占有为公示方法,而动产抵押权以登记为公示方法,交易第三人并没有查询登记簿的义务,而且很难通过占有认定动产的权属状况,这样就使抵押权人很难行使追及权。因为第三人在与动产的占有人进行交易的时候,很难知道动产占有人是无权占有的。因此,应当尽可能赋予动产抵押权对动产的追及效力。

(3) 关于动产抵押权的实现方式,我国现行法并没有做出规定。按照现行立法规定,抵押权的实现可以先由抵押权人和抵押人就抵押物的变价达成协议,如果不能达成协议,则必须要向人民法院起诉,在法院做出确认抵押权人的担保权之后再通过强制执行程序来执行抵押权。这种方式成本过高,因为在动产抵押的情况下,必须要通过诉讼程序特别是通过强制执行程序来实现抵押权，成本过高导致抵押权的功能无法发挥，而人们又不承认私力救济，如何通过公力救济来实现抵押权是一个值得探讨的问题。因此，在动产抵押权方面，如果当事人不能就抵押权的实现达成协议，可以直接向人民法院申请拍卖或变卖。如果主债权和担保权没有争议，也可以直接申请人民法院强制执行，这样可以有效地节省执行成本。当然如果对主债权或担保权本身存在争议，则还必须在法院提起诉讼，确认主债权或担保权。

(4) 关于动产抵押权与法定留置权的关系，动产抵押权与法定留置权在法律上经常发生竞合的问题。由于抵押权不以占有的转移为要件，所以在抵押权设定以后，抵押人仍然有权继续占有抵押物，但可能把已经设定抵押的财产交给他人搬运、修理等，因不能支付费用而产生留置权。例如，甲将一辆汽车设定抵押给乙，后来因为汽车出现故障，甲将汽车交丙修理，甲欠丙修理费1万元，不能支付，丙将该汽车留置，乙提出该汽车已经设定抵押，他对该汽车享有抵押权，应当优先于留置权受偿，丙认为其享有的留置权应当优先于抵押权受偿。

8.4 经营环节抵押融资信托产品设计

产业链企业在经营过程中可能出现资金短缺现象，此时可以采用抵押及担保的方式进行融资。信托公司可以设计相应的产品为其融资服务：

8.4.1 产品要点

(1) 产品名称：××信托·G公司抵押融资投资集合资金信托计划。

(2) 产品类型：抵押融资集合资金信托计划。

(3) 发行机构：××信托有限责任公司。

(4) 投资起点：100万元人民币起，100万~300万元不超过50份；300万元以上不受份额限制，均按照1万元的整数倍增加。

(5) 推介期：20××年××月××日至20××年××月××日，项目分期发售。一期推介期为20××年××月××日至20××年××月××日,根据资金募集情况可提前结束或延长。

(6) 发行规模:信托计划总规模为人民币××亿元,每期和每类受益权规模以实际募集金额为准。

(7) 信托期限:×年。

(8) 预期收益率:

E1类,100万元≤投资的信托资金<300万元,年预期收益率为9.5%;

E2类,300万元≤投资的信托资金<800万元,年预期收益率为10%;

E3类,投资的信托资金≥800万元,年预期收益率为10.5%;

E4类,向特定投资者募集。

(9) 交易结构与资金运用方式:产业链中的企业G公司在经营过程中出现资金短缺,需要凭借抵押向信托公司融资。信托公司接受G公司委托,通过向合格投资人募集资金对G公司设立抵押品产权信托。基于此存货质押融资信托计划,信托公司向合格的投资人募集所需资金,然后将募集的资金通过托管银行借给产业链核心企业G公司。G公司在获得信托融资后,将取得的资金用于解决经营中的资金短缺问题。在信托合约到期时,G公司偿还融资的本金和利息。若提供质押品的G公司未能如期履行对信托公司的付款义务,信托公司可以通过拍卖其质押品进行偿付。若质押品仍然不足以偿付最初的融资余额,则产业链核心企业对信托融资进行担保清偿。该类信托产品的具体交易结构如图8-1所示。

(10) 投资收益的支付:①信托计划成立后满12个月时部分回购标的预付款债权,支付××亿元的信托投资本金及预期投资收益至信托财产专户;②信托计划成立后满24个月时回购剩余债权,支付其余信托投资本金并按相同溢价支付投资收益至信托财产专户。

8.4.2 风险保障措施

(1) 产业链中的G公司、产业链核心企业B公司与信托公司三方签订《债权债务确认书》,确认抵押融资款债权有效;并对抵押融资款的回款账户设立监管。

产业链信托产品设计

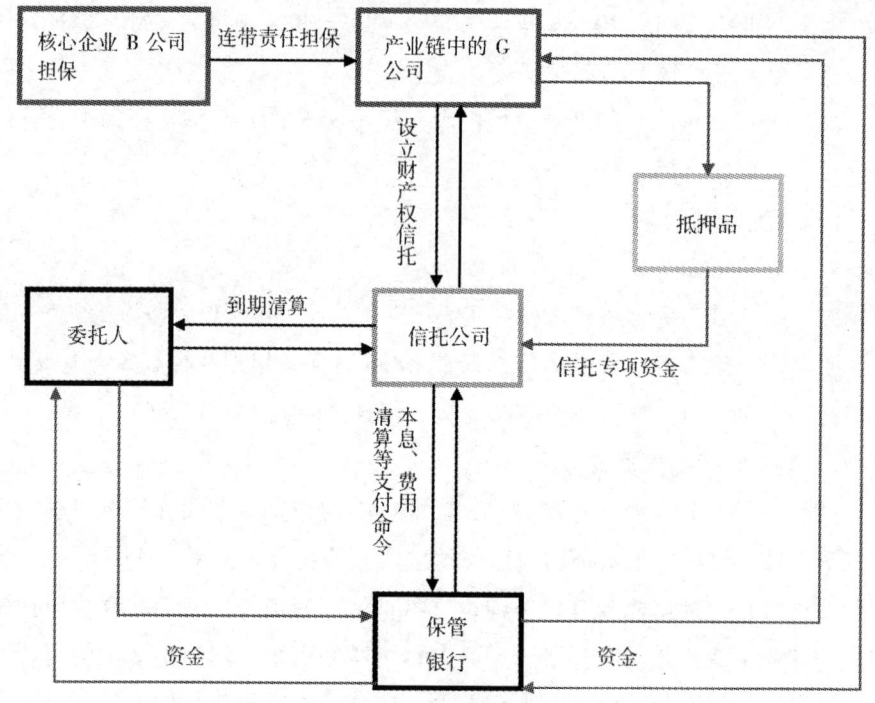

图 8–1 交易结构

(2) 抵押融资款在××银行预付款质押登记系统办理登记公示。

(3) 信托公司与产业链中的 G 公司签署抵押融资款投资及回购合同，约定信托到期后，G 公司以溢价方式回购标的债权。

(4) G 公司提供抵押品（预估××亿元，抵押率××%）。

(5) 担保公司 B（信用评级 AA +）为 G 公司履行相关义务提供连带保证担保。

风险揭示：受托人承诺以受益人的最大利益为宗旨处理信托事务，并谨慎管理信托财产，但不承诺信托资金不受损失，亦不承诺信托资金的最低收益。

8.4.3 认购流程

(1) 投资人请按拟认购金额在募集期限内缴款至信托资金募集账户，缴款方式可选择银行柜台转账或网银转账，转账时请注明姓名和联系电话，账户信息如下：

开户行：××银行。

户　名：××信托有限责任公司。

账　号：××××××××。

（2）英大国际信托根据"同时到账金额优先、同等金额到账时间优先"的原则通知投资人签订信托合同。投资人应提供以下材料：

自然人：认购资金转账凭证原件，本人的身份证原件，作为信托收益兑付账户的本人银行等金融机构账户复印件。

机构客户：认购资金转账凭证原件和复印件，营业执照复印件，授权委托书，法定代表人身份证复印件，经办人有效身份证件，信托收益分配账户复印件。以上材料均需加盖公章。

8.5　抵押融资信托产品风险分析

抵押信托融资的参与者包括融资企业（这里指产业链中的 G 公司）、信托公司、保管银行以及广大投资者等，这种模式以确定的抵押品为抵押，在一定程度上可以减少信托公司等金融机构的风险。同理，抵押信托融资在风险方面与预付账款信托融资和应收账款信托融资存在很多相似点，这里同样进行部分的简单说明。

（1）存货担保变现风险。由于信托公司向融资企业 G 公司提供融资是以存货抵押为前提条件，所以存货担保的变现风险是存货抵押融资最重要的风险，主要包括存货价格风险、质物形态风险以及销售风险三大类。由于存货抵押融资更注重存货的自偿性，所以存货的价格风险将是存货抵押融资的主要风险来源。

（2）信用风险。存货抵押融资信用风险主要包括融资企业 G 公司的信用风险和物流企业的信用风险两类。存货抵押融资中融资企业 G 公司的信用风险主要是指融资企业 G 公司的规模和发展阶段、财务状况、管理问题等；物流企业的信用风险主要是指监管风险：欺骗、不负责任、虚假上报、监管失误等。

（3）宏观与行业系统风险。这是一类典型的系统风险，包括宏观系统风险、行业系统风险以及区域系统风险三大类。宏观系统风险主要是由于宏观经济、政治和法律环境的不确定造成的；行业系统风险主要是由于行业总体的利润水平、交易水平、技术变化、发展前景等行业层面的不确定性所产生的风险，而且由于不同行业对宏观经济环境的敏感度也会使不同行业系统面临的风险大小不同；区域系统风险主要是企业所在区域的经济发展、政治和法律环境等的不确定性所造成的。

（4）产业链系统风险。产业链系统风险是分析存货抵押融资所特有的一类系统风险，主要包括融资企业G公司所在产业链系统的竞争风险、协调风险和控制风险三类。产业链系统竞争风险的主要来源是因为融资企业G公司所在产业链系统的强弱将直接影响存货的销售水平，从而产生竞争风险；产业链系统协调风险指的是产业链上下游企业的协调合作关系不畅产生的风险；产业链系统控制风险主要关注核心企业B公司对产业链系统的控制程度是否有利于产业链系统的发展和稳定，是否能够保持和增强产业链系统在行业内的竞争力。

（5）操作风险。操作风险又称商业风险，是"直接或间接由人或系统的不适当或错误的内部处理，或外部时间所造成损失的风险"。存货抵押融资的操作风险应该根据融资服务的特征划分为合规风险、模式风险、流程风险以及具体操作风险四大类。

合规风险包括法律风险、相关规则或政策的风险及配套执行方面存在的缺陷等。模式风险主要来自以下方面的不足：商业模式选择不合适、超额担保程度不合适；抵押方式和监控强度选择不合理、业务结算情况与业务不匹配、资金使用不合理、没有必要的个人担保或第三方担保方式、没有必要的损害保险、监管方控制方式选择不合适、财产评估报告模式不合适等。流程风险主要是指存货融资抵押业务流程中标准化与信息化方面的不足造成的风险。具体操作风险主要包括银行等金融机构方面的具体操作风险及第三方物流企业的具体操作风险，这些主要和具体操作人员的素质和水平密切相关。

第9章 资本经营环节的并购融资信托产品设计

完成资本的集中积累,实现资本扩张,将企业做大做强。在这一过程中,企业并购作为一种非常重要的手段,因其在市场机制中发挥着不可替代的作用被越来越多的企业重视并加以运用。回顾企业并购发展的历史,迄今已经历了六次大规模的企业并购浪潮,企业并购成为各国经济结构调整的内在动力和基本机制,对世界的政治经济发展产生了深远的影响。

9.1 产业并购融资概述

产业并购是指与上市公司主营业务相同或者相关的并购方对该上市公司实施的并购行为,它分为纵向并购、横向并购。产业并购是从产业结构变化的角度来解释并购动因的。纵向并购是指处于生产不同阶段、企业上下游之间的并购;横向并购是从事同种商业活动企业之间的并购。此外,战略投资者在完成对上市公司的并购以后,一般会继续发展上市公司原有产业,将原有产业做大做强。产业并购的价值导向是并购后的协同效应,即通过并购后的产业整合提高双方企业的绩效。

长期以来,市场对企业选择并购的方式存在争议,争议点在于,企业到底是通过并购扩大规模和份额,还是通过并购实现产业链上下的协同效应。近年来,国内上市公司扩张产业链的案例数不胜数,如华谊兄弟定增收购银汉科技、建设影院打造娱乐王国、乐视网进军智能电视机市场赢得终端用户等。长江商学院助理教授张维宁认为,通过并购重组,上市公司扩张了产业链，打通了上下各个环节，从而占领产业链高价值的部分。一位投资人士认为，针对产业链进行并购的目的，在于控制其所在行业生产与销售的全过程，在控制了产业链的供应端之后，可以控制成本并力保客观的产能使用率，国内上市公司较其他企业无疑具有先天的优势，可以较为便利地从资本市场通过兼并重组取得融资。方正证券原总裁何其聪则表示，公司围绕金融业打造的扩张还是很有条理的，并购泰阳证券，合并两家期货公司，才有了方正期货，再到后来成立了方正人寿和方正信托。不过，何其聪认为，金融业跟一般的实业不同的是，它的产业链比较扁平化。"通过产业链上的并购重组带来了更多的客户，同时也带来了机制和服务的更新，总体来说，并购产生了'1+1>2'的效应。"

9.1.1 产业并购的特点

从并购的动机出发，并购活动大致分为三类：一是以借壳上市为目的的股权置换式收购。二是以整体上市为目的的资产注入式并购。三是以产业整合和产业价值提升为目的的资产重组与并购，即所谓的产业并购。与借壳上市和整体上市为目的的并购活动相比，产业并购在决策主体、并购目的和并购方式上都区别于前两者，进而在价值创造活动中也体现出其独特的作用。

首先，产业并购的决策主体是非关联方。借壳上市是由于上市资源稀缺而出现的一种收购行为，特别是在股份制改造过程中，这种活动表现为壳公司获得对控股公司注入资产的股权，同时以控股公司增持壳公司股权为代价。全流通之后，大型企业开始通过资产注入的方式实现企业集团整体上市。现阶段，整体上市收购中具有两个明显特征：一是上市公司收购控股股东（集团公司）的资产；二是收购通常以上市公司的股份作为支付对价。可以看出，前两类并购活动在经济上属于同一个决策主体，也就是说，并购过程中所发生的资产交易和收购行为都是在关联方或潜在关联方之间进行的，而关联交易在很多情况下是不对等的交易行为，因而不是以追求价值最大化为目的的。同时，由于资产的决策主体和属性没有发生变化，资产还是那些资产，人还是那些人，这种并购对企业价值的提升作用并不大。相比之下，产业并购是伴随产业结构调整而出现、是在不同企业甚至不同行业之间进行的，原本属于不同决策主体的合并，收购的标的是非关联企业（第三方）的资产或股权，这种交易是对等的商业交易，其目的是获得并购之后带来的协同效应，即企业在生产、营销和管理的不同环节、不同阶段、不同方面共同利用同一资源而产生的整体效应。因此，从长期看，产业并购可以通过财务的协同、管理的协同以及文化的协同等提升企业的内在价值。

其次，产业并购的目的是实现产业结构的调整优化。整体上市的并购中，收购方式一般体现为三类：一是通过定向增发方式将集团公司的资产注入上市公司；二是集团公司吸收合并所属上市公司，同时发行新股；三是同一实际控制人下的各上市公司通过换股方式进行吸收合并，完成公司的整体上市。但是不论采用哪种收购方式，并购都是企业集团内部的重新组合，尽管上市企业的规模扩大了，但企业集团的总规模并没有扩大，只是通过整体上市实现了集团资产的全部证券化。当然，整体上市后消除了关联交易，改善了公司治理并使内部组织结构得以优化，在一定程度上有利于提高上市公司的质量。但从宏观上看，这种并购不具有产业整合的意义，通常不会对产业结构产生影响。就借壳上市而言，其实质是上市公司与收购方的资产互换，目的是实现收购方资产的证券化，为这些资产提供了一个融资和资本运作的平台。而产业并购的目的是使资源从经营效率低的企业流向经营效率高的企业，从而使资产存量在一个更有效率的用途或生产组织中得到集中，使产业结构更趋合理，企业规模结构更趋优化。因此，产业并购对于当前中国经济结构调整和产业结构优化的意义更为深远，是经济内在质量提升的重要手段，也是价值创造活动的源泉。

9.1.2　产业并购的关键因素

以借壳上市为目的的并购是与股改相结合而完成，以整体上市为目的的并购是在促进国有企业做大做强的政策引导下进行的，这两种并购都只是阶段性热点。而以产业整合为目的的并购则是与我国产业结构调整升级相伴而生，将在一个较长的时期内成为并购市场的主流。为此，要顺利完成并购活动，必须从我国产业活动的特点和金融市场的实际运作出发。

（1）产业链的构建。产业并购不仅包括行业内企业的整合性并购，还包括行业外企业的进入性并购。但无论选择哪些企业作为并购目标，都必须以价值最大化为前提构建产业链，即先以生产相同或相近产品的企业集合所在产业为单位形成价值链，再由承担不同价值创造职能的相互联系的产业围绕核心产业开展活动。构建产业链包括接通产业链和延伸产业链两个层面，接通产业链是将一定地域空间范围内的产业链的断环和孤环借助某种产业合作形式串联起来；延伸产业链则是将一条已经存在的产业链尽可能地向上游延伸或向下游拓展。产业链向上游延伸一般使得产业链进入基础产业环节或技术研发环节，向下游拓展则进入市场销售环节。

当前，我国的重点产业存在低水平重复建设、过度竞争、规模不经济、市场分割和地区封锁、上下游产业脱节和产业结构不合理等问题，严重影响了我国产业的国际竞争力。反映在资本市场上，则表现为上市公司的竞争能力和抵御风险的能力不强，整体质量也不高。构建产业链就是通过资本市场的并购重组，使产业链得以拓展和延伸，一方面，接通产业断环和孤环，使得整条产业链产生原来断环或者孤环所不具备的利益共享、风险共担方面的整体功能；另一方面，衍生出一系列新兴的产业链环，形成产业链，进一步增加产业链的附加价值。我国绝大多数行业由于自身的特点和发展的需要，都已经开始进行一些大规模的并购重组。以当前并购的热点行业钢铁、电信和资源为例，这些行业并购一般在上下游产业之间，由于并购解决了产业链条上的供给和销售问题，使供应更加及时，成本得到控制，进而创造出更大的现金流量，也使风险得到有效下降。

（2）融资工具。企业并购中，融资活动具有核心作用，如果没有便利的融资渠道和工具，并购很难正常进行。从金融市场的发展现状看，我国融资渠道相对狭窄，并购融资主要有银行贷款、增发、配股等几种常用工具。而产业并购通常具有资金额度大和用资期限长的特点，同时，在整个并购流程中对资金需求的密度也随时间和进度而变化，相对单一的融资工具难以满足产业并购的资金需求。

9.2 产业并购融资方式

9.2.1 常用并购融资方式

在现有市场条件下,我们可以考虑从以下几方面进行融资工具的创新:

(1)发行企业债券。当前,还不允许为并购而发行长期贷款,同时直接将贷款用于股权投资也难以突破法律界限,因此,银行贷款更多的是一种补充,只能缓解一段时间内的现金流压力。要解决资金的难题,发行中长期债券是一个较好的办法。从国外经验看,企业债券已成为并购融资的一个非常有效的工具。

(2)私募股权融资。相对于公募融资而言,私募融资可以灵活地运用于上市公司、上市公司与非上市股份公司以及非上市股份公司之间。私募融资可以采用以下几种方式:一是设立资金信托,指定其用途为股权投资。信托工具的好处是在融通资金的同时,还为投资者提供了风险隔离制度,能够保障本金不受损失。二是设立产业并购基金,产业并购基金的募集对象主要是机构投资者,投资对象是非上市企业。三是引入私募股权基金,私募股权基金的募集对象主要是富有的家庭或个人,投资对象和资金运用方式十分灵活。

(3)发行可转换公司债券。可转换债券可以看作是普通债券附加一个相关的选择权。在企业并购中,利用可转换债券筹集资金具有明显的优势:可以降低债券融资的资本成本;由于可转换债券规定的转换价格要高于发行时的企业普通股市价,它实际上相当于为企业提供了以高于当期股价的价格发行普通股的融资;当可转换债券转化为普通股后,债券本金就不需偿还,免除了还本的负担。受政策法规的影响,分离交易的可转债得到了较快发展,它是由公司债券和认股权证两部分组成,债权和期权可以分离交易,即投资者在行使了认股权利后,其债券依然存在,仍可以持有到期获得债券收益。

(4)非金融性资产融资。并购企业利用非金融性资产融资(含有形资产和无形资产），利用有形资产进行并购融资，就是并购方利用拥有的机器设备、厂房、土地等非金融性资产作为支付手段来实现对目标公司的并购，它包括产权置换和产权嫁接两种融资方式。其中，产权置换是指并购公司在对自己拥有的非金融性资产进行价值评估后，转让给目标公司股东以换取相应的目标公司股份的并购支付及融资方式；产权嫁接融资是指并购公司将自己拥有的机器设备、厂房、土地等嫁接给目标公司，成为目标公司的一部分，获得相应的股权以实现对目标公司的控制。利用有形资产进行并购融资伴随着目标公司资产规模的扩大，同时并购者所持股份为目标公司增量股份。利用无形资产进行并购融资，就是并购方利用自己拥有的专利、商标、技术等无形资产作为并购支付手段，完成对目标公司的并购。它也包括产权置换和产权嫁接两种方式，一般多采用产权嫁接方式进行无形资产并购融资。

当然，并购标的本身决定了资金的整体性质。基于企业自身的实际状况和对并购进程的有效把握，设计好长短期资金的比例，并且根据各种并购融资工具和方式实现的时间，安排好各种资金到位的优先顺序，在考虑各方情况下选择合适的融资工具对于产品的设计以及风险控制是十分重要的一环。

9.2.2 并购融资方式选择的影响因素

（1）企业并购动机。企业并购的动机都是希望从并购中获取收益，但收益的来源是不同的。如果并购收益来源于目标企业被并购后引起的资产使用效率的提高，那么就属于配置型并购。企业通过并购产生协同效应、规模经济、提高市场占有率等结果，产生收益，这时，并购企业会对目标企业注入长期资金，形成一种密切的生产、经营上的协作关系，因此，在选择融资方式时，并购企业会以并购资产使用效率最大化为中心，选择长期融资方式并以稳定经营为主。如果收益来源于某些财务效应则并购只是引起价值转移的利益型并购。并购企业不关心目标企业在并购后的经营，不会注入长期资金，只是等待时机再将其出售，因此，在进行融资时会以投机为主，采取冒险型的融资政策。

（2）并购企业资本结构和风险态度。并购企业自身的资本结构将决定企业进一步融资的方向。这表现在融资方式和期限结构两方面。如果企业自有资金充裕，动用自有资金无疑是最佳选择。如果企业负债率已经很高，则应尽量采用权益融资等不增加企业负债的融资方式，但如果企业未来前景看好，也可以增加负债或使用优先股进行融资，以保证未来收益尽量由股东享有。如果并购企业短期资金充裕而长期负债较多，则相应地在并购中应尽量避免长期性的债务安排，使用可获取长期权益资金的融资安排；相反，如果并购企业在将来有较多的现金流入，则可以采取相反的做法。并购企业的风险态度决定其并购融资政策。喜爱风险的企业会采取积极型融资政策，其特点是用长期性负债和权益来融通永久性资产的一部分，余下的永久性资产和波动性资产用短期资金来融通。这种政策虽然面临较大的风险，但如果经营成功则有很高的利润回报。而那些希望尽量回避风险的企业，则倾向于采取保守型融资政策，其表现是，企业不但以长期资金融通永久性资产，也以长期资金来满足季节性或循环性波动而产生的部分或全部暂时性资金需求。另一种就是介于两者之间的中庸型融资政策，对波动性资产使用短期融资的方式来筹措资金；而对永久性资产则采用长期融资的方式来筹措资金。

(3) 并购付款方式。实践中，企业并购价款的支付方式主要有现金收购、股票收购和综合证券收购。不同的支付方式对并购融资提出了不同的要求。

1) 现金收购。凡是不涉及股权支付的并购都可以视为现金收购，即使是由并购直接发行某种形式的票据（如债券、股票）来完成收购，也只是表明对某种固定的现金支付所作的安排，是推迟了的现金支付。大部分并购都会涉及现金支付，并购企业安排的融资均是以获得现金为目的。但由于现金支付会涉及所得税，所以减轻税负的同时也减轻并购企业一次性支付的困难，往往安排进行分期支付，因此又会影响企业并购融资的期限结构。

2) 股票收购。股票收购是并购企业通过发行本公司的股票，用新发行的股票换取目标企业的股票以达到并购目的的一种出资方式。它不同于发现股票筹集资金进行的并购，后者只是一种现金支付。股票收购同样需要发行股票，只不过其发售的对象仅限于目标企业的股东。虽然不收回现金但仍可以获得代表目标企业控制权的股票，因而同样是一种融资方式。这种方式涉及的技术比单独发行股票更为复杂。

3) 综合证券收购。综合证券收购即并购企业的支付方式是由现金、股票以及认股权证等多种形式组合而成的。除现金以外的各种证券都是直接发售给目标企业的,这既可以避免大量的现金支付,又可以防止控股权的转移。因此,也较为常用。采取这种方式时必须选择好各种融资方式的种类结构、期限结构以及价格结构,以求成本最低,效果最好。除了上述几个因素外,完善而成熟的资本市场也是影响并购融资的一个重要因素。融资方式的多样化以及融资成本的降低都有赖于资本市场的成熟。一般来说,资本市场不尽完善时企业多依靠内部融资渠道;只有当资本市场较为成熟时,外部融资渠道尤其是直接融资才被广泛采用。资本市场也制约着企业的融资规模,因为只有通过资本市场才能迅速集中大量资金,其他途径都没有这样的效果。

针对企业的不同目标及需求选择相应的并购方式,是信托计划产品设计的重要一环,根据确定的方式,再通过分析其法律环境以及风险等最后确定是否可行。

9.3　企业融资法律环境

对于在证券交易市场中进行的并购活动主要受到《中华人民共和国公司法》、《上市公司收购管理办法》、《中华人民共和国证券法》、《股票发行与交易管理暂行条例》、《上市公司章程指引》、《股份有限公司国有股权管理暂行办法》、《上市公司股东持股变动信息披露管理办法》、《关于向外商转让上市公司国有股和法人股有关问题的通知》,中国证监会《关于规范上市公司重大购买或出售资产行为的通知》、国家税务总局《关于企业股权投资业务若干所得税问题的通知》和《关于企业合并分立业务有关所得税问题的通知》以及上交所和深交所《股票上市规则》等法律法规以及根据这些法律制定的有关行政规章和规则的约束,下文就几项重要法律进行说明。

2009年4月30日,国家税务总局发布《关于企业重组业务企业所得税处理若干问题的通知》,根据《中华人民共和国企业所得税法》第20条和《中华人民共和国企业所得税法实施条例》(国务院令第512号)第75条规定就企业重组所涉及的企业所得税具体处理问题进行指导。主要是针对债务重组、股权收购、资产收购重组交易、合并、分立中出现的税务问题进行指导性建议以及对满足特殊性税务处理规定的税务处理指导以及企业发生涉及中国境内与境外之间（包括中国港澳台地区）的股权和资产收购交易的税务处理指导。为规范和加强对企业重组业务的企业所得税管理，国家税务总局2010年第4号公告颁布，自2010年1月1日起施行《企业重组业务企业所得税管理办法》，主要针对企业重组业务中一般性和特殊性税务处理进行规定以及跨境重组税收管理。

2014年6月3日颁布的《最高人民法院关于人民法院为企业兼并重组提供司法保障的指导意见》中明确了人民法院在企业并购中，为充分发挥市场重组并购的配置作用以及保障企业的资产安全、防控各类纠纷可能引发的区域性和系统性金融风险、完善市场退出机制，促进企业资源的优化整合、充分保障职工合法权益所提供的司法保障措施。

为加强股权转让企业所得税征收管理，公平税负，堵塞税收漏洞，提高企业所得税征管质量和效率，构建股权转让所得税管理的长效机制，2014年7月8日颁布了《国家税务总局关于加强股权转让企业所得税征管工作的通知》。

信托公司发放并购贷款的主要监管依据有《贷款通则》、《中华人民共和国信托法》、《信托公司管理办法》、《信托公司集合资金信托计划管理办法（2009修订）》、《上市公司收购管理办法（2012修订）》、《商业银行并购贷款风险管理指引》。

2014年11月23日，证监会开始实行的《上市公司重大资产重组管理办法》明确规定上市公司及其控股或者控制的公司购买、出售资产数量达到资产重组的标准：

（1）购买、出售的资产总额占上市公司最近一个会计年度经审计的合并财务会计报告期末资产总额的50%以上。

（2）购买、出售的资产在最近一个会计年度所产生的营业收入占上市公司同期经审计的合并财务会计报告营业收入的50%以上。

（3）购买、出售的资产净额占上市公司最近一个会计年度经审计的合并财务会计报告期末净资产额的50%以上，且超过5000万元。

同时明确表示鼓励依法设立的并购基金、股权投资基金、创业投资基金、产业投资基金等投资机构参与上市公司并购重组。

2011年8月,中国证监会在修订《上市公司重大资产重组管理办法》(证监会令第73号,以下简称《重组办法》)时,提出执行与首次公开发行股票上市标准趋同的要求,并明确了对借壳上市的资产要求。借壳上市标准由"趋同"提升到"等同"首次公开发行股票上市标准,既是2011年提高借壳上市标准时既定的方向,也是近年来市场规范发展的需要。上市公司重大资产重组方案构成《重组办法》第12条规定借壳上市的,上市公司购买的资产对应的经营实体应当是股份有限公司或者有限责任公司,且符合《首次公开发行股票并上市管理办法》(证监会令第32号)规定的发行条件;不得在创业板借壳上市。

2014年10月23日,中国证监会令第108号《关于修改〈上市公司收购管理办法〉的决定》修订。《上市公司收购管理办法》主要针对权益披露、要约收购、协议收购、间接收购、豁免申请、财务顾问、持续监管、监管措施与法律责任进行详细的规定,对于各类不同收购方式的标准、程序、信息披露以及价格制定方法进行严格的要求。

并购重组的财务问题涉及目标公司评估、兼并资金筹措、兼并费用控制与承担、兼并价格与成本的确定等。财政部《企业兼并有关财务问题的暂行规定》等文件对国有企业并购的有关财务处理进行了较为详细的规定,其中特别强调政府和财务主管单位要对国企并购进行全程监管。

(1)并购审批。按照现行规定,企业进行兼并之前,需向主管政府部门提交书面报告,并在主管财务部门备案和审批。各级主管财政机关要做好财务管理监督工作,并参与企业并购全过程。经批准被兼并的企业应进行详尽的资产核查,编制财务报告,报主管财政机关审批。

(2)并购价格。由法定资产评估机构进行资产评估,上报国有资产管理部门审批确认后,作为并购价格入账依据进行账务处理。其中,资产盘盈、盘亏、毁损、报废等计入当期损益;尚未处理的潜亏、亏损挂账等报主管财政机关审批后冲减盈余公积金和资本公积金,不足部分冲减资本金。产权转让成交价低于底价的,必须报主管财政机关和国有资产管理部门审批。

(3)资产划拨。经批准采取划转方式取得被兼并企业资产的,应当办理企业产权和财政体制的划转手续。属于同一财政体制的企业兼并,由同级国有资产管理部门和主管财政机关负责办理；属于不同财政体制的企业兼并，由上一级国有资产管理部门和主管财政机关负责办理。

（4）并购价差的处理。在被兼并企业丧失法人资格的情况下，兼并方企业支付的产权转让价格与被兼并企业净资产的差额，兼并方企业应作为商誉计入无形资产，从兼并成交次月起按规定年限分月摊销，没有规定年限的，可按十年摊销。在被兼并企业继续保留法人资格的情况下，兼并方企业所支付的价款，做长期投资处理。兼并过程中发生的国有资产收益，按财政部、国家国有资产管理局和中国人民银行有关规定，由被兼并企业的主管财政机关会同国有资产管理部门收取，纳入预算管理，用于资本再投入。被兼并企业属于政策性亏损的，其产权转让完成后，兼并方企业可以在被兼并企业原核定的政策性亏损补贴范围内，继续享受一定期限的亏损补贴，具体由兼并方企业的同级主管财政机关根据兼并方企业的生产经营状况予以核定。

（5）并购支付。兼并方企业的应付价款一般应在兼并程序终结日一次付清。如数额较大，一次付清确有困难的，在取得有担保资格人担保的前提下，可以分期付款。但付款期限不得超过3年，在兼并程序终结日，支付的价款不得低于被兼并企业产权转让成交价款的50%。

（6）会计处理。在被兼并企业丧失法人资格的情况下，采取有偿方式兼并的，按资产的账面价值借记所有资产科目，按成交价高于评估确认的净资产的差额，借记"无形资产——商誉"科目，按负债的账面价值，贷记所有负债科目，按确定的成交价，贷记"专项应付款——应付企业兼并款"科目；采取无偿划转方式的兼并，按各项资产、负债评估确认的价值，借记所有资产科目，贷记所有负债科目，两者之间如有差额，贷记"实收资本"科目。被兼并企业如保留法人资格，则仍然实行独立核算。在有偿兼并的方式下，借记"长期投资"科目，贷记"银行存款"等科目；在无偿划转的方式下，借记"长期投资"科目，贷记"实收资本"科目。

被兼并国有企业国有土地使用权的转让按《城镇国有土地使用权出让和转让暂行条例》的规定，按照被兼并企业国有土地使用权取得方式的不同，该土地的转让条件也不相同。

1）土地使用权由出让合同取得。土地使用者按照出让合同支付全部土地出让金后，按照有关规定办理和领取土地使用证。在转让土地使用权时，应当与受让方签署转让合同，办理过户手续，使用年限为土地使用权出让合同规定的使用年限减去原土地使用者已使用年限后的剩余年限。

2）土地使用权由划拨取得。划拨土地的转让必须经市县政府土地管理和房产管理部门批准，且必须满足以下条件：土地使用者为公司、企业、其他经济组织或个人，领有国有土地使用证，具有地上建筑物、其他附着物合法的产权证明。依照规定签订土地使用权出让合同，向当地市、县人民政府补交土地使用权出让金或者以转让收益抵交土地使用权出让金。整合重组涉及的国有资产法律制度问题，应当切实根据国家有关部门发布的相关制度规范做好产权界定工作，防止重组过程中国有资产的流失，维护国有资产所有者的合法权益。在产权界定过程中，遵循"谁投资、谁拥有产权"的原则；在粮食企业资产评估过程中，遵循资产评估管理的法律制度，真实反映被重组企业的公允价值，务必落实国有资产评估项目核准制和备案制。在企业资产价值评估过程中根据资产原值、净值、新旧程度、重置成本、获利能力等因素和法定的评估方法进行，依据不同的评估对象和评估目的采用相应的标准和方法，严格依照《国有资产评估管理办法》以及有关资产评估准则的规定方法进行。国有企业国有产权转让应当遵守国家法律、行政法规和政策规定，促进国有资本优化配置，坚持公开、公平、公正的原则，保护国家和其他各方的合法权益。国有企业在重组过程中，可以采取拍卖、招投标、协议转让以及国家法律、行政法规规定的其他方式进行。有关粮食企业发生并购后，严格依据产权登记程序，加强国有资产产权登记管理，将国有资产登记记录在册，依法确认产权归属关系。企业产权转让过程中，涉及无偿划拨的，为保障企业国有产权有序流动，防止国有资产流失，应当遵循《企业国有产权无偿划转管理暂行办法》的相关规定，经国有资产监督管理机构审查批准后，按照规定程序实施重组。国有独资公司作为划入或划出一方的，应当符合《中华人民共和国公司法》的有关规定。

企业重组在很大程度上要整合面临破产清算的企业，破产是指破产清算程序，在谈及破产清算法律制度时，不仅包括破产清算制度，而且包括以挽救债务人、避免其破产为主要目的的重整、和解等法律制度。这些法律制度在企业重组过程中具有适用性。《中华人民共和国企业破产法》第1条规定："为规范企业破产程序，公平清理债权债务，保护债权人和债务人的合法权益，维护社会主义市场经济秩序，制定本法。"《中华人民共和国企业破产法》通过其特有的调整手段保障债务关系在债务人丧失清偿能力时的最终公平、有序实现。企业重组过程中要特别注意保护债权人和债务人的合法权益，维护公平尊严。通过破产与重整等制度，优化社会资源的配置、调整产业与产品结构等。为保障企业重整的顺利进行，在重整期间，对债务人的特定财产享有的担保权暂停行使。债务人或者管理人为继续营业而借款的，可以以债务人财产为该借款设定担保。债务人在重整期间为进行重整而发生的费用与债务，属于共益债务，可以不受重整程序的限制而从债务人财产中受偿。粮食企业在被重整期间，债务人的出资人不得请求投资收益的分配。债务人的董事、监事、高级管理人员不得向第三人转让其持有的债务人的股权，但经人民法院同意的除外。整合重组涉及的公司法律制度问题组建集团涉及公司合并的，依照法定程序，将两个以上的公司直接合并为一个公司，其过程并不需要经过清算程序。公司合并不同于公司并购，公司并购是指一切涉及公司控制权转移和合并的行为，既包括公司合并，也包括资产收购、股权收购等方式。企业的合并程序，必须依照《中华人民共和国公司法》进行，只有依照《中华人民共和国公司法》进行的合并，才可以直接实现合并的效果，在这个程序中消失的公司不需要再经过解散清算程序。组建企业集团，依照公司法进行的合并，一般称之为法定合并。公司以现金购买被吸收公司的全部资产、债权、债务，以股权购买资产方式、以现金购买股权方式、以股权购买股权方式，合并后被合并方法人资格消失，资产、债权债务由吸收公司承接。《中华人民共和国公司法》规定的法定合并为合并交易提供了三大便利：

第一，消灭公司的债务转移不需要经过债权人的同意，直接由合并后的公司承继债务。

第二，消灭公司的人格在合并完成后可以直接消灭，不需要经过清算程序。

第三，这种公司结构性的重大变化，导致股东手中持有的股权发生变化，却不需要征求每一个股东的意见，因为合并是公司行为，只要股东大会通过即可。

而这些便利可能损害债权人和股东的利益。《中华人民共和国公司法》

在规定这些便利的同时,规定了严格的合并程序,只有遵守这种合并程序,才能享受这些便利。《中华人民共和国公司法》规定法定合并必须满足以下程序:签订合并协议、编制资产负债表及财产清单、参与合并的公司各自作出合并决议、通知债权人、依法进行登记;公司合并时,合并各方的债权、债务,应当由合并后存续的公司或者新设的公司承继。《中华人民共和国公司法》规定了合并和分立中的股东保护制度,包括特别多数表决制度、异议股东股份收买请求权。

整合重组企业集团的过程中涉及一系列合同法。《中华人民共和国合同法》是调整平等主体之间商品交换关系的法律规范的总称。集团在重组过程中涉及的相关合同要特别注意征询法律意见。当事人订立合同的一般程序包括要约、承诺两个阶段。要约是指希望和他人订立合同的意思表示。要约可以向特定人发出,也可以向非特定人发出。承诺是受要约人同意要约的意思表示。承诺应当由受要约人向要约人做出,并在要约确定的期限内到达要约人。依法订立的合同,有相应的法律效力。合同生效不同于合同成立。《中华人民共和国合同法》根据合同类型的不同,分别规定了不同的合同生效时间。依法订立的合同,原则上自订立时生效。法律、行政法规规定应当办理批准、登记等手续生效的,在依照其规定办理批准、登记等手续后生效。法律、行政法规规定合同应当办理登记手续,但未规定登记后生效的,当事人未办理登记手续不影响合同的效力,但合同标的所有权及其他物权不能转移。当事人对合同的效力可以附条件或者附期限。企业重组过程中签订的各项合同生效后,合同双方当事人应当正确、适当、全面地完成合同中规定的各项义务。在合同的履行中,当事人应当遵循诚实信用原则,根据合同的性质、目的和交易习惯履行通知、协助、保密等义务。

重组企业与被重组企业订立合同后,因各种原因使得合同内容或者合同主体发生变更,为合同的变更或合同的转让。合同的变更,仅对变更后未履行的部分有效,对已履行的部分无溯及力。在符合一定条件时,合同可以转让,合同的转让分为债权转让、债务承担及债权债务的概括转移。

由于并购涉及的范围广、主体多、环节复杂,故其对应的法律法规也显得十分复杂,但只有熟知法律环境才能很好地设计产品的投资流程以及资金回收。

9.4 并购融资信托产品设计

9.4.1 产品要点

（1）产品名称：××信托·A公司并购投资集合资金信托计划。

（2）产品类型：并购投资集合资金信托计划。

（3）发行机构：××信托有限责任公司。

（4）投资起点：100万元人民币起，100万~300万元不超过50份；300万元以上不受份额限制，均按照1万元的整数倍增加。

（5）推介期：20××年××月××日至20××年××月××日，项目分期发售。一期推介期为20××年××月××日至20××年××月××日，根据资金募集情况可提前结束或延长。

（6）发行规模：信托计划总规模为人民币××亿元，每期和每类受益权规模以实际募集金额为准。

（7）信托期限：×年。

（8）预期收益率：

E1类，100万元≤投资的信托资金<300万元，年预期收益率为9.5%；

E2类，300万元≤投资的信托资金<800万元，年预期收益率为10%；

E3类，投资的信托资金≥800万元，年预期收益率为10.5%；

E4类，向特定投资者募集。

（9）交易结构与资金运用方式：信托公司接受产业链核心企业B的委托，以其在并购目标公司的过程中所需资金作为根据而设立信托计划。信托公司与战略投资公司签订夹层资本投资协议，确定优先级、次优级资产的分配比例。基于产业链核心企业的并购计划，信托公司设立夹层信托融资计划，向合格的投资人募集所需资金，然后将募集的资金通过托管银行借给产业链核心企业B，同时核心企业B为信托公司提供抵押品，并提供一家担保公司负责连带担保责任。核心企业在获得信托融资后，将取得的资金专项用于并购目标公司。

在信托计划到期时，核心企业偿还融资的本金和利息。若B公司无力偿还信托融资，信托公司可以通过拍卖抵押品进行清偿；若抵押品仍然不足以偿还债务时，则由担保公司负责偿还。当然，对于最后收益的分配，也需要按照先前的约定进行。先偿还信托公司筹集的资金，在完成信托融资本息的偿还后，才开始偿还次优级的战略投资公司投资资金的本息。该类信托产品的具体交易结构如图9-1所示。

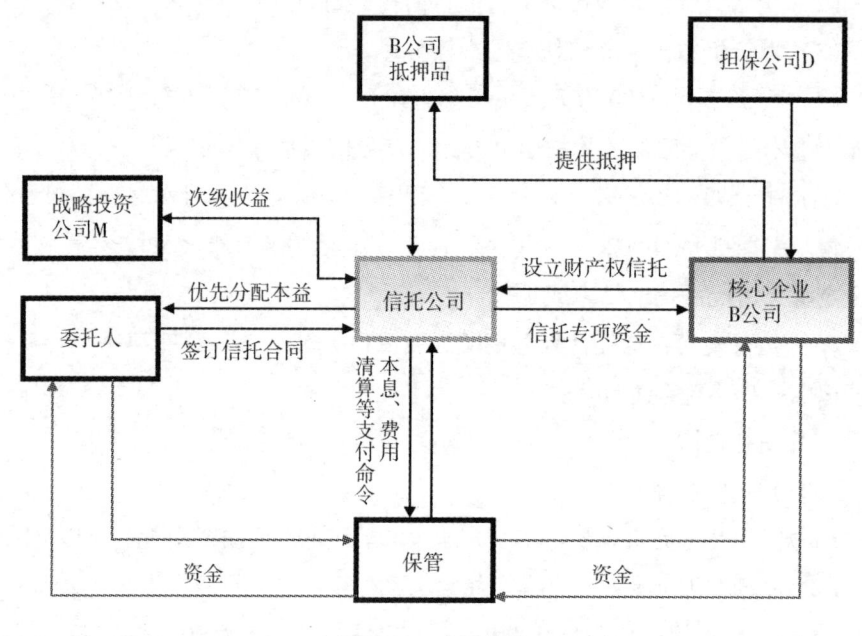

图9-1 交易结构

（10）投资收益的支付：①信托计划成立后满12个月时支付固定利息；②信托计划成立后满24个月时回购剩余股权，支付其余信托投资本金并按相同溢价支付投资收益至信托财产专户。

9.4.2 风险保障措施

（1）战略投资公司M、产业链核心企业B公司、担保公司与信托公司四方签订《债权债务确认书》，确认××项目融资债权有效；并对项目融资款账户设立监管；其中，英大信托公司拥有优先级固定收益部分的债权，战略投资公司拥有次优级收益部分的债权。

（2）预付款在××银行预付款质押登记系统办理登记公示。

（3）信托公司与产业链核心企业 B 公司签署应收账款投资及回购合同，约定信托到期后，B 公司以溢价方式回购标的债权。

（4）B 公司提供国有土地使用权抵押（预估××亿元，抵押率××%）。

（5）担保 D 公司（信用评级 AA+）为 A 公司履行相关义务提供连带保证担保。

风险揭示：受托人承诺以受益人的最大利益为宗旨处理信托事务，并谨慎管理信托财产，但不承诺信托资金不受损失，亦不承诺信托资金的最低收益。

9.4.3 认购流程

（1）投资人请按拟认购金额在募集期限内缴款至信托资金募集账户，缴款方式可选择银行柜台转账或网银转账，转账时请注明姓名和联系电话，账户信息如下：

开户行：××银行。

户　名：××信托有限责任公司。

账　号：×××××××××。

（2）根据"同时到账金额优先、同等金额到账时间优先"的原则通知投资人签订信托合同。

自然人：认购资金转账凭证原件，本人的身份证原件，作为信托收益兑付账户的本人银行账户复印件。

机构客户：认购资金转账凭证原件和复印件，营业执照复印件，授权委托书，法定代表人身份证复印件，经办人有效身份证件，信托收益分配账户复印件。以上材料均需加盖公章。

9.5　并购融资信托产品风险分析

2015年2月10日,中国银监会印发的《商业银行并购贷款风险管理指引》将并购风险分为战略风险、法律与合规风险、整合风险、经营风险以及财务风险等,在与并购有关的各项风险的基础上评估并购贷款的风险。商业银行并购贷款涉及跨境交易的,还应分析国别风险、汇率风险和资金过境风险等。

(1) 产品设计中的战略风险:应从并购双方A、B公司所处行业前景、市场结构、经营战略、管理团队、企业文化和股东支持等方面进行分析。

1) A、B公司的产业相关度和战略相关性以及可能形成的协同效应。

2) 并购双方A、B公司从战略、管理、技术和市场整合等方面取得额外回报的机会。

3) A、B公司并购后的预期战略成效及企业价值增长的动力来源。

4) A、B公司并购后新的管理团队实现新战略目标的可能性。

5) A、B公司并购的投机性及相应风险控制对策。

6) A、B公司并购协同效应未能实现时,并购方可能采取的风险控制措施或退出策略。

(2) 并购产品中的法律与合规风险:并购涉及的多个主体以及环节,涉及的法律法规较多,在9.4节中的法律环境介绍中有详细的相关法律法规介绍。法律程序的合理合法化,产品的运行前应检验以下内容:

1) 并购A、B公司是否具备并购交易主体资格。

2) A、B公司并购是否按有关规定已经或即将获得批准,并履行必要的登记、公告等手续。

3) 法律法规对并购交易的资金来源是否有限制性规定。

4) 担保的法律结构是否合法有效并履行了必要的法定程序。

5) B公司对还款现金流的控制是否合法合规。

6) B公司贷款权利能否获得有效的法律保障。

7）与并购、并购融资法律结构有关的其他方面的合规性。

（3）A、B公司的整合风险：公司的并购重组整合不仅是财务上的融合，还有企业结构、文化、人事等的融合。将这类公司结构文化的风险归类可以分为以下五类：

1）A、B公司发展战略整合。

2）A、B公司组织整合。

3）A、B公司资产整合。

4）A、B公司业务整合。

5）A、B公司人力资源及文化整合。

（4）A、B公司经营风险以及财务风险：

1）并购后企业经营的主要风险，例如B公司在并购之后行业发展和市场份额是否能保持稳定或增长趋势，公司治理是否有效，管理团队是否稳定并且足够有能力，技术是否成熟并能提高企业竞争力，财务管理是否有效等。

2）并购双方的未来现金流及其稳定程度；A、B公司各自状况的评价，对于今后归还贷款类的相关财务指标的分析调查。

3）并购股权（或资产）定价高于目标企业股权（或资产）合理估值的风险；A、B公司在并购中的定价是否合理，合理的衡量并购资产的价值，过高的价值会使得B公司遭受一定的损失，同样，信托产品也会随之受到影响。

4）并购双方的分红策略及其对并购贷款还款来源造成的影响。

5）并购中使用的债务融资工具及其对并购贷款还款来源造成的影响。

6）汇率和利率等因素变动对并购贷款还款来源造成的影响。

（5）国别风险：国别风险指由于某一国家或地区经济、政治、社会变化及事件，导致该国家或地区借款人或债务人没有能力或拒绝偿付银行业金融机构债务，或使银行业金融机构在该国家或地区遭受其他损失的风险。

国别风险存在于授信、国际资本市场业务、设立境外机构、代理行往来和由境外服务提供商提供的外包服务等经营活动中。其中，转移风险是国别风险的主要类型之一，即借款人或债务人由于本国外汇储备不足或外汇管制等原因，无法获得所需外汇偿还其境外债务的风险。银行业金融机构对国别风险往往难以施加影响或控制，因此，加强国别风险管理更为重要。

（6）汇率风险：并购不仅限于国内，海内外并购也是扩大市场的方式之一。跨国并购是到异国进行企业的局部或全部并购，并购方式主要有以现金购买资产、以现金购买股票等。以现金购买资产的兼并，是指跨国公司使用现金购买目标公司的全部或绝大部分资产以实现兼并。以现金购买股票的兼并，是指跨国公司使用现金购买目标公司的大部分股票，以实现控制其资产及生产及经营权的一种兼并。以股票购买资产的兼并，是指跨国公司向目标公司发行自己的股票以交换目标公司所拥有的大部分资产。无论使用哪种并购方式，由于涉及两种或两种以上货币的利率和汇率的问题，所以跨国并购中最常见的就是利率风险和汇率风险。当国际利率发生波动时，目标公司 A 的股票、债券的价值就会发生波动；当目标公司的价值以所在国货币标价且该种货币利率趋于下降时，其股价、债券的价格就会上涨。这时并购方就可能遭受支付更多资金的利率风险损失。浮动汇率往往会给跨国公司经营带来附加成本，本国货币与外国货币的相对强弱会影响并购方所支付的有效价格与金融成本，影响被兼并企业的生产成本以及母公司的利润。当目标公司所在国货币相对于并购方本币趋于升值时，并购方也可能要支付更多的本币，如果融资货币是目标国货币，则会增加融资成本，因而可能遭受目标国货币升值带来的风险损失。

（7）抵押品风险：为了增加信托产品的安全性，信托产品中涉及 B 公司的抵押品以及相关的抵押公司，抵押品资产的安全性关乎产品最后的保障，倘若并购失败，信托的投资需要依靠抵押品的回收弥补损失。

（8）操作风险：信托公司自身的操作风险以及战略投资公司 M 的操作风险。主要发生在选择公司的事前调查以及中途的监督过程。在这些过程中因为内部调查不充分以及战略投资的工具选择不合理等导致的损失也需要通过科学化管理流程以及针对项目不同制定特定的投资计划。

综上所述，在信托计划产品运行中，信托公司应当在控制内部操作风险的同时，严格按照程序进行各类并购事宜的资料信息收集，严格把控事前项目调查，确定并购价值，以合理的价格投资工具投资，选择好的抵押品，做好并购行为的监督，以最大限度地减小产品风险。

第10章　项目建设环节的项目融资信托产品设计

一直以来，中小企业融资难、融资贵是困扰其发展的重要原因，而中小企业也是金融机构未来最为重要的服务对象和新的利润增长点。与传统金融服务不同，产业链金融服务的对象由单独的项目、企业发展为产业链上下游各环节的多个企业，服务内容表现为不同金融产品的组合，以此创造整体金融服务价值，具备"面对综合对象、运用综合手段，创造综合价值"的"三综合"特征，有助于支持实体经济发展，有利于金融机构争取更多业务机会，具有非常广阔的发展前景。

毋庸置疑，当前我国各个行业的产业链融资都存在一定的问题，以农业产业链为例，以下进行具体分析。一是农业产业链融资有赖于信用良好、实力强大的核心组织。而目前我国农业龙头企业普遍规模偏小，真正实力强大的龙头企业屈指可数，而农业合作组织也处在成长期，缺乏市场影响力，农业产业链缺乏"龙头"。二是核心组织与农户关系松散，多数是简单的农产品买卖关系，还没有形成稳定的利益共同体。站在农户的立场看，核心组织对农户缺乏指导和扶持，甚至"店大欺客"，肆意压低农产品价格；站在核心组织的立场看，农户信用意识淡薄，违约现象比较普遍，易对农业产业链融资造成不利影响。

10.1 项目融资概述

10.1.1 项目融资的内涵

项目融资是指贷款人向特定的工程项目提供贷款协议融资，对于该项目所产生的现金流量享有偿债请求权，并以该项目资产作为附属担保的融资类型。它是一种以项目的未来收益和资产作为偿还贷款的资金来源和安全保障的融资方式。

从广义上讲，为了建设一个新项目或者收购一个现有项目，或者对已有项目进行债务重组所进行的一切融资活动都可以被称为项目融资。从狭义上讲，项目融资是指以项目的资产、预期收益或权益作抵押取得的一种无追索权或有限追索权的融资或贷款活动。我们一般提到的项目融资仅指狭义上的概念。

项目融资始于20世纪30年代美国油田开发项目，后来逐渐扩大范围，广泛应用于石油、天然气、煤炭、铜、铝等矿产资源的开发，如世界最大的、年产80万吨铜的智利埃斯康迪达铜矿，就是通过项目融资实现开发的。项目融资作为国际大型矿业开发项目的一种重要融资方式，是以项目本身良好的经营状况和项目建成、投入使用后的现金流量作为还款保证来融资的。它不需要以投资者的信用或有形资产作为担保，也不需要政府部门的还款承诺，贷款的发放对象是专门为项目融资和经营而成立的项目公司。

如何融到必备资金，对任何一家企业的诞生或者发展都至关重要。对中国企业或企业经营者而言，融资存在两个问题：一是对有效的融资方式缺乏了解；二是面对众多融资方式，不知如何选择和着手，特别是从一些中小企业和创业者看来，融资只是大企业独有的权利。因此，在我国商业界不乏因资金等问题而丧失发展机会的企业。

10.1.2 项目融资的种类

10.1.2.1 无追索权的项目融资（No – recourse）

无追索权的项目融资也称为纯粹的项目融资，在这种融资方式下，贷款的还本付息完全依靠项目的经营效益。同时，贷款银行为保障自身的利益，必须从该项目拥有的资产取得物权担保。如果该项目由于种种原因未能建成或经营失败，其资产或收益不足以清偿全部的贷款时，贷款银行无权向该项目的主办人追索。

无追索权项目融资在操作规则上具有以下四个特点：

第一，项目贷款人对项目发起人的其他项目资产无任何要求权，只能依靠该项目的现金流量偿还。

第二，项目发起人利用该项目产生的现金流量的能力是项目融资的信用基础。

第三，当项目风险的分配不被项目贷款人接受时，由第三方当事人提供信用担保将十分必要。

第四，该项目融资一般建立在可预见的政治与法律环境和稳定的市场环境基础之上。

10.1.2.2 有限追索权的项目融资（Limited – recourse）

除了以贷款项目的经营收益作为还款来源和取得物权担保外，贷款银行还要求有项目实体的第三方提供担保。贷款行有权向第三方担保人追索。但担保人承担债务的责任，以他们各自提供的担保金额为限，所以称为有限追索权的项目融资。

项目融资的有限追索性表现在以下三个方面：

（1）时间的有限性。即在项目的建设开发阶段，贷款人有权对项目发起人进行完全追索，而通过"商业完工"标准测试后，项目进入正常运营阶段时，贷款就可能变成无追索性了。

（2）金额的有限性。如果项目在经营阶段不能产生足额的现金流量，其差额部分可以向项目发起人进行追索。

（3）对象的有限性。贷款人一般只能追索到项目实体。

10.1.3 项目融资的特点

（1）融资主体的排他性。项目融资主要依赖项目自身未来现金流量及形成的资产，而不是依赖项目的投资者或发起人的资信及项目自身以外的资产来安排融资。融资主体的排他性决定了债权人关注的是项目未来现金流量中可用于还款的有多少，其融资额度、成本结构等都与项目未来现金流量和资产价值密切相关。

（2）追索权的有限性。传统融资方式，如贷款，债权人在关注项目投资前景的同时，更关注项目借款人的资信及现实资产，追索权具有完全性；而项目融资方式如前文所述，是就项目论项目，债权人除和签约方另有特别约定外，不能追索项目自身以外任何形式的资产，也就是说，项目融资完全依赖项目未来的经济强度。

（3）项目风险的分散性。融资主体的排他性、追索权的有限性，决定着作为项目签约各方对各种风险因素和收益的充分论证。确定各方参与者所能承受的最大风险及合作的可能性，利用一切优势条件，设计出最有利的融资方案。

（4）项目信用的多样性。将多样化的信用支持分配到项目未来的各个风险点，从而规避和化解不确定项目风险。如要求项目"产品"的购买者签订长期购买合同（协议），原材料供应商以合理的价格供货等，确保强有力的信用支持。

（5）项目融资程序的复杂性。项目融资数额大、时限长、涉及面广，涵盖融资方案的总体设计及运作的各个环节，需要的法律性文件也多，其融资程序比传统融资复杂。且前期费用占融资总额的比例与项目规模成反比，其融资利息也高于公司贷款。

项目融资虽比传统融资方式复杂，但可以达到以下传统融资方式实现不了的目标：

1）有限追索的条款保证了项目投资者在项目失败时，不至于危及投资方其他财产。

2）在国家和政府建设项目中，对于"看好"的大型建设项目，政府可以通过灵活多样的融资方式来处理债务对政府预算可能产生的负面影响。

3）对于跨国公司进行海外合资投资的项目，特别是对没有经营控制权的企业或投资于风险较大的国家或地区，可以有效地将公司其他业务与项目风险实施分离，从而限制项目风险或国家风险。

可见，项目融资作为新的融资方式，对于大型建设项目，特别是基础设施和能源、交通运输等资金密集型的项目具有更大的吸引力和运作空间。

10.1.4 项目融资的基本程序

一般来说，项目融资的程序大致可以分为投资决策、融资决策、融资结构分析、融资谈判和执行五个阶段。

（1）投资决策阶段。对于任何一个投资项目，在决策者下决心之前，都需要经过相当周密的投资决策分析，这些分析包括对宏观经济形势的判断、工业部门的发展以及项目在工业部门中的竞争性分析、项目的可行性研究等内容。一旦做出投资决策，接下来的一个重要工作是确定项目的投资结构，项目的投资结构与将要选择的融资结构和资金来源有着密切的关系。同时，在很多情况下，项目投资决策也是与项目能否融资以及如何融资紧密联系在一起的。投资者在决定项目投资结构时需要考虑的因素很多，主要包括项目的产权形式、产品分配形式、决策程序、债务责任、现金流量控制、税务结构和会计处理等方面的内容。

（2）融资决策阶段。在这个阶段，项目投资者将决定采用何种融资方式为项目开发筹集资金。是否采用项目融资，取决于投资者对债务责任分担、贷款资金数量，时间、融资费用以及债务会计处理等方面的要求。如果决定选择采用项目融资作为筹资手段，投资者就需要选择和任命融资顾问，开始研究和设计项目的融资结构。

（3）融资结构分析阶段。设计项目融资结构的一个重要步骤是完成对项目风险的分析和评估。项目融资信用结构的基础是由项目本身的经济强度以及与之有关的各个利益主体与项目的契约关系和信用保证构成的。能否采用以及如何设计项目融资结构的关键点之一，就是要求项目融资顾问和项目投资者一起对项目有关的风险因素进行全面分析和判断，确定项目的债务承受能力和风险，设计出切实可行的融资方案。项目融资结构以及相应的资金结构的设计和选择必须全面反映投资者的融资战略要求和考虑。

（4）融资谈判阶段。在初步确定了项目融资方案以后，融资顾问将有选择地向商业银行或其他投资机构发出参与项目融资的建议书，组织贷款银团，策划债券发行，着手起草有关文件。与银行的谈判会经过很多次反复，这些反复可能是对相关法律文件进行修改，也可能涉及融资结构或资金来源的调整，甚至可能是对项目的投资结构及相应的法律文件做出修改，来满足债权人的要求。在谈判过程中，强有力的顾问可以加强投资者的谈判地位，保护其利益，并能够灵活地、及时地找出方法解决问题，打破谈判僵局。因此，在谈判阶段，融资顾问的作用是非常重要的。

（5）执行阶段。在正式签署项目融资的法律文件之后，融资的组织安排工作就结束了，项目融资进入执行阶段。在这期间，贷款人通过融资顾问经常对项目进展情况进行监督，根据融资文件的规定，参与部分项目的决策、管理和控制项目的贷款资金投入和部分现金流量。贷款人的参与可以按项目的进展划分为项目建设期、试生产期和正常运行期三个阶段。

10.1.5　项目融资的适用范围

（1）资源开发项目。资源开发项目包括石油、天然气、煤炭、铁、铜等开采业。项目融资最早就是源自于资源开发的相关项目。

（2）基础设施建设项目。基础设施一般包括铁路、公路、港口、电信和能源等项目的建设。基础设施建设是项目融资应用最多的领域，其原因有两个方面：一方面，这类项目投资规模巨大，完全由政府出资必定有一些困难；另一方面，基于商业化经营的需要，只有商业化经营，才能够产生收益，提高收益。在发达国家，许多基础设施建设项目因采用项目融资而取得成功，后来发展中国家也逐渐引入了这种融资方式。

（3）制造业项目。虽然项目融资在制造业领域有所应用，但范围比较窄，因为制造业中间产品很多，工序多，操作起来比较困难，另外，其对资金的需求也不如前两个领域那么大。在制造业，项目融资多用于工程上比较单纯或某个工程阶段已使用特定技术的制造业项目，此外，也适用于委托加工生产的制造业项目。

总之，项目融资一般适用于竞争性不强的行业，具体来说，只有那些通过对用户收费取得收益的设施和服务，才适合项目融资方式。尽管这类项目建设周期长、投资量大，但收益稳定、受市场变化影响小，对投资者有一定吸引力。

10.1.6 产业链金融中对项目的考量

在产业链金融的风险模式下，金融机构对企业及其项目的考量通常可以分为以下四个方面：

（1）对宏观环境的判断，供应链、物流与宏观环境的关系是非常重要的。

（2）要考虑主体信用，包括企业经营能力、实际控制人的诚信记录等。

（3）通过结构性产品的安排，包括对物流、资金流、信息流的控制，来安排授信产品，进一步降低对主体资信的依赖能力。

（4）要考虑相关的合作机构，如能否为银行管理客户的交易流程，包括对物流、资金流的控制能否和银行一起进行相应的管理，等等。

10.2 项目融资方式

10.2.1 BOT 模式

最初受到人们关注的是从国外引进的 BOT 模式，BOT 是英文 Built（建设）、Operate（运营）、Transfer（转让）的缩写。BOT 模式的基本思路是投资者和经营者从项目所在国政府或所属机构取得为项目的建设和经营提供特许权协议（Concession Agreement）作为项目融资的基础，然后组成项目公司且由项目公司来安排项目融资、承担主要风险、开发建设项目并在特许期限内经营项目获取商业利润，最后根据特许权协议将项目无偿地转让给政府机构。因此，BOT 具有市场机制和政府干预相结合的混合经济的特色：

（1）BOT 能够保持市场机制发挥作用。BOT 项目的大部分经济行为都在市场上进行，政府以招标方式确定项目公司的做法本身也包含了竞争机制。作为可靠的市场主体的私人机构是 BOT 模式的行为主体，在特许期内对所建工程项目具有完备的产权。这样，承担 BOT 项目的私人机构在 BOT 项目实施过程中的行为完全符合经济人假设。

（2）BOT 为政府干预提供了有效的途径，这就是和私人机构达成的有关 BOT 的协议。尽管 BOT 协议的执行全部由项目公司负责，但政府自始至终都拥有对该项目的控制权。在立项、招标、谈判三个阶段，政府的意愿起着决定性的作用。在履约阶段，政府又具有监督检查的权力，项目经营中的价格制订也受到政府的约束，政府还可以通过通用的 BOT 法来约束 BOT 项目公司的行为。

分析项目中的参与者：

（1）项目发起人。作为项目发起人，先应作为股东，分担一定的项目开发费用。在 BOT 项目方案确定时，就应明确债务和股本的比例，项目发起人应做出一定的股本承诺。同时，应在特许协议中列出专门的备用资金条款，当建设资金不足时，由股东垫付不足资金，以避免项目建设中途停工或工期延误。项目发起人拥有股东大会的投票权，以及特许协议中列出的资产转让条款所表明的权力，即当政府有意转让资产时，股东拥有除债权人之外的第二优先权，从而保证项目公司不被怀有敌意的人控制，保护项目发起人的利益。

（2）产品购买商或接受服务者。在项目规划阶段，项目发起人或项目公司就应与产品购买商签订长期的产品购买合同。产品购买商必须有长期盈利的历史和良好的信誉保证，并且其购买产品的期限至少与 BOT 项目的贷款期限相同，产品的价格也应保证项目公司足以回收股本、支付贷款本息和股息，并有利润可赚。

（3）债权人。债权人应提供项目公司所需的所有贷款，并按照协议规定的时间、方式支付。当政府计划转让资产或进行资产抵押时，债权人拥有获取资产和抵押权的第一优先权；项目公司若想举新债必须征得债权人的同意；债权人应获得合理的利息。

（4）建筑发起人。BOT 项目的建筑发起人必须拥有很强的建设队伍和先进的技术，按照协议规定的期限完成建设任务。为了充分保证建设进度，要求总发起人必须具有较好的工作业绩，并应有强有力的担保人提供担保。项目建设竣工后要进行验收和性能测试，以检测建设是否满足设计指标。一旦总发起人因自身原因未按照合同规定期限完成任务，或者完成任务未能通过竣工验收，项目公司将予以罚款。

（5）保险公司。保险公司的责任是对项目中各个角色不愿承担的风险提供保险，包括建筑商风险、业务中断风险、整体责任风险、政治风险（战争、财产充公等），等等。由于这些风险的不可预见性很强，造成的损失巨大，所以对保险商的财力、信用要求很高，一般的中小保险公司是没有能力承诺作此类保险的。

（6）供应商。供应商负责供应项目公司所需的设备、燃料、原材料等。由于在特许期限内，对于燃料（原料）的需求是长期的和稳定的，供应商必须具有良好的信誉和较强而稳定的盈利能力，能提供不短于还贷期的一段时间的燃料（原料），同时供应价格应在供应协议中明确注明，并由政府和金融机构对供应商进行担保。

（7）运营商。运营商负责项目建成后的运营管理，为保持项目运营管理的连续性，项目公司与运营商应签订长期合同，期限至少应等于还款期。运营商必须是 BOT 项目的专长者，既有较强的管理技术和管理水平，也有此类项目较丰富的管理经验。在运营运程中，项目公司每年都应对项目的运营成本进行预算，列出成本计划，限制运营商的总成本支出。对于成本超支或效益提高的项目，应有相应的罚款和奖励制度。

（8）政府。政府是 BOT 项目成功与否最关键的角色之一，政府对于 BOT 的态度以及在 BOT 项目实施过程中给予的支持将直接影响项目的成败。本书有关章节将详细说明 BOT 中的政府作用。BOT 项目中的风险问题可分为可控制和不可控制两类，然后分别对它们进行分析、评价和分配。可控制风险主要包括完工风险、生产风险、技术风险和部分市场风险。不可控制风险主要包括金融风险、政治风险和不可抗力风险。鉴于 BOT 模式的项目风险大及产品昂贵等特点，TOT 模式开始受到人们关注。

10.2.2 TOT 模式

TOT 模式，就是指通过出售现有投产项目在一定期限内的现金流量从而获得资金来建设新项目的一种融资方式。但 TOT 模式大多只能用于基础建设，且政策风险因素为发生概率最高、影响程度最大的因素。

TOT 方式与 BOT 方式是有明显区别的，它不需直接由投资者投资建设基础设施，因此，避开了基础设施建设过程中产生的大量风险和矛盾，比较容易使政府与投资者达成一致。TOT 方式主要适用于交通基础设施的建设。

将 TOT 与 BOT 项目融资模式结合起来但以 BOT 为主的融资模式叫作 TBT。在 TBT 模式中，TOT 的实施是辅助性的，采用它主要是为了促成 BOT。TBT 有两种方式：一是公营机构通过 TOT 方式有偿转让已建设施的经营权，融得的资金将入股 BOT 项目公司，参与新建 BOT 项目的建设与经营，直至最后收回经营权。二是无偿转让，即公营机构将已建设施的经营权以 TOT 方式无偿转让给投资者，但条件是与 BOT 项目公司按一个递增的比例分享拟建项目建成后的经营收益。两种模式中，前一种比较少见。

另外，PFI 模式和 PPP 模式是最近几年国外发展很快的两种民资介入公共投资领域的模式，虽然在我国尚处于起步阶段，但是具有很好的借鉴作用，也是我国公共投资领域投融资体制改革的一个发展方向。

10.2.3 PPP 模式

PPP（Public Private Partnership），即公共部门与私人企业合作模式，是公共基础设施的一种项目融资模式。在该模式下，鼓励私人企业与政府合作，参与公共基础设施的建设。其中文意思是：公共、民营、伙伴。PPP 模式的构架是：从公共事业的需求出发，利用民营资源的产业化优势，通过政府与民营企业双方合作，共同开发、投资建设，并维护运营公共事业的合作模式，即政府与民营经济在公共领域的合作伙伴关系。通过这种合作形式，合作各方可以达到与预期单独行动相比更为有利的结果。合作各方参与某个项目时，政府并不是把项目的责任全部转移给私人企业，而是由参与合作的各方共同承担责任和融资风险。这是一项世界性课题，已被原国家计委、国家科技部、联合国开发计划署三方会议正式批准纳入正在执行的我国地方21世纪议程能力建设项目。

PPP模式是一种优化的项目融资与实施模式，以各参与方的"双赢"或"多赢"作为合作的基本理念，其典型的结构为：政府部门或地方政府通过政府采购的形式与中标单位组建的特殊目的公司签定特许合同（特殊目的公司一般是由中标的建筑公司、服务经营公司或对项目进行投资的第三方组成的股份有限公司），由特殊目的公司负责筹资、建设及经营。政府通常与提供贷款的金融机构达成一个直接协议，这个协议不是对项目进行担保的协议，而是一个向借贷机构承诺将按与特殊目的公司签订的合同支付有关费用的协定，这个协议使特殊目的公司能比较顺利地获得金融机构的贷款。这种融资形式的实质是：政府通过给予私营公司长期的特许经营权和收益权来加快基础设施的建设及有效运营。

10.2.4 PFI模式

PFI的根本在于政府从私人处购买服务，目前这种方式多用于社会福利性质的建设项目，不难看出这种方式多被那些硬件基础设施相对已经较为完善的发达国家采用。比较而言，发展中国家由于经济水平的限制，将更多的资源投入到能直接或间接产生经济效益的地方，而这些基础设施在国民生产中的重要性很难使政府放弃其最终所有权。

PFI项目在发达国家的应用领域总是有一定的侧重，以日本和英国为例，从数量上看，日本的侧重领域由高到低为社会福利、环境保护和基础设施，英国由高到低则为社会福利、基础设施和环境保护。从资金投入看，日本在基础设施、社会福利、环境保护三个领域的资金投入仅占英国的7%、52%和1%，可见其规模与英国相比要小得多。当前英国的PFI项目非常多样，最大型的项目来自国防部，例如空对空加油罐计划、军事飞行培训计划、机场服务支持等。更多的典型项目是相对小额的设施建设，例如教育或民用建筑物、警察局、医院能源管理或公路照明，较大一点的包括公路、监狱和医院用楼等。

10.2.5 ABS模式

ABS模式融资即资产收益证券化融资。它是以项目资产可以带来的预期收益为保证，通过一套提高信用等级计划在资本市场发行债券来募集资金的一种项目融资方式。具体运作过程是：①组建一个特别目标公司；②目标公司选择能进行资产证券化融资的对象；③以合同、协议等方式将政府项目未来现金收入的权利转让给目标公司；④目标公司直接在资本市场发行债券募集资金或者由目标公司信用担保，由其他机构组织发行，并将募集到的资金用于项目建设；⑤目标公司通过项目资产的现金流入清偿债券本息。

10.2.6 众筹模式

近几年来，众筹模式也在逐渐兴起，众筹模式是指个人或小企业通过互联网向大众筹集资金的一种项目融资方式。根据不同的分类方式，众筹模式有不同的划分，但基于捐赠的众筹和基于事先销售的众筹在所有类型中占有最大的比例。依据互联网为平台的众筹的确有成本低、门槛低、效率高、融资项目多样、创意性强等无可比拟的独特优势，然而在目前的经济社会条件下，持续走热的众筹模式受到法律、风险等许多仍待解决的问题的限制。

众筹从某种意义而言，是一种Web 3.0，它使社交网络与"多数人资助少数人"的募资方式交叉相遇，通过P2P或P2B平台的协议机制来使不同个体之间融资筹款成为可能。构建众筹商业模式要有项目发起人（筹资人）、公众（出资人）和中介机构（众筹平台）这三个有机部分组成。

10.2.6.1 项目发起人（筹资人）

项目是具有明确目标的、可以完成的且具有具体完成时间的非公益活动，如制作专辑、出版图书或生产某种电子产品。项目不以股权、债券、分红、利息等资金形式作为回报。项目发起人必须具备一定的条件（如国籍、年龄、银行账户、资质和学历等），拥有对项目100%的自主权，不受控制，完全自主。项目发起人要与中介机构（众筹平台）签订合约，明确双方的权利和义务。

项目发起人通常是需要解决资金问题的创意者或小微企业的创业者，但也有个别企业为了加强用户的交流和体验，在实现筹资目标的同时，强化众筹模式的市场调研、产品预售和宣传推广等延伸功能，以项目发起人的身份号召公众（潜在用户）加入产品的研发、试制和推广，以期获得更好的市场响应。

10.2.6.2 公众（出资人）

公众（出资人）往往是数量庞大的互联网用户，他们利用在线支付方式对自己感兴趣的创意项目进行小额投资，每个出资人都成为了"天使投资人"。公众所投资的项目成功实现后，对于出资人的回报不是资金回报，而可能是一个产品样品，例如一块 Pebble 手表，也可能是一场演唱会的门票或是一张唱片。出资人资助创意者的过程就是其消费资金前移的过程，这既提高了生产和销售等环节的效率，生产出依靠传统投融资模式而无法推出的新产品，也满足了出资人作为用户的小众化、细致化和个性化消费需求，具有门槛低、多样化、创新性强等特点。

10.2.6.3 中介机构（众筹平台）

中介机构是众筹平台的搭建者，又是项目发起人的监督者和辅导者，还是出资人的利益维护者。上述多重身份的特征决定了中介机构（众筹平台）的功能复杂、责任重大。

首先，众筹平台要拥有网络技术支持，根据相关法律法规，采用虚拟运作的方式，将项目发起人的创意和融资需求信息发布在虚拟空间里，实施这一步骤的前提是在项目上线之前进行细致的实名审核，并且确保项目内容完整、可执行和有价值，确定没有违反项目准则和要求。

其次，在项目筹资成功后要监督、辅导和把控项目的顺利展开。

最后，当项目无法执行时，众筹平台有责任和义务督促项目发起人给出资人退款。项目不能以股权、债券、分红或利息等金融形式作为回报，项目发起者更不能向支持者许诺任何资金上的收益，必须是以其相应的实物、服务或者媒体内容等作为回报，否则可能涉及非法集资，情节严重的甚至可能构成犯罪。

现有市场中的众筹规模较小，发展时间短，暂不适合信托计划涉及。信托计划一般针对基础建设的大型项目建设，适合前几类项目融资方式。

10.3　项目融资法律环境

项目参与主体之间的法律关系较为复杂；项目所需签订的合同种类、数量相当庞杂；完善贷款担保措施难度较大，我国现存有关项目融资的法律较少。

外汇管理局在 1998 年 1 月 1 日开始执行的《关于境内机构进行项目融资有关事宜的通知》中定义的项目融资为：以境内项目的名义在境外筹措一年以上的外汇资金，以项目营运收入对外承担债务偿还责任的融资形式。主要规定了项目申请需要的材料以及评审程序，项目单位以对外发债或组织国际银团等方式进行项目融资，须经国家外汇管理局批准，并参照《中国境内机构在境外发行债券的管理规定》和《境内机构借用商业贷款管理办法》执行，项目融资不得调换成人民币使用，账户资金仅用于还本付息。

从我国立法来看，目前专门调整项目融资的法律规范有 1997 年原国家计委、国家外汇管理局《境外进行项目融资管理暂行办法》，1995 年原外经贸部《关于以 BOT 方式吸收外商投资有关问题的通知》（以下简称《通知》），1995 年原国家计委、电力工业部、交通部《关于试办外商投资特许权项目审批管理有关问题的通知》（以下简称《试办通知》）。此外，还有一些法律、行政法规、规章，如《中华人民共和国公司法》，1995 年原外经贸部《关于设立外商投资股份有限公司若干问题的暂行规定》（以下简称《暂行规定》）、中国人民银行《关于中国境内机构在境外发行债券的管理规定》、中国人民银行 1996 年 9 月《境内机构对外担保管理办法》等也间接调整了项目融资。现行调整项目融资的法律规范的缺陷表现在以下四个方面：

第一，大都由国务院有关部门制定，属于部门规章，权威性不足。

第二，这些部门规章大都从各自的管理角度出发，对同一问题往往有不同的规定，致使项目融资参与者无所适从。例如，《试办通知》规定，对于项目公司偿还贷款本金、利息、红利汇出所需外汇，国家保证兑换和汇出境外，但《通知》却规定政府机构一般不应对外汇兑换担保；再如，《中外合资经营企业法》、《外资企业法》、《中外合作经营企业法》规定：外商投资企业注册成立时采用"先登记、后出资"的做法，但《暂行规定》却规定：外商投资股份有限公司注册成立时采用"先出资、后登记"的做法，等等。

第三，很多具体规定与国际项目融资的习惯性做法相冲突，构成了我国发展项目融资的法律障碍。例如，对于BOT项目融资方式，依国际惯例，项目所在国政府通常提供投资回报保证，但《试办通知》却规定：政府不提供固定投资回报率的保证；再如1987年国家工商局《关于中外合资经营企业注册资本与投资总额比例的暂行规定》所要求的外商投资企业的股本债务比例相对项目融资来说过高，构成融资的法律障碍。

第四，过于简单、缺乏可操作性，难以有效调整项目融资运作过程中各参与者之间复杂的法律关系。

项目融资最关键的是项目融资中的法律关系十分复杂，主要涉及的主体关系大致分析如下：

（1）项目公司和信托之间的信贷法律关系。由于项目投资资金巨大，项目资金的大部分都要通过信托等金融机构获得。信托在项目中具有不可或缺的地位，而项目公司与信托之间的信贷合同对于信托来说最为重要，信贷合同中对于贷款回收、利息收入及信贷合同的担保是信托机构关注的主要内容。

（2）项目公司和项目工程承建商之间的法律关系。项目的建筑合同对于金融机构同样非常重要，如果项目建设不能按期完成，则贷款人的贷款很可能无法收回。因而，项目公司与承包商之间的建筑合同同样值得关注，也是项目中的一种法律关系。因此，信托机构和项目公司谈判，也可以邀请项目工程的承建商加入，以便尽量准确地判断项目建设的风险。

（3）项目公司和项目原材料供应商、能源供应商之间的法律关系。项目公司与供应商之间的合同在项目的运营过程中也发挥重要作用。供应商能够长期为项目提供能源和原材料，有利于减少项目经营期间的不确定因素，增加了项目公司成功的机会。因而，信托在考虑给项目提供贷款时，应了解项目的材料供应合同，非常关心供应商的资信和经营作风，以确定项目生产能力的稳定性，从而达到贷款风险的最小化。

（4）项目公司和项目产品的购买者或项目设施的使用者之间的法律关系。信托计划的目的就是获利，而获利的保证就是项目产品的销售。因而，项目公司与产品购买方的销售合同成为贷款能否收回的关键。因而，信托在项目谈判阶段，就应该了解项目的产品或服务的购销协议，明确承购方是否真正具有履行购买产品或使用设施的义务能力。因此，项目产品的购买者或项目设施的使用者的资信状况也成为银行决定是否提供贷款的重要因素之一。

(5) 项目公司和保险机构之间的法律关系。在项目融资中，项目公司以其法人身份一般只承担有限的债务责任和义务。因而，项目的担保合同对于信托来说至关重要。当项目存在完工风险或经营风险导致贷款无法从项目公司得到补偿时，贷款方就可以以其债权人的身份获得项目的担保方（政府或者与其相关的保险机构）的担保款，尽力弥补贷款损失。信托在为项目融资时，应当要求借款人（项目公司或项目公司的发起人）投保并支付保费，以尽量减少信贷风险。因而，贷款合同也会对金融机构的贷款产生很大影响。以《中华人民共和国担保法》和《关于适用〈担保法〉若干问题的解释》等担保法律制度为依据，尽可能地利用好担保措施，但《中华人民共和国担保法》第8条明确规定，除经国务院批准为使用外国政府或国际经济组织贷款进行转贷外，禁止国家机关成为保证人。

我国在项目融资方面的法律法规并不完善，还需要出台更多相关法律法规来保证项目融资的安全。

10.4　项目融资信托产品设计

10.4.1　产品要点

(1) 产品名称：××信托·B公司X项目投资集合资金信托计划。

(2) 产品类型：项目投资集合资金信托计划。

(3) 发行机构：××信托有限责任公司。

(4) 投资起点：100万元人民币起，100万~300万元不超过50份；300万元以上不受份额限制，均按照1万元的整数倍增加。

(5) 推介期：20××年××月××日至20××年××月××日，项目分期发售。一期推介期为20××年××月××日至20××年××月××日，根据资金募集情况可提前结束或延长。

(6) 发行规模：信托计划总规模为人民币××亿元，每期和每类受益权规模以实际募集金额为准。

(7) 信托期限：×年。

(8) 预期收益率：

E1 类，100 万元≤投资的信托资金＜300 万元，年预期收益率为 9.5%；

E2 类，300 万元≤投资的信托资金＜800 万元，年预期收益率为 10%；

E3 类，投资的信托资金≥800 万元，年预期收益率为 10.5%；

E4 类，向特定投资者募集。

(9) 交易结构与资金运用方式：信托公司接受产业链核心企业 B 公司的委托，以其在项目建设环节所需的资金作为依据而设立信托计划。信托公司与商业银行、战略投资公司签订夹层资本投资协议，确定优先级、次优级以及劣后级资产的分配比例。基于产业链核心企业的项目建设计划，信托公司设立夹层融资信托，向合格的投资人募集所需资金，然后将募集的资金通过托管银行借给产业链核心企业 B 公司，同时核心企业 B 公司为信托公司提供抵押品，并提供一家担保公司负责连带担保责任。核心企业 B 公司获得信托融资后，将取得的资金专项用于项目建设。

在信托计划到期时，核心企业偿还融资的本金和利息。若 B 公司无力偿还信托融资，信托公司可以通过拍卖抵押品进行清偿；若抵押品不足以偿还债务，则由担保公司负责偿还。当然，对于最后收益的分配，也需要按照先前的约定进行。先偿还银行借贷资金的本息，再偿还信托公司次优级融资的本息，最后偿还战略投资公司投资资金的本息。该类信托产品的具体交易结构如图 10-1 所示。

(10) 投资收益的支付：①信托计划成立后满 12 个月时支付固定利息；②信托计划成立后满 24 个月时回购剩余股权，支付其余信托投资本金并按相同溢价支付投资收益至信托财产专户。

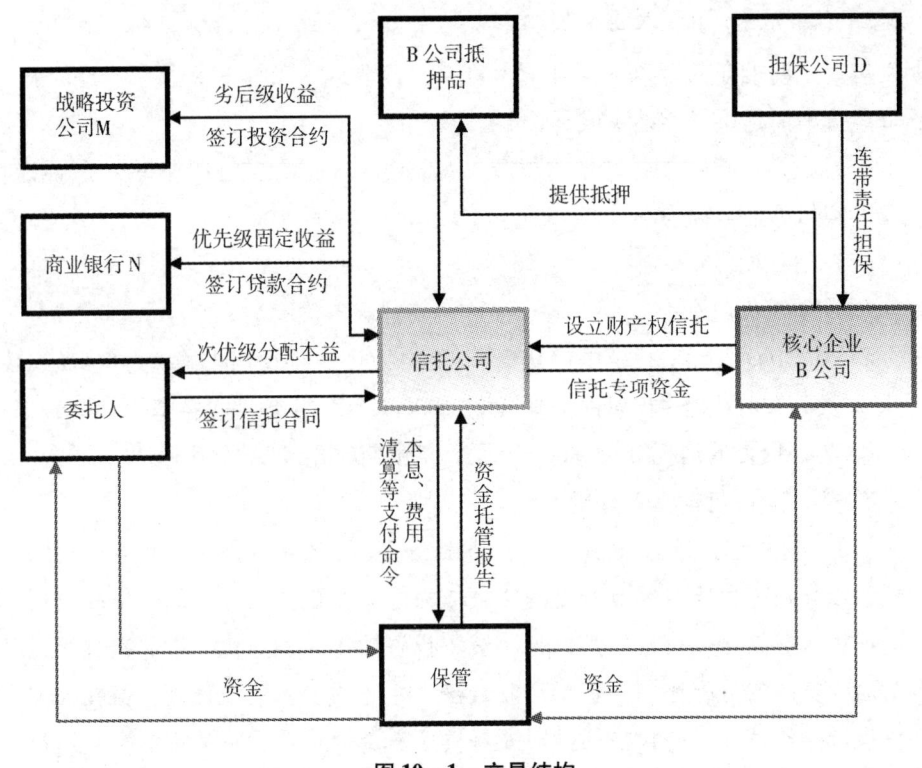

图 10-1 交易结构

10.4.2 风险保障措施

（1）战略投资公司 M、商业银行 N、产业链核心企业 B 公司、担保公司与信托公司五方签订《债权债务确认书》，确认××项目融资债权有效；并对项目融资款账户设立监管；其中，银行拥有优先级固定收益部分的债权，英大信托公司拥有次优级收益部分的债权，战略投资公司拥有劣后级收益部分的债权。

（2）项目融资在××银行应收账款质押登记系统办理登记公示。

（3）信托公司与产业链核心企业 B 公司签署项目融资投资及回购合同，约定信托到期后，B 公司以溢价方式回购标的债权。

（4）B 公司提供国有土地使用权抵押（预估××亿元，抵押率××%）。

（5）担保公司（信用评级 AA+）为 A 公司履行相关义务提供连带保证

担保。

风险揭示：受托人承诺以受益人的最大利益为宗旨处理信托事务，并谨慎管理信托财产，但不承诺信托资金不受损失，亦不承诺信托资金的最低收益。

10.4.3　认购流程

（1）投资人请按拟认购金额在募集期限内缴款至信托资金募集账户，缴款方式可选择银行柜台转账或网银转账，转账时请注明姓名和联系电话，账户信息如下：

开户行：××银行。

户　名：××信托有限责任公司。

账　号：×××××××××。

（2）根据"同时到账金额优先、同等金额到账时间优先"的原则通知投资人签订信托合同。

自然人：认购资金转账凭证原件，本人的身份证原件，作为信托收益兑付账户的本人银行账户复印件。

机构客户：认购资金转账凭证原件和复印件，营业执照复印件，授权委托书，法定代表人身份证复印件，经办人有效身份证件，信托收益分配账户复印件。以上材料均需加盖公章。

10.5　项目融资信托产品风险分析

10.5.1　项目自身风险分析

产品主要围绕项目来设计，所以需要事前对于项目自身的风险进行良好的分析，项目风险主要可以分为信用风险、生产风险、完工风险、市场风险、金融风险、政治风险、环境保护风险、技术风险和其他相关风险。

（1）信用风险。信托产品针对的是核心企业 B 公司的项目，项目融资中最为关注的是信用风险，项目融资所面临的信用风险是指项目有关参与方不能履行协定责任和义务而出现的风险。信托公司与融资企业 B 公司展开合作的基础是信息对称，交易对手能够尽可能让信托项目组了解其经营管理现状、债务总体情况等信息，降低双方的信息不对称程度，从而有利于信托项目组为融资企业设计合理的信托产品。而融资方良好的经营管理则是实现信托计划第一还款来源的重要保障。从已有的风险事件看，融资企业不诚信、恶意违法、经营管理不善等因素，导致了信托风险的出现。为了实现补充资金的目的，部分企业不惜编造虚假信息或者隐瞒对自身不利的信息。这种不诚信的行为，将使得融资企业过度负债，让信托资金暴露在更大的风险隐患下。企业经营管理不善主要体现在对产品营销、企业发展把握不清，最终导致生产经营出现压力，经营陷入困境，进而无法实现预期的收入水平，使信托资金的第一还款来源得不到保障。

（2）生产风险。项目生产风险是指在产品的目标项目试生产阶段和生产运营阶段存在的技术、资源储量、能源和原材料供应、生产经营、劳动力状况等风险因素的总称。它是项目融资的主要核心风险之一。生产风险主要表现在技术风险、资源风险、能源和原材料供应风险、经营管理风险。

（3）完工风险。完工风险是指项目无法完工、延期完工或者完工后无法达到预期运行标准而带来的风险。项目的完工风险存在于项目建设阶段和试生产阶段，它是项目融资的主要核心风险之一。完工风险对项目公司而言意味着利息支出的增加、贷款偿还期限的延长和市场机会的错过。

（4）市场风险。市场风险是指在一定的成本水平下能否按计划维持产品质量与产量，以及产品市场需求量与市场价格波动所带来的风险。市场风险主要有价格风险、竞争风险和需求风险，这三种风险相互联系，相互影响。

（5）金融风险。项目的金融风险主要表现在项目融资中利率风险和汇率风险两个方面。项目发起人与贷款人必须对自身难以控制的金融市场上可能出现的变化加以认真分析和预测，如汇率波动、利率上涨、通货膨胀、国际贸易政策的趋向等，这些因素会引发项目的金融风险。

（6）政治风险。项目的政治风险可以分为两大类：一类是国家风险，如借款人所在国现存政治体制的崩溃，对项目产品实行禁运、联合抵制、终止债务的偿还等；另一类是国家政治、经济政策稳定性风险，如税收制度的变更、关税及非关税贸易壁垒的调整，外汇管理法规的变化等。在任何国际融资中，借款人和贷款人都承担政治风险，项目的政治风险可能涉及项目的各个方面和各个阶段。

（7）环境保护风险。环境保护风险是指由于满足环保法规要求而增加的新资产投入或迫使项目停产等风险。随着公众越来越关注工业化进程对自然环境的影响，许多国家颁布了日益严厉的法令来控制辐射、废弃物、有害物质的运输及低效使用能源和不可再生资源。"污染者承担环境债务"的原则已被广泛接受。因此，也应该重视项目融资期内可能出现的任何环境保护方面的风险。

（8）技术风险的规避。技术风险是由于项目公司在与承包商进行工程分包时约束不严或监督不力造成的，所以项目公司应完全承担责任。对于工程延期和工程缺陷应在分包合同中做出规定，与承包商的经济利益挂钩。项目公司还应在工程费用以外留下一部分维修保证金或施工后质量保证金，以便顺利解决工程缺陷问题。对于影响整个工程进度和关系整体质量的控制工程，项目公司还应进行较频繁的期间监督。

（9）其他风险例如：营运风险、汇率风险等。

10.5.2　B公司的自身财务运营等风险分析

信托公司在设计产品时主要以偿债能力分析为核心，重点从项目技术可行性、财务可行性和还款来源可靠性等方面评估项目风险，充分考虑政策变化、市场波动等不确定因素对项目的影响，审慎预测项目的未来收益和现金流。根据项目融资在不同阶段的风险特征和水平，采用不同的贷款利率。

（1）B公司申请人主体资格审查。

（2）B公司借款用途审查。审查借款人借款用途是否正常合理，是否用于其正常的生产经营，严防将借款资金用作非法或不合理用途（如进入股市），防止挪作中长期项目资金使用。

（3）B公司还款能力分析。重点审查借款申请人的短期偿债能力，审查企业现金流量的变化，包括收入支出情况、借款期内到期的刚性负债（一年内应付账款、一年内到期的银行借款）情况，融资渠道与途径等情况，以此分析企业还款来源是否足以清偿贷款本息，企业还款方式是否现实等。

（4）B公司担保情况审查。对于第三方D公司保证应视同对借款申请人的要求进行审查和分析；对于抵质押，应重点分析抵质押物的价值、抵质押手续的健全有效、抵质押物的变现能力等。

10.5.3 政治风险的规避

特别是跨国投资的项目先要考虑的就是政治风险问题。而这种风险仅凭经济学家和经济工作者的经验是难以评估的。项目公司可以在谈判中获得政府的某些特许以部分抵消政治风险。如在项目国以外开立项目资金账户。此外，美国的海外私人投资公司（OPIC）和英国的出口信贷担保部（ECGD）对本国企业跨国投资的政治风险提供担保。

10.5.4 市场风险的分担

在市场经济体制中，由于新技术的出现带来的市场风险应由项目的发起人和确定人承担。若该项目由私人机构发起，则这部分市场风险由项目公司承担；若该项目由政府发展计划确定，则主要由政府负责。而工程超支风险则应由项目公司做出一定预期，在项目合同签订时便有备无患。

10.5.5 系统性风险

主要是指所有企业都将面临的风险。交易对手是在一定经济社会背景下经营发展，因而社会经济发展环境的变化、宏观调控政策必将影响企业的经营业绩，这就有必要给予系统性风险足够的关注，充分加强对宏观调控政策和经济走势的预判。全球金融危机后，国际经济形势较为复杂，欧债危机尚未彻底解决，美国经济也只是温和复苏。国内经济随着潜在经济增速的下降，也出现了较明显的下滑，市场需求下降，前些年大规模扩张产能的行业面临需求不足的困境，光伏、钢铁、煤炭等行业出现全行业性亏损或者经营恶化。与此同时，具有强周期特点的有色金属、水泥等行业也面临较大的经营压力。政策风险也对部分行业或者企业产生较大影响，以房地产行业最为突出。近年来，政府为了压制房价过快增长，出台了一系列房地产调控政策，部分房地产企业正是在此背景下，无法按照预期销售出房屋以及取得项目运营所需资金，导致资金流回收和项目运作发生问题，出现资金链紧张或者破裂，无法按期偿还信托项目本息。

10.5.6 信托计划运行中信托公司内部的风险因素

信托公司内部的风险因素主要在于信托项目事前风险管理和信托项目过程管理存在薄弱环节。

（1）事前风险管理的薄弱环节主要表现为尽职调查不充分。尽职调查是信托项目事前风险管理的重要环节，而且随着风险管理关口的前移，尽职调查已经成为信托项目前期论证的重要步骤，以达到消除信托公司与交易对手信息不对称的目的。尽职调查涉及宏观经济、行业、企业经营分析和财务分析，具有较高的专业性、综合性和复杂性。然而，尽职调查报告缺乏统一的质量评价体系，重书面调查、轻现场调查，尽职调查报告撰写略显单薄，不是在深刻地揭示信托项目风险，而是在重复和描述企业提供的资料，缺乏不同方面信息对企业信息的相互验证。而且，尽职调查报告注重现状描述分析，缺乏对企业未来经营情况的判断，但只有判断出企业未来的发展情况才能决定信托项目的风险。尽职调查报告注重对第二还款来源的分析，缺乏对于第一还款来源的分析，尤其是缺乏有效的企业现金流分析。同时，信托尽职调查仅注重对信托项目交易对手还款能力的考察，而没有对融资方管理者及实际控制人品、兴趣爱好等涉及信贷资金偿还意愿方面的详细调查，这使得信托项目前期尽职调查流于形式，在事前风险管理中为信托项目风险埋下了隐患。因而尽职调查不充分势必为信托项目后续运作埋下风险隐患。从已发生的信托项目风险事件看，很多正是因为前期尽职调查存在漏洞，才导致了违约事件的发生。

1）对交易对手的财务及债务信息了解不充分。尽职调查需要搜集交易对手的各方面信息，尤其是债务负担或有负债和法律诉讼等方面的信息，而且通过来源于不同渠道的相关信息进行相互印证，才能做到全面而准确地评价交易对手和项目的风险状况。然而，在已暴露出来的风险事件中，很多信托项目的前期调查存在一定疏漏，尽职调查过于程序化。

2）无法准确评估交易对手的经营管理水平和能力。对于融资类信托项目而言，交易对手的经营管理水平直接影响企业的运营状况，进而直接决定了第一还款来源的可靠性。对房地产这样的资金密集行业而言，房地产项目的营销和运营水平十分关键。所以，在尽职调查中，既要关注交易对手过往的经验业绩，也要关注整个管理团队的经营能力和稳定性，以及管理层应对复杂环境的能力。在证券投资类信托项目中，对于投资顾问把关不严及其投资管理能力评估不足，也会造成投资风险或者相关纠纷。

3）高估抵、质押物价值或忽视抵、质押物存在的瑕疵。抵、质押物是信托项目的第二还款来源，在交易对手违约后，将成为实现信托兑付的重要资金来源。一般而言，信托项目抵押率都在50%以下，股权质押率一般在35%左右。然而，需要防止抵、质押物虚高，进而人为实现较低的抵、质押率，制造第二还款来源非常充足的假象。

（2）信托运营过程管理不力。从信托项目风险的事中管理看，信托公司依然存在重事前风险管理、轻信托项目过程管理的问题。信托公司过于依赖一些既定的风险控制手段，对于可能出现的交易对手的恶意违法行为和传统管理手段的风险预见不足，最终导致信托项目出现风险。主要体现在以下三点：

1）风险管理精细化程度不足。虽然信托公司风险管理制度和流程已较为完善，但是信托公司的风险管理工具仍较为简单，多为尽职调查，以定性分析为主，缺乏信用风险的评级体系，缺乏市场风险的度量工具，这使得信托公司风险管理较为粗糙。由于风险计量不到位，使得信托公司对风险的认识不深入，可能造成风险管理的偏差和失误。

2）风险管理的信息系统建设不足。信托公司风险管理信息系统的建设较为落后，缺乏相关风险管理数据的累积和相关风险度量系统，这使得风险管理的效率不高；缺乏有效的信托项目数据整合系统，不利于业务分析、对行业趋势跟踪以及相关经营报告的制作；缺乏宏观、行业以及客户信息集合系统，无法形成有效的信托项目评价和预警体系，进而无法支持信托项目风险管理有序开展。

3）信托项目过程的风险管理不足。信托公司明显将风险管理的关口前移，放松了信托项目过程管理，加之信托项目团队成员人力和精力有限，使得信托项目过程管理不足，表现在定期回访信托交易对手的频率不足，无法及时了解融资方发生的变化，遗漏了信托项目早期显现的风险信号。

(3) 信托项目风险处置专业化不足。实际上，随着信托资产总规模的不断攀升，信托项目风险也会逐步显现，这就需要增强信托公司的风险处置能力和水平。然而现在信托公司缺乏专业化的风险处置部门或者团队，在风险出现后，临时组建内部团队，不利于提高信托风险处置效率，可能延误最佳风险处置时机。

(4) 对信托经理的激励约束机制不合理。目前，信托公司对于信托经理的约束仍然以业务收入为主，这无疑会对信托经理形成错误的激励和信号，促使信托经理以追求业务量和收入为主，而忽视信托项目风险，甚至可能故意隐瞒信托风险，导致信托公司收益和社会品牌遭受损失。

除了这类风险外，还有一些不可抵抗外力风险的风险。这种具有不可预测性和损失额的不确定性，有可能是毁灭性损失。而政府和私人机构都无能为力。对此可以依靠保险公司承担部分风险。这必然会增大工程费用，大型项目往往还需要多家保险公司进行分保。在项目合同中政府和项目公司还应约定该风险的分担方法。

总之，信托项目各风险要素并不是孤立的，而是相互联系、相互交织的。信托公司前期尽职调查和信托项目过程管理，都需要交易对手的良好配合和合作，这样才有利于降低双方之间的信息不对称程度，使得信托公司能够为交易对手提供更为优质的金融服务。同时，交易对手也需要信托公司的金融服务来满足自身经营发展需要。这也有利于强化信托项目风险控制，否则，一旦出现风险事件，必将影响到双方合作。系统性风险或者政策风险需要信托公司在做好客户准入的前提下，与交易对手共同探讨可能的应对思路，通过化解潜在风险，维护双方良好的合作关系。

第四篇 案例与实践篇

产业链金融业务越来越多地受到信托业的关注,信托企业也开始了产业链金融的业务尝试。英大信托近年来深入贯彻产业链金融战略,服务实体经济,围绕电力、能源领域,在产业链金融方面进行了积极探索和实践,包括:开发产业链金融业务,开展供应链信托;充分利用信托制度优势,提出多元化电网融资解决方案;开展信贷资产证券化等创新业务取得实质性成果。但是,信托业开展产业链金融业务,建立完备的产业链金融服务体系,还存在市场意识、组织保障、信息化技术水平、风险管理体系等方面的问题,需要在不断的探索和创新中逐步完善提高。

第11章 产业链金融案例分析

11.1 信托平台的产业链金融案例

11.1.1 昆仑信托：石油行业

昆仑信托有限责任公司（以下简称"昆仑信托"）是近期产业集团重组信托公司的典型案例，其前身是金港信托有限责任公司，最早成立于1986年11月。2009年6月，公司进行增资扩股并更名为昆仑信托，注册资本金增至30亿元人民币，中国石油天然气集团公司的全资子公司中油资产管理有限公司为昆仑信托的控股股东。昆仑信托公司具有完善的公司治理结构，拥有一支富有朝气、勇于开拓、善于创新、投资管理能力强的信托基金经理人队伍，经营合规、操作稳健、严控风险、资产优良、业绩突出，成功投资于基础设施建设、房地产开发和证券市场等多个领域，累计发行信托计划（基金）超过900支，累计管理资产超过2100亿元。

重组以来，昆仑信托在中石油集团产融结合战略的指导下，借助股东优势和市场资源，不断提高资产管理能力和水平，经营业绩突飞猛进。主要表现在以下三方面：一是充分利用股东与各大银行和地方政府的良好合作关系，深化银信、政信业务层次，以宁波、天津、四川等地区的基础设施建设为重点，在依法合规、控制风险的前提下，为地方政府提供个性化融资服务。二是加大集合信托业务和主动管理型业务的比重，形成信托资金池，借助股东资源和自身专业能力，优选项目，提高产品收益水平。三是努力优化信托业务结构，大力发展股权投资信托和房地产信托等创新业务，改变了以往过于依赖传统信托融资业务的局面。虽然完成重组的时间较短，但大型企业集团控股带来的优势很快体现出来。2009年，昆仑信托各项经营指标均比2008年有了大幅增长。截至2009年末，昆仑信托实现总收入4.63亿元，同比增长251%；净利润2.73亿元，同比增长586%，居行业第15位；信托资产规模596亿元，同比增长55%，居行业第8位。从整体实力来看，昆仑信托由原来的行业中下游已跃居为行业中上游水平。

11.1.2 华宝信托：钢铁行业

宝钢集团有限公司（以下简称"宝钢"）被称为中国改革开放的产物，是国有重要骨干企业。宝钢成立于1978年，经过30多年的发展，现在的宝钢是中国最大、最现代化的钢铁联合企业。《世界钢铁业指南》评定宝钢在世界钢铁行业的综合竞争力为前3名，认为也是未来最具发展潜力的钢铁企业。2014年，宝钢连续11年进入《财富》世界企业500强榜单，位列第211位，并连续当选为"最受赞赏的中国公司"，成为中国钢铁行业的唯一上榜企业。截至2014年底，公司拥有资产达2286亿元，2014年实现营业收入1877亿元，其中利润总额达82亿元。标普、穆迪、惠誉三大评级机构给予宝钢全球综合钢铁企业中最优信用评级，可见宝钢的信誉度是非常之高的。

宝钢以钢铁为主业，形成普碳钢、不锈钢、特钢三大产品系列，应用于汽车、家电、石油化工、机械制造、能源交通、金属制品、航天航空、核电、电子仪表等行业。宝钢是中国市场主要的钢材供应商，其产品还出口到日本、韩国、欧美等40多个国家和地区。

1998年6月5日，华宝信托有限责任公司经中国人民银行批准，由宝钢集团有限公司在并购原舟山市信托投资公司的基础上经过更名迁址增资扩股而设立的非银行金融机构。宝钢集团有限公司持股98%，浙江省舟山市财政局持股2%。华宝信托注册资本金37.44亿元（含1500万美元），旗下控股华宝兴业基金管理有限公司（中法合资）。

华宝信托自成立至今，基本积累经历了这么几个阶段：2001年，经中国人民银行核准首批获得重新登记,注册资本为人民币 10 亿元(其中美元 1500 万元);2011 年 1 月,华宝信托完成增资工作,注册资本增加到人民币 20 亿元(含 1500 万美元);2014 年 12 月,华宝信托完成工商变更及备案登记手续,注册资本增加至人民币 37.44 亿元(含 1500 万美元)。

华宝信托成立的第二年,即 1999 年开始担任宝钢钢管股份公司的财务顾问;2000 年完成了宝钢债券的销售工作,2005 年发行宝钢新日铁 1800 冷轧项目贷款信托计划;2009 年正式运作宝钢集团有限公司 10 万名职工的企业年金计划;2012 年 6 月,华宝信托推出华宝产融生辉系列产品,树立了宝钢产融结合的典范;2013 年 6 月,华宝产融生辉 4 号——莱茵达珠海蓝琴信托计划正式成立,首次把宝钢集团"产融结合"战略应用到房地产股权投资领域。这么多年来,华宝信托不断为宝钢提供金融上的支持,不断推进产融结合的步伐,为宝钢的发展做出了极大的贡献。

11.1.3 海尔:控股鞍山信托

快速的金融产业扩张也伴随着巨大的风险,海尔也需要对风险进行控制,金融产业发展过程当中,海尔最大的教训是对鞍山信托的收购失败。

海尔的鞍山信托大股东的位子只坐了不到一年。2001 年 11 月 22 日,鞍山信托的大股东鞍山市财政局与海尔集团签署了《股权转让协议》,23 日,双方又签署了《股权托管协议》。该协议的签订,一度令市场人士对鞍山信托寄予厚望,而海尔挥师进入信托业的手法也不乏喝彩之声,尽管当时由于鞍山信托本身业绩较差,而令不少人并不看好这笔交易。股权转让协议签署后,海尔对鞍山信托公司投入了 1.3 亿元现金。海尔退出的正式消息最早是 2002 年 10 月 28 日传出来的,这一天,鞍山信托 5 名董事辞职,这些人都有任职海尔的背景。

通过对海尔鞍山信托失败的分析,总结了以下失败的原因:

(1)人才储备不足。作为一个需要承担高风险的行业,金融业对人才素质的要求极高。由于海尔进入金融领域步伐过快,相对而言人才储备就显得不足,尤其是缺乏既能认同海尔企业文化,又有产业背景、熟悉金融知识、能够驾驭产业与金融两个领域的领军人才。

(2) 对金融行业的负面效应还缺乏足够的认识。海尔更多地看到了金融行业的发展潜力和产融结合带来的协同效应，但似乎由于国家目前对金融行业的负面效应缺乏足够的认识。海尔在短时间内已经覆盖银行、保险、证券、财务公司等金融领域，由于国家目前针对产业控股金融法的监管乏力，因此，海尔既要面对来自单一业务的风险，又要面对来自这些业务之间的关联交易引发的系统风险。对于同一个控制主体引发的系统风险，即使对于发达国家的金融控股公司来说，也是一个很棘手的问题，更别说对于一个尚无从业经验的新进入者来说了，因此，海尔面对的挑战是不言而喻的。

金融控股公司存在微观的公司层面上的风险和宏观的经济金融层面上的风险，发展金融控股公司不应忽视这些风险。金融控股公司的优势在于协同效应，但协同效应发挥不好，也有可能带来不良的后果，即风险的传播性和风险的集中与转换。由于系统性风险无法分散或在集团这一层次进行控制，这些风险就会加以积累，一旦积累到一定程度，就会集中爆发。

金融控股公司风险主要在于两方面：一是金融控股公司的法人结构、业务活动及管理结构的复杂性引起信息不透明，要想完整、精确地掌握整个集团的情况，成本过高，从而给金融机构本身及监管部门的管理带来极大的困难，也为金融控股公司规避法律限制以及从事各种套利、违法行为打下基础。二是中国各金融机构分别由不同的监管部门监管，进一步加强了金融控股公司对监管当局的不透明性，同时也为金融控股公司创造了钻监管空子的条件。

11.2 非信托产业链金融案例

近年来，产业链金融作为一个新兴的金融创新服务在国内发展迅速。伴随着金融业务的精细化及产业界发生的链式化发展趋势，实体经济间的竞争已经从单个企业扩大到了整个产业链的竞争，各大银行、部分电商平台及信托公司也陆续将产业金融作为战略发展目标。经过不断的改革与创新，已经初步成熟，下面介绍由商业银行开展的几个比较著名的产业链金融案例，以及由电商平台和信托公司引领的供应链金融案例。

11.2.1 光大银行：链式快贷

随着中国经济市场化程度的不断提高，实体经济的竞争已由企业间的单体竞争模式升级到以核心企业为中心的产业链竞争模式。作为目前解决中小企业融资需求最好的方式之一，产业链金融刚推出就受到了热捧。

2012年6月，光大银行针对小微客户融资需求特点推出创新型产品"链式快贷"。"链式快贷"的主要模式是：申请"链式快贷"融资的小微客户，只要处于光大银行确定的核心企业的租金链、产业链和经销链等上下游链上，并且得到核心企业的推荐或由核心企业提供协议、代偿、回购后，就可以申请用于补充经营活动所需周转资金的贷款。

同时为适应小微企业轻资产的普遍特征，小微企业可采用应收账款、商业汇票质押或协议代偿等方式融资。

光大银行"链式快贷"模式，不仅有效规避了小微企业抵押物不足、资信不足的风险，且通过批量化运作为银行带来批量客户的同时，大大降低了银行服务成本。

11.2.2 民生银行：核心企业 1 + N 模式

11.2.2.1 乳业产业链金融

2012年，民生银行与内蒙古伊利实业集团股份有限公司（以下简称"伊利集团"）共同签署了战略合作协议。此次战略合作是双方在全国小微金融服务领域首次采用"总部战略合作，分支协同实施"的合作模式。

民生银行乳业产业链小微企业批量开发模式，采取"核心企业 1 + N"的方式，为上游的奶牛养殖和下游的经销商提供批量贷款服务。

所谓"核心企业 1 + N"模式，"1"指伊利集团，它通过自身的 CRM 系统为民生银行提供一手的客户资料，包括100多名供应商和540多名分销商。

对上游供应商而言，这些核心企业是其现金流的主要源头，通过核心企业，可抓住奶牛养殖企业最主要的资金回笼渠道；对乳品经销商来说，核心企业清楚知晓经销商的管理现状和经营动态。民生银行也可以通过核心企业掌握两端企业的信息流、现金流和物流情况，而伊利集团也承担了筛选合格经销商的职责。

11.2.2.2 酒业产业链金融

四川是我国白酒生产的重镇,是全国最大的白酒产销省份和最大的原酒生产基地,全国70%的原酒产自四川,川酒在国内拥有"三分天下有其一"的龙头地位。有六家酒企进入了中国的十七大名酒,分别为"五粮液"、"泸州老窖"、"郎酒"、"剑南春"、"全兴大曲"、"沱牌曲酒"等。以行业的龙头企业为代表,四川的酒业发展非常迅速:从2008年开始,四川白酒行业连续保持36.5%以上的增长,2011年四川省实现白酒产量309万吨,白酒产量占全国的30%;实现产值1478.61亿元,产值占全国的39%。[①]

然而,相对于行业中的"巨无霸"——核心酒企来说,它们上下游企业的发展却极大地受到了发展资金短缺的限制。所以,民生银行着力于开发上下游企业适用的金融产品。

由于白酒产业链自身的生产原因,很多酒企选择了货到付款、现款现货、部分预付的方式。这导致它们的供应商产生了大量的货款积压。在这种情况下,想要进一步扩大生产的供应商只能眼睁睁地错过了很多好机会。

针对产业链中不同层级的企业,民生银行设计了不同的产品,如对包装企业的发票融资、应收账款融资等产品,解决白酒企业对其资金占用的问题。

对成品酒生产企业,根据其规模不同也需提供不同产品,对已上市的酒企来说,融资较为方便,民生银行可为其提供比较新的投行业务、理财、中票发行等服务。而对于当地的一些小型白酒品牌企业来说,则为其制定票据业务规划、网银金融管家服务、信用贷款等服务。

此外,银行还跟核心企业签订协议,制定差额回购的协议,为产业链的上下游企业提供融资。

通过开展这些业务活动,民生银行在四川白酒上的资金支持规模已经达到近50亿元,实际贷款规模8亿~9亿元,还有15亿元左右的短期融资券,加上10余亿元待交易商协会审批的发票额度以及一些理财产品。

白酒产业链已经成为民生银行四川分行的主要业务之一,极大地扩展了授信额度,提升了经营利润,同时也拉动了当地白酒产业的跨越式发展。

---

① 3年500亿民生银行逆势突进白酒产业链. 经济观察网,2013-3-26.

11.2.3 八陆融通平台：依托电子交易平台融资

八陆融通平台采用国际领先的系统加密及保护技术，内部建立了严格的资金管理流程和完善安全的系统。平台本身不吸储，不放贷，只提供金融信息服务，由委托的第三方机构环迅支付以及联达担保机构对用户账户进行资金管理，为用户的账户资金提供双重安全保障。用户可以实时查询到资金账户的详情。在平台的产业链融资运行模块上，核心企业会提供其与链属企业间的贸易信息，经过平台特有的风控模型的核算，得出小微企业的可融资额度、还款账期等信息，而这些数据都是投资人最想了解的，从而更加巩固融资和投资需求双方的交易安全。

当交易量达到一定程度的时候，平台可以根据企业在平台上的交易数据沉淀，预测到企业未来一段时间的经营状况，这是传统的供应链金融一直想做而不可能做到的。

八陆融通平台的这种模式，是在线上从事信息匹配和精准推荐，促进线上信任的建立和交易的达成。其从本质而言，是符合金融监管规则的，符合当前金融信息服务机构自身发展需求的，当然也是符合互联网精神与特质的。

2013年底，八陆融通平台CEO熊小林先生谈道，在八陆融通平台上线后，为300多家中小企业提供融资服务，总成交数约500笔，而且平台未发生一笔坏账，逾期项目占比不到2%，逾期天数最多不超过5天。

第12章 英大信托的产业链金融案例分析

12.1 英大信托供应链金融投资发展基金

12.1.1 背景

目前我国的实体经济结构和金融体系结构正在发生趋势性的变化，在经济转型升级、鼓励金融服务实体、鼓励金融机构产品与服务创新的大背景下，结合国家电网公司构建"全球能源互联网"的战略构思和"十三五"期间国内特高压建设及智能电网建设整体规划，为解决长期存在的电网上游生产企业融资难问题，同时确保电网建设、改造的有序推进，确保电力设备质量及供应及时性，提升电网产业链整体效率，作为国家电网公司金融平台机构，着眼于服务实体经济、服务股东，英大国际信托有限责任公司拟联合英大期货有限公司，共同发起设立"英大—供应链金融投资发展基金"（有限合伙制），充分发挥融资、定价、避险等一揽子供应链金融服务功能，提升服务实体产业、服务国家电网公司的能力和水平，创新金融服务模式。

12.1.2 案例简介

拟发起设立的"英大—供应链金融投资发展基金"采取有限合伙制，主要投资于电网供应链金融业务，基金计划总规模50亿元，其中，普通合伙人份额1亿元,存续期不少于3年。

12.1.2.1 交易结构(见图12-1)

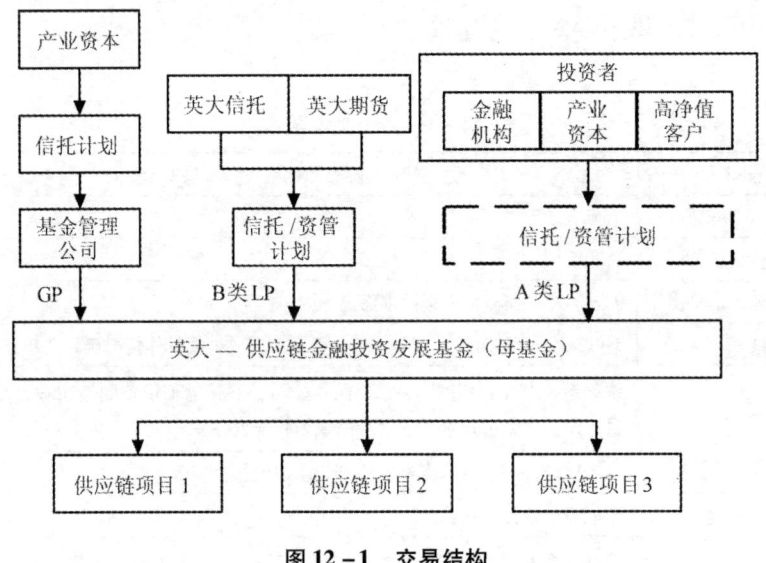

图12-1 交易结构

(1)英大供应链金融投资基金管理有限公司发起设立本基金,基金首期规模拟10亿元。

(2)本基金采用有限合伙制,英大供应链金融投资基金管理有限公司作为普通合伙人(GP)设立基金,投资者通过信托、资管计划或直接认购方式投资于有限合伙人(LP)份额。

(3)本基金由英大供应链金融投资基金管理有限公司作为基金管理人,英大期货作为投资顾问。

(4)考虑到产业资本独具的产业背景、项目资源、行业资源和资本运作需求,本基金的GP构成主要为产业资本,即引入电网产业链上游供应商,通过信托计划形式投资于英大供应链金融投资基金管理有限公司。

(5)本基金的LP构成主要为高净值客户、产业客户及金融机构等。根据客户需求,可对LP份额进行结构化设计。英大信托及英大期货出资认购B类LP份额,其中,英大信托出资8000万元,英大期货出资2000万元。A类LP份额收益分配顺序优于B类LP份额。

（6）在基金存量、客户数量及项目资金达到一定规模后，可发起设立电力产业链分行业专业子基金，同时达到专业投资管理及扩充资金来源渠道的目的。

12.1.2.2 基市要素（见表12-1）

表12-1 基金基本要素

基金名称	英大—供应链金融投资发展基金
基金类型	有限合伙制
普通合伙人份额	1亿元
有限合伙人份额	9亿元（根据项目资金需求而定）
基金存续期	3+2年，设立期限为3年，基金管理人有权根据具体情况延长2年存续期
投资领域	国网系统内（包括国网公司、网省公司、下属电工设备制造企业）中标项目；闲置资金可投资于理财产品或银行隔夜存款
投资模式	应收账款保理、订单融资、质押贷款、股权投资等
投资项目收益率	预期投资收益率年化10%
管理费	按基金规模的年化1%向管理人支付费用、按基金规模的年化0.5%向投资顾问支付费用
利益分配	基金管理人、投资顾问分别按照基金规模的1%、0.5%收取管理费、顾问费；有限合伙人按照不超过年化8%的固定收益率分配，按半年支付，每个项目到期支付本金和当期收益；如有剩余，向普通合伙人分配

（1）基金规模及出资安排。基金首期规模10亿元，其中，1亿元由英大供应链金融投资基金管理有限公司作为普通合伙人（GP）认购；9亿元由有限合伙人（LP）认购。普通合伙人资金到位视投资进度按照比例出资。首次出资比例拟为40%，即普通合伙人出资规模拟不低于4000万元。有限合伙人资金根据基金投资进度由英大信托及英大期货向投资者募集。

（2）基金投资领域。基金主要为电力设备制造企业（国网系统供应商）提供供应链金融服务，解决企业融资难、成本高等问题，降低供应链整体管理成本，提高供应链运行效率。基金优先服务于参与基金的合伙人，但投资于每一合伙人的资金规模年度内不超过其出资额的15倍。

(3) 投资业务模式。

1) 债权性质投资。基金从整合电网供应链的角度出发,构建供应链金融体系,解决供应链上游企业融资难问题,提高整体资金的运作效率。结合市场情况,基金现阶段主要采取质押贷款、订单融资、应收账款保理等债权融资模式开展供应链金融服务。主要有以下四个模式。

模式一:质押贷款模式的交易流程有以下四点(见图12-2):

第一,根据供应商流动资金缺口需求,基金向供应商发放委托贷款,供应商将对电网系统的应收账款按照贷款金额的150%设立质押。

第二,基金指定监管银行对监管账户资金进出进行监管。

第三,项目存续期内,基金对质押的应收账款进行动态管理,定期核算,及时补充、更新质押物确保质押担保完备。质押物的保证金留存比例不低于贷款余额的20%。

第四,供应商按照合同约定按期偿还贷款本息,项目结束。

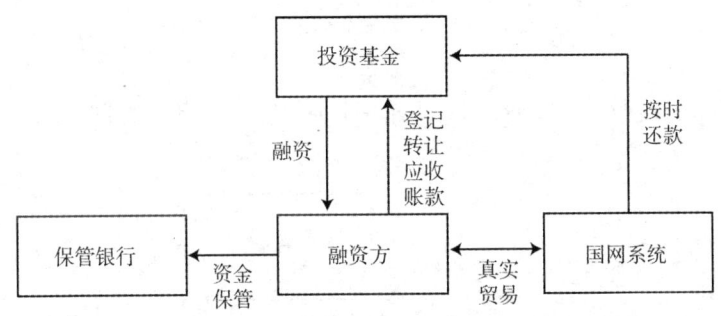

图12-2　质押贷款模式交易流程

模式二:订单融资的交易流程有以下八点(见图12-3):

第一,供应商与国家电网系统内公司签订采购合同。

第二,供应商向基金申请流动资金贷款,专项用于订单原材料采购。

第三,基金指定原材料供应商并组织实施采购原材料,并送达供应商,供应商组织生产。

第四,供应商按时向国家电网系统内公司发货。

第五,国家电网公司验收,并生成电子收货单。

第六,供应商向国家电网系统内公司开具增值税发票。

第七,国家电网系统内公司在规定时间内向指定监管账户支付货款。

第八,供应商收到货款后向基金偿还本息,项目结束。

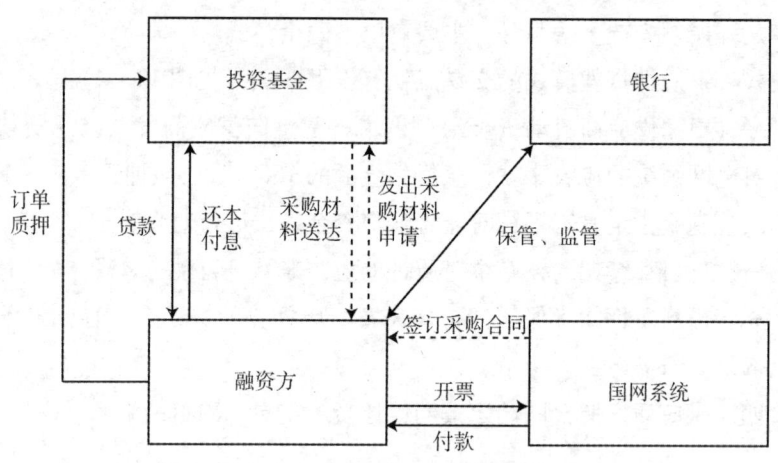

图 12-3　订单融资模式交易流程

模式三:应收账款保理融资的交易流程有以下三点(见图 12-4):

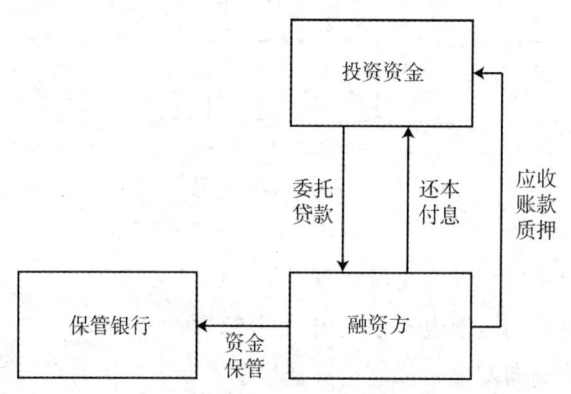

图 12-4　应收账款保理融资模式交易流程

第一,供应商依据其持有的国网系统应收账款提出融资申请,基金就应收账款真实性进行核实。

第二，基金开展应收账款保理业务。

第三，付款方将货款直接支付至指定监管账户支付货款，项目结束。若应收账款到期后未付款，基金有权向供应商追索。

模式四：订单融资＋应收账款保理组合。为解决供应商中标后生产资金短缺的问题，基金与供应商开展订单融资业务，并采用资金封闭运作方式和全流程管理等措施。同时，为提高投资安全性，降低供应商财务风险，基金与供应商进一步开展应收账款保理融资业务，该保理融资款项专项用于偿还订单融资贷款。

2）股权性质投资。未来随着基金的运行实施，可进一步发挥基金在资源整合方面的优势，深化供应链金融服务内涵，开展行业整合、产业并购等股权融资模式业务。

（4）资金退出方式。

1）债权性质投资。①债务偿还：债务人按时偿还本金及利息（如有），实现资金退出；②债权转让：在价格合适的情况下，基金可将持有的债权在一级市场直接转让给其他投资者，实现退出；③资产证券化：在基金持有债权达到一定规模的情况下，基金可将持有的符合条件的债权资产进行证券化处理，通过发行证券化产品实现资金退出。

2）股权性质投资。①一级市场股权转让：基金的投资企业在取得资金后，通过资源整合，在价格合适的情况下，基金可将所持企业股权再转让给其他投资者，实现退出；②二级市场退出：通过独立上市、借壳上市、上市公司收购等方式，基金持有的企业股权转变为二级市场可流通股票，在适当价格通过出售股票方式实现退出。

（5）基金愿景。基金本着整合电网供应链资源、捋顺上下游关系的原则稳健运行，最终实现具有下述特点的品牌产品：

1）基金化：相较于信托计划"一对一"模式，基金化管理运作更符合供应链运行规律，通过组合投资分散风险，辅以流动性和开放性，吸引规模化、长期化资金加入，能够有效提高供应链金融服务效率，降低实体经济融资成本。

2）标准化：逐步实现名单制管理，摸索标准化评价体系，形成标准化的基金投资运作模式。

3）平台化：打造供应链金融服务专业平台，充分整合资源，实现信息共享，促进资金与项目的无缝对接，为客户提供综合金融服务解决方案。

4）网络化：一方面，推进基金网络化，基于标准化运作模式，利用网络技术的便捷性、网络信息的透明性，提高基金投资运作效率；另一方面，推进基金与互联网金融相结合，搭建互联网金融平台，进一步扩充基金资金渠道。

（6）基金的管理架构。

1）基金架构。合伙人大会：合伙人大会由全体出资人组成，是基金的最高权力机构，由基金管理人召集召开；召开合伙人大会的目的仅限于向全体出资人报告基金运营情况。在基金未到期之前，需代表基金份额 2/3 以上的出资人提议基金清算解散并经过全体合伙人一致通过后，方可确认清算。

2）基金管理人：英大供应链金融投资基金管理有限公司为基金管理人，管理人负责项目挖掘开发、尽职调查、条件磋商、投后管理、退出管理等事项。

3）投资顾问：英大期货为基金投资顾问，主要协助项目挖掘开发及评价、尽职调查、参与项目投资决策。

12.1.2.3 投资决策流程

基金基本投资决策活动流程分为五个阶段：项目筛选、项目评估、投资决策、投资管理、投资退出（见图 12-5）。由基金管理人寻找和选择投资项目，进行审慎审查，形成项目建议书，经审议通过后方可进行投资。基金管理人负责投后管理及退出等相关工作。

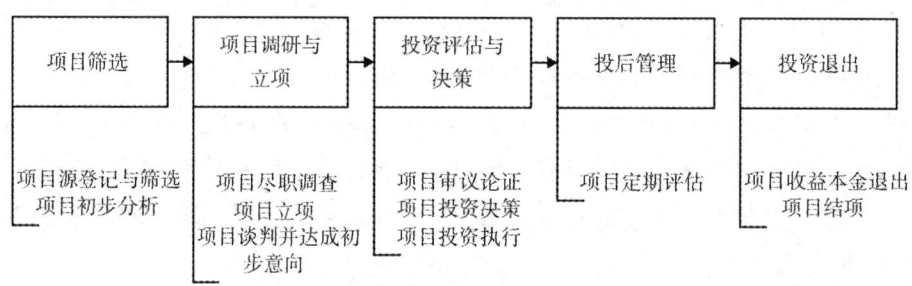

图 12-5 基金实施流程

12.1.2.4 风险管理

基金实行系统完善的风险管理制度体系，建立严格的风险控制措施流程。主要包括项目经理 A、B 角色制度、投资决策委员会制度、投后跟踪报告制度、项目稽核制度。

根据基金运作情况聘请第三方专业机构担任风险顾问。

12.1.2.5 基金管理人

英大供应链金融投资基金管理有限公司作为普通合伙人发起设立本基金，履行基金管理职责。

（1）公司股权结构。英大供应链金融投资基金管理有限公司股东以现金出资方式出资，股东名称、出资额、出资方式、持股比例如表 12-2 所示。

表 12-2 投资结构

股东名称	出资数额（万元）	出资方式	出资比例（%）
英大国际信托有限责任公司	10000	现金出资	100

（2）公司设立方式及事项。

1）组织形式：有限责任公司。

2）拟注册名称：英大供应链金融投资基金管理有限公司。

3）注册地址：拟上海。

4）注册资本：1 亿元人民币。

5）经营范围：股权投资及管理、金融产品投资及管理、投融资顾问、财务顾问及投资咨询等。

（3）公司治理。为了保障英大供应链金融投资发展基金的顺利运作，英大供应链金融投资基金管理有限公司将设立清晰完善的内部管理和组织架构。公司初期不设董事会，设执行董事、投资决策委员会、总经理。执行董事由英大信托委派，对项目拥有最终决策权；投资决策委员会成员五人，对项目投资、决策提供建议，由英大信托委派；总经理由英大信托指定，负责公司的日常经营管理。管理层下设投资部、风险管理部、资金财务部、综合管理部。

（4）核心业务管理。英大供应链金融投资基金管理有限公司的核心业务为电网供应链金融项目的投融资，主要内容包括以下四项：

第一，对电网供应链金融项目的投融资进行决策，审批流程应严格按照"项目资料收集、项目立项、尽职调查、投资决策"等程序进行，确保投资决策的科学性。

第二，项目投融资应召开投资决策委员会会议进行决策，2/3以上的委员同意项目投资方案公司方可投资。

第三，投融资业务的资金来源为公司管理的英大供应链金融投资发展基金。

第四，投融资主体为公司管理的英大供应链金融投资发展基金。

12.1.3 案例成效

（1）创新产融结合模式。在国家鼓励金融服务实体经济、强化产融结合功能发挥的大环境下，以供应链金融服务为切入点，通过基金化运作，实现服务实体经济由点至面的跨越，更好地发挥产融结合功能与作用。

（2）创新服务股东模式。通过设立以供应链金融服务为主线的投资发展基金，探索创新服务国家电网公司的新举措，从资金供给出发，降低供应链整体成本，提高上游供应商经营稳定性及效率，捋顺电力产业上下游关系，满足电网发展及建设需要。

（3）创新服务中小企业模式。通过设立产业发展基金，创新供应链金融服务方式，解决中小企业融资难、融资成本高的问题，为中小企业提供集融资、避险、贸易管理于一体的综合服务。

（4）创新公司业务发展方向。通过供应链金融与基金化产品的结合，实现公司提供供应链金融业务由点及面的跨越，实现从单个项目独立、非标准化运作到多项目集成、标准化运作转变，实现从单体独立企业服务到全产业、全链条服务的转变，从而实现公司专业化、特色化的创新发展。

（5）创新金融平台协同模式。英大信托与英大期货联合发起设立基金，双方本着资源共享、优势互补的原则，在基金募集、项目寻找与储备、项目投资决策、投后管理等方面协同合作，力争发挥"1+1＞2"的协同效应，实现金融平台的协同创新。

12.2 英大股权投资集合信托计划

12.2.1 背景

主要背景已在12.1述及，为了应对新趋势，英大信托拟发起设立"英大供应链金融投资基金管理有限公司股权投资集合信托计划"，面向社会合格投资者募集资金，并将信托资金用于设立英大供应链金融投资基金管理有限公司（名称以工商登记为准）。

12.2.2 案例简介

该信托计划总规模拟定为1亿元，可分期分批发行，期限拟为3年（英大信托有权将信托期限延长2年）。

12.2.2.1 交易结构

英大供应链金融投资基金管理有限公司将发起设立英大—供应链金融投资发展基金（有限合伙制），基金计划总规模50亿元。其中，英大供应链金融投资基金管理有限公司作为普通合伙人（GP）出资1亿元，有限合伙人（LP）出资49亿元，GP和LP出资比例为1∶49，LP份额可进行结构化设计。英大—供应链金融投资发展基金主要投资方向为：电网供应链上游企业（包括国网公司、网省公司、下属电力设备制造企业供应商）；闲置资金可投资于银行理财产品或银行隔夜存款。具体交易结构如图12-6所示。

12.2.2.2 基本要素

（1）信托计划名称：英大供应链金融投资基金管理有限公司股权投资集合信托计划。

（2）委托人/受益人：合格投资者，主要面向优质电网上游供应商企业。

（3）受托人：英大国际信托有限责任公司。

（4）保管人：民生银行股份有限公司。

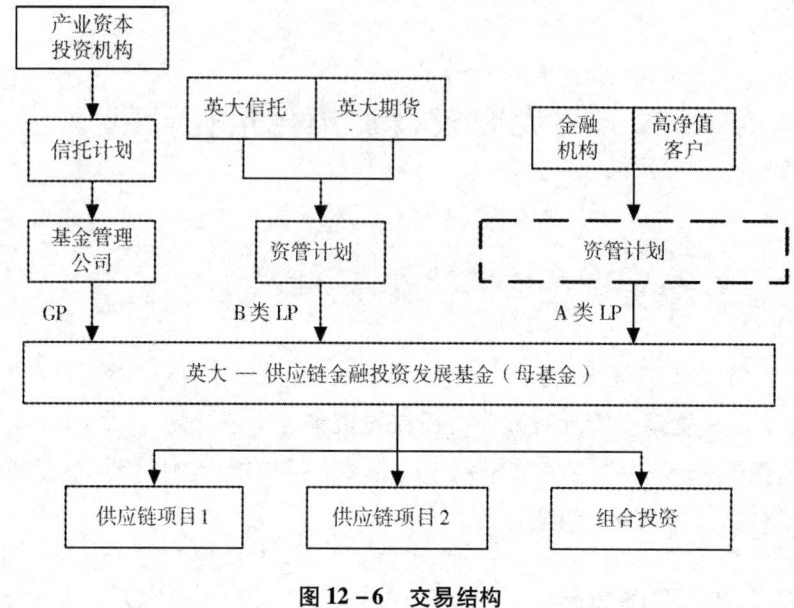

图 12-6 交易结构

（5）信托规模：拟人民币 1 亿元，具体金额以委托人实际交付的信托资金为准。

（6）信托期限：期限拟为 3 年（英大信托有权将信托期限延长 2 年）。

（7）信托佣金费率：浮动费率，信托计划投资收益率为年化 R，R≤10% 时，信托佣金年化 1%；当 10%＜R≤20% 时，信托佣金年化 [1% +（R - 10%）×40%]；当 R＞20% 时，信托佣金年化 [5% +（R - 20%）×60%]。

（8）保管费率：0.02%/年。

（9）资金运用方式：信托资金用于设立英大供应链金融投资基金管理有限公司。英大供应链金融投资基金管理有限公司将在成立后发起设立英大供应链金融投资发展基金（有限合伙制），基金计划总规模拟为 50 亿元。

（10）信托退出方式：信托到期通过基金管理公司清算、股权转让等方式退出。

（11）保障基金认缴方案：由英大供应链金融投资基金管理有限公司认购。

基金基本要素如表 12-3 所示。

表 12-3 基金基本要素

基金名称	英大—供应链金融投资发展基金
基金类别	有限合伙企业
注册地	拟上海
基金管理人	英大供应链金融投资基金管理有限公司
基金规模	基金总规模拟 50 亿元人民币
存续期	3+2 年
投资领域	国网供应商（包括国网公司、网省公司、下属电工设备制造企业）；闲置资金可投资于银行理财产品或隔夜存款
投资收益率	预期为每年 10%
收益分配	基金管理人、投资顾问分别按照基金规模的 1%、0.5% 收取管理费、顾问费；有限合伙人按照不超过年化 8% 的固定收益率分配，按半年支付，每个项目到期支付本金和当期收益；如有剩余，向普通合伙人分配

12.2.2.3 基金管理架构

基金管理架构已在 12.1 述及，此处不再赘述。

12.2.2.4 投资决策流程

投资决策流程已在 12.1 述及，此处不再赘述。

12.2.2.5 投资模式：

基金从整合电力供应链的角度出发，构建供应链金融体系，解决供应链上游企业融资难问题，提高整体资金运作的效力。结合市场情况，基金运行初期主要采取订单融资、存货融资、应收账款保理等模式开展供应链金融服务。

未来随着基金的运行实施，可进一步发挥基金在资源整合方面的优势，深化供应链金融服务内涵，联合行业领先企业，开展行业整合、产业并购类等业务。

12.2.2.6 资金退出方式

（1）债权投资。

1）债务偿还：债务人按时偿还本金及利息（如有），实现资金退出。

2）债权转让：在价格合适的情况下，基金可将持有的债权在一级市场直接转让给其他投资者，实现退出。

3）资产证券化：在基金持有债权达到一定规模的情况下，基金可将持有的符合条件的债权资产进行证券化处理，通过发行证券化产品实现资金退出。

（2）股权投资。

1）一级市场股权转让：基金的投资企业在取得资金后，通过资源整合，在价格合适的情况下，基金可将所持企业股权再转让给其他投资者，实现退出。

2）二级市场退出：通过独立上市、借壳上市、上市公司收购等方式，基金持有的企业股权转变为二级市场可流通股票，在适当价格通过出售股票方式实现退出。

12.2.2.7 基金愿景

基金本着整合电网供应链资源，捋顺上下游关系的原则稳健运行，最终实现下述特点打造品牌产品：

（1）基金化：相较于信托计划的"一对一"模式，基金化管理运作更符合供应链运行规律，通过组合投资分散风险，辅以流动性和开放性，吸引规模化、长期化资金加入，能够有效提高供应链金融服务效率，降低实体经济的融资成本。

（2）标准化：逐步实现名单制管理，摸索标准化评价体系，形成标准化的基金投资运作模式。

（3）平台化：打造供应链金融服务专业平台，充分整合资源，实现信息共享，促进资金与项目的无缝对接，为客户提供综合金融服务解决方案，并逐步打造资本与企业的"产融对接平台"。

（4）网络化：一方面，利用网络技术，逐步实现与企业信息系统的对接，将供应链上的企业交易行为内部化，依托真实数据来源及大数据处理技术，对供应商企业资信进行合理评估，提高基金投资运作效率，降低风险；另一方面，推进基金与互联网金融相结合，搭建互联网金融平台，进一步扩充基金资金渠道。

12.2.2.8 税务处理

本信托运作过程中涉及的纳税事项，按照国家法律法规的规定，由本信托当事人各自履行纳税义务。应当由信托财产承担的税费，按照国家有关法律、法规的规定办理。

12.2.2.9 项目存在的风险

在管理、运用、处分信托财产的过程中,可能会遇到但不限于如下风险:

(1) 政策法律风险:国家法律、法规或者货币政策、财政政策、产业政策等国家政策的变化,将对本信托项下的投资行为产生影响,从而产生风险。

(2) 市场风险:受托人将信托资金投资于英大供应链金融投资基金管理有限公司,公司发起设立英大—供应链金融投资发展基金,因市场上诸多不可预测因素的影响,可能造成投资收益达不到预期,存在一定的市场风险。

12.2.3 盈利预测

英大—供应链金融投资发展基金总规模拟 50 亿元,第一年拟 15 亿元,后续视投资进度追加募集。担任 GP 的英大供应链金融投资基金管理有限公司的 1 亿元出资额按照基金规模分期分批注入,第 1 年、第 2 年分别注入 5000 万元。假定基金 5 年规模预测如表 12-4 所示。

表 12-4 基金规模预测

时间	年初规模(亿元)	年末规模(亿元)	年内平均规模(亿元)
第 1 年	0	15	7.5
第 2 年	15	30	22.5
第 3 年	30	50	40.0
第 4 年	50	50	50.0
第 5 年	50	50	50.0

英大—供应链金融投资发展基金投资收益预期为 10%/年,通过信托计划进行投资收取的佣金费率为 0.5%/年,基金作为委托人实际收益为 9.5%/年,其中,英大供应链金融投资基金管理有限公司按固定 1%/年收取管理费、支取固定 0.5%/年的顾问费,LP 资金获取的收益率预期为 8%/年,GP 资金获取剩余投资收益。

英大供应链金融投资基金管理有限公司的收入来源包括收取的基金管理费(1%/年)及 GP 出资部分收益两部分。根据基金发展规模及收益分配规则计算，每年盈利预测如表12-5所示。

表12-5 基金盈利预测

序号	项目	第1年	第2年	第3年	第4年	第5年
1	基金平均规模（万元）	75000	225000	400000	500000	500000
2	佣金收入（万元）	375	1125	2000	2500	2500
3	基金收益（万元）	7125	21375	38000	47500	47500
4	管理费（1%）	750	2250	4000	5000	5000
5	顾问费（0.5%）	375	1125	2000	2500	2500
6	LP平均出资额	73000	219000	391000	490000	490000
7	LP资金收益（8%）	5840	17520	31280	39200	39200
8	GP资金收益（万元）	200	600	800	800	800
9	管理公司收益合计（4+8）（万元）	950	2850	4800	5800	5800

基金管理公司运营前两年主要员工由英大信托委派，逐步从外部招聘2~3人，每年需支付的人力成本为60万元、100万元，从第3年起员工为自主招聘，第3年招聘6人，第4年招聘10人，第五年招聘10人，平均每人薪酬为50万元/年，每年需支付的人力成本分别为300万元、500万元和500万元。

管理公司需要的运营费用包括办公设备购置、办公场所租金、系统开发费用、业务拓展费用等，假设第1年需要支付100万元，第2年增加至300万元，第3年及以后每年的运营费用为500万元。

税收方面，基金管理公司每年需按收入的5.6%缴纳营业税，按利润总额的25%缴纳所得税。

综上所述，基金管理公司每年可分配的收益如表12-6所示。

表12-6 基金可分配收益

序号	项目	第1年（万元）	第2年（万元）	第3年（万元）	第4年（万元）	第5年（万元）
1	管理公司总收入	950	2850	4800	5800	5800

续表

序号	项目	第1年（万元）	第2年（万元）	第3年（万元）	第4年（万元）	第5年（万元）
2	人力成本	60	100	300	500	500
3	运营费用	100	300	500	500	500
4	营业税	53	160	269	325	325
5	利润总额	737	2290	3731	4475	4475
6	所得税	184	573	933	1119	1119
7	净利润	553	1718	2798	3356	3356
8	盈余公积	55	172	280	336	336
9	可分红资金	497	1546	2519	3021	3021

基金管理公司第1年可分红资金为497万元，第2年为1546万元，第3年为2519万元，第4年为3021万元，第5年为3021万元，对应基金管理公司出资规模及信托佣金约定计算、信托计划佣金报酬率及受益人收益率情况如表12-7所示。

表12-7 佣金报酬率及受益人收益率

序号	项目	第1年	第2年	第3年	第4年	第5年
1	可分红资金（万元）	497	1546	2519	3021	3021
2	注册资本（万元）	5000	10000	10000	10000	10000
3	信托投资收益率（%）	9.95	15.46	25.19	30.21	30.21
4	投资人收益率（%）	8.95	13.18	17.07	19.08	19.08
5	信托报酬费率（%）	1.00	2.28	8.11	11.12	11.12

信托收益分配：信托收益于基金管理公司分红之日后10个工作日内，由受托人向受益人分配。

12.3 英大信托—清洁能源基金股权投资集合资金信托计划

12.3.1 背景

英大国际信托有限责任公司（简称"英大信托"）拟发起设立"英大信托—清洁能源基金管理有限公司股权投资集合资金信托计划"，面向社会合格投资者募集资金，并将信托资金用于设立蓝天伟业清洁能源基金管理有限公司（以下简称"基金管理公司"）。蓝天伟业清洁能源基金（有限合伙制）主要投资方向为：直接或间接投资于光伏发电、水力发电、风力发电等清洁能源领域以及电力产业上下游、环境资源方面的公司债权、股权（股票）、可转债等。

12.3.2 案例简介

信托计划总规模拟定为 2 亿元，可分期分批发行，无固定期限，信托存续期内英大信托有权按照基金管理公司净资产账面价格处置持有的股份，实现变现退出。蓝天伟业清洁能源基金管理有限公司将在成立后 6 个月内发起设立蓝天伟业清洁能源基金（有限合伙制），基金计划总规模为 200 亿元。其中，蓝天伟业清洁能源基金管理有限公司作为普通合伙人（GP）出资 2 亿元，通过券商资管、银行理财、保险资管等渠道募资作为有限合伙人（LP）出资 198 亿元，GP 和 LP 的出资比例为 1∶99。

12.3.2.1 交易结构

具体交易结构如图 12-7 所示。

12.3.2.2 基本要素

（1）信托计划名称：英大信托—清洁能源基金管理有限公司股权投资集合资金信托计划。

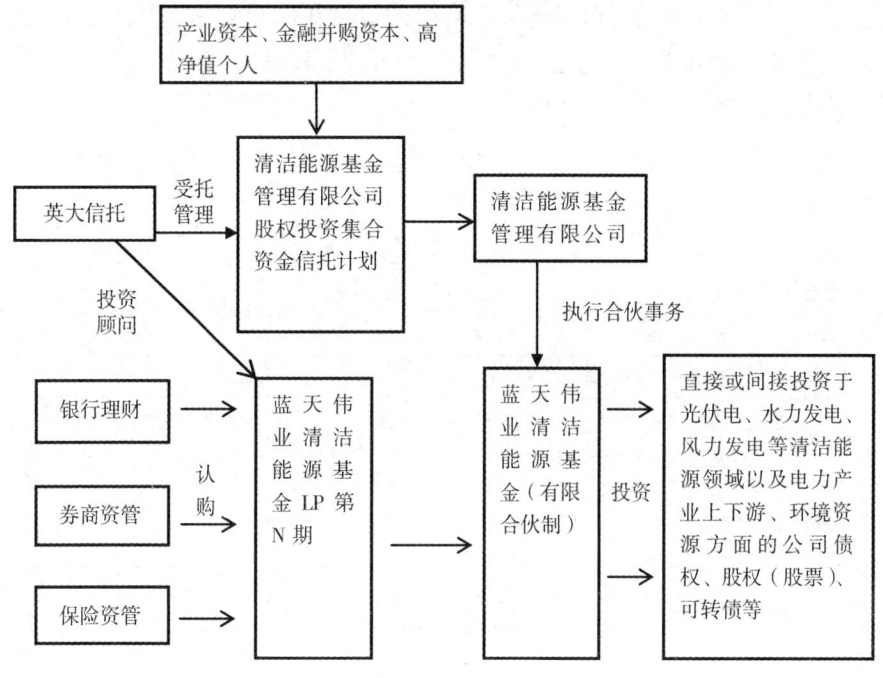

图 12-7 交易结构

(2) 委托人/受益人：认购本信托计划的合格投资者。

(3) 受托人：英大国际信托有限责任公司。

(4) 保管人：中国民生银行股份有限公司总行营业部。

(5) 信托规模：拟人民币 2 亿元，具体金额以委托人实际交付的信托资金为准。

(6) 认购比例限制：委托人认购本信托计划的份额不得超过 2000 份。

(7) 信托期限：无固定期限。

(8) 信托佣金费率：浮动费率，即当受益人收益率（假设为 R）低于 10%/年时，信托佣金费率为 1%/年；当 R 高于 10%/年但低于 12%/年时，信托佣金费率为 [1% + (R - 10%)] /年；当 R 高于 12%/年时，信托佣金费率为 [1% + 2% + (R - 12%) ×40%] /年。

(9) 保管费率：0.02%/年。

(10) 资金运用方式：信托资金用于设立蓝天伟业清洁能源基金管理有

限公司。蓝天伟业清洁能源基金管理有限公司将在成立后6个月内发起设立蓝天伟业清洁能源基金（有限合伙制），基金计划规模为200亿元。

基金基本要素如表12-8所示。

表12-8 基金基本要素

基金名称	蓝天伟业清洁能源基金
基金类别	有限合伙企业
注册地	深圳前海
管理人	蓝天伟业清洁能源基金管理有限公司
基金规模	基金总规模200亿元人民币（第一年规模为20亿元，第二年规模达到40亿元，第三年规模达到70亿元）
存续期	5+2年
投资领域	直接或间接投资于光伏发电、水力发电、风力发电等清洁能源领域以及电力产业上下游、环境资源方面的公司债权、股权（股票）、可转债等
投资收益率	预期为年10.5%
收益分配	投资项目一旦退出，即分配收益：先退还投资人的本金，然后再进行投资收益的分配

12.3.2.3 基金管理人

该计划的基金管理人为蓝天伟业清洁能源基金管理有限公司。

（1）公司股权结构。蓝天伟业清洁能源基金管理有限公司股东以现金出资方式出资，股东名称、出资额、出资方式、持股比例如表12-9所示。

表12-9 投资结构

股东名称	出资数额（万元）	出资方式	出资比例（%）
英大国际信托有限责任公司	20000	现金出资	100

（2）公司设立方式及事项：

1）组织形式：有限责任公司。

2）拟注册名称：蓝天伟业清洁能源基金管理有限公司。

3) 注册地址：深圳前海。
4) 注册资本：2亿元。
5) 经营范围：股权投资及管理、金融产品投资及管理、投融资顾问、财务顾问及投资咨询等。

(3) 公司治理。为了保障蓝天伟业清洁能源基金的顺利运作，蓝天伟业清洁能源基金管理有限公司将设立清晰完善的内部管理和组织架构，公司顶层结构为董事会、投资决策委员会（专家委员会）、总经理。董事会成员3~5人，董事长1人，由英大信托委派，其余人选由投资者推举，董事会对项目拥有最终决策权；专家委员会成员5人，对项目投资和处置进行推荐，其中，由英大信托委派内部员工2人，投资者指派3人；总经理由董事会指定，负责公司的日常经营管理。管理层下设投资部、投资者关系部、风险管理部、资金财务部、综合管理部。

各个部门的主要职能为：投资部负责进行项目投资及投后管理；风险管理部负责公司风险管理、质量控制及法律事务；资金财务部负责公司财务管理、资金运用；综合管理部负责公司后勤保障、人力资源事宜。具体架构如图12-8所示。

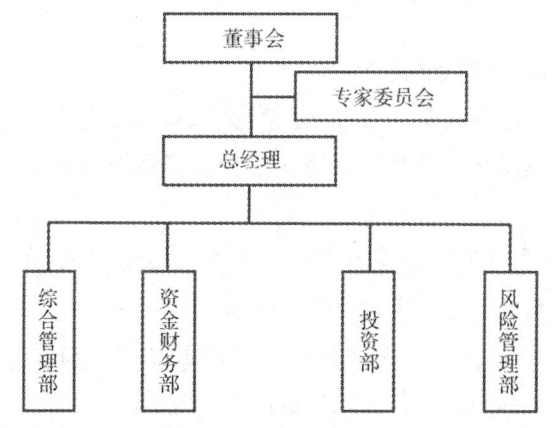

图12-8 蓝天伟业清洁能源基金管理有限公司组织架构

(4) 核心业务管理：蓝天伟业清洁能源基金管理有限公司的核心业务为清洁能源项目的投融资，主要内容为：

1）对清洁能源项目的投融资进行决策，审批流程应严格按照"项目资料收集、项目立项、尽职调查、投资决策"等程序进行，确保投资决策的科学性。

2）项目投融资应召开投资决策委员会会议进行决策，2/3以上的委员同意项目投资方案公司方可投资。

3）投资业务的资金来源为公司管理的蓝天伟业清洁能源基金。

4）投资主体为公司管理的蓝天伟业清洁能源基金。

（5）退出方式：信托存续期内英大信托有权按照基金管理公司净资产账面价格处置持有的股份，实现变现退出。

12.3.2.4 基金管理架构

基金采用有限合伙制，蓝天伟业清洁能源基金管理有限公司作为普通合伙人（GP）设立基金，通过券商资管、银行理财、保险资管等渠道募资作为有限合伙人（LP）。

蓝天伟业清洁能源基金的GP构成：主要面向产业资本、金融并购资本和高净值个人投资者。产业资本以其深厚的产业背景、项目资源、行业资源和资本运作需求，成为清洁能源基金的最佳合作伙伴；金融并购资本能够为本基金带来丰富的资金渠道、市场运作经验；吸纳高净值个人投资者则有利于维护公司的客户关系。

12.3.2.5 投资业务模式

以行业整合、项目投资、补充夹层投资和其他投资为主，将金融资本与产业资本充分紧密结合，从被投资企业中获取企业增值收益，实现投资者利益最大化。

（1）行业整合：为行业整合者提供资金、专业、网络资源等方面的支持，以重组上市或出售方式退出以实现收益。

（2）项目投资：投资于有价值的清洁能源项目，通过稳定运营获取收益，后期以转让出售或上市等方式以退出实现收益。

（3）夹层投资：针对清洁能源项目投资过程中不同阶段项目的融资需求，以较为灵活的方式为清洁能源项目提供资金支持，获得相对稳定的投资收益。

（4）其他投资：在基金运作过程中，投资其他类型有价值的投资机会，包括定向增发等其他投资方式。

资金退出方式有以下四种：

（1）上市公司发行股份购买资产：上市公司向拟收购的基金投资企业的股东发行股份，购买基金投资企业的股权。交易完成后，基金成为上市公司的股东，以在二级市场出售上市公司股份的方式实现退出。

（2）独立上市：基金投资企业经过规范，独立上市。上市后，基金以在二级市场出售该被投资企业股份的方式实现退出。

（3）买壳/借壳上市：基金的投资企业取得合适的上市公司的控股权，将本企业的核心资产注入上市公司，实现间接上市。

（4）一级市场转让：基金的投资企业在取得资金后，通过资源整合，经济效益得到提高后，在价格合适的情况下，基金可将所持企业股权在一级市场直接转让给其他投资者，实现退出。

12.3.2.6 基金特点

"蓝天伟业清洁能源基金"将按照先易后难的基本原则稳步发展，最终将体现以下四大特点：

（1）基金化：一是要打破传统"一对一"模式，实现对多个项目的组合投资，化解单个项目可能面临的刚性兑付压力。二是要设计为开放式，推出以单位净值为标准的申购与赎回，同时根据持有期限不同，设计不同档次的收益率区间，通过期限结构化压低资金募集成本。

（2）平台化：参照 P2P 运作模式，将基金逐步打造为资金资本和清洁能源项目的"产融对接平台"，按照固定标准筛选进入平台的清洁能源项目，形成标准化的投资运作，促进平台上资金与项目的直接对接。

（3）网络化：一是利用网络技术的便利性、信息披露的公开和透明，来促进基金化和平台化发展。二是利用互联网金融模式，参考"光伏宝"、"绿能宝"等互联网金融产品，设计发行基金的互联网金融产品，扩大资金来源，降低资金成本。

（4）远期开放式运作：本基金将分期募集、分期成立。GP 为无固定期限，基金存续期内 GP 出资者内不得抽回出资。LP 期限方面，当前设定为 5 + 2 年；在基金存量、客户数量及项目资金达到一定规模后，本基金将实现半开放式运作模式，允许 LP 投资者定期进行申购和赎回，为 LP 投资者提供流动性支持。根据投资者不同的资金期限,设定梯级预期收益率水平。

12.3.2.7 项目存在的风险

在管理、运用、处分信托财产的过程中,可能会遇到但不限于如下风险:

(1) 政策法律风险:国家法律、法规或者货币政策、财政政策、产业政策等国家政策的变化,将对本信托项下的投资行为产生影响,从而产生风险。

(2) 市场风险:受托人就信托资金用于对基金管理公司进行股权投资,因市场诸多不可预测因素的影响,可能造成投资收益达不到预期,存在一定的市场风险。

(3) 经营风险:基金管理公司可能因为公司决策人员和管理人员在经营管理中出现失误而导致公司盈利水平下降,从而造成投资收益下降,进而产生经营风险。

12.3.3 盈利预测

蓝天伟业清洁能源基金规模将在基金管理公司成立后 5 年内达到 150 亿元,7 年内达到 200 亿元。假定前 5 年规模预测如表 12 - 10 所示。

表 12 - 10 基金规模预测

年份	年初规模(亿元)	年末规模(亿元)	年内平均规模(亿元)
第 1 年	0	20	10
第 2 年	20	40	30
第 3 年	40	70	55
第 4 年	70	100	85
第 5 年	100	150	125

蓝天伟业清洁能源基金运作收益预期为 10.5%/年,其中,GP、LP 资金获取的收益率预期为 10%/年,剩余 0.5%/年为蓝天伟业清洁能源基金管理有限公司收取的基金固定管理费。LP 资金获取的收益部分需向英大信托支付 1%/年的投资顾问费,该 LP 出资者实际收益预期为 9%/年。

清洁能源基金管理有限公司的 2 亿元注册资本按照基金规模分期分批注

入,即自成立起前2年每年注入2000万元,后3年每年分别注入3000万元、3000万元和5000万元,剩余5000万元在延长期限内注入。基金管理公司的收入来源包括收取的基金管理费(0.5%/年)、GP出资部分收益(10%/年)两大部分。根据蓝天伟业清洁能源基金发展规模计算,基金管理公司前5年每年可获得总收入如表12-11所示。

表12-11 基金收入预测

序号	项目	第1年	第2年	第3年	第4年	第5年
1	基金平均规模(万元)	100000	300000	550000	850000	1250000
2	管理费(0.5%)	500	1500	2750	4250	6250
3	GP平均出资额(万元)	1000	3000	5500	8500	12500
4	GP出资收益(10%)	100	300	550	850	1250
5	总收入(2+4)(万元)	600	1800	3300	5100	7500

清洁能源基金管理有限公司运营前2年主要员工由英大信托委派,从外部招聘2~3人,需支付的人力成本第1年为60万元、第2年为100万元、从第3年起员工均为自主招聘,第3年招聘10人,第4年招聘11人,第五年招聘12人,平均每人薪酬50万元/年,每年需支付的人力成本分别为500万元、550万元和600万元。

假设管理公司第1年需要支付100万元的运营费用,包括办公设备购置、办公场所租金、业务拓展费用等,第2年运营费用增加至200万元,第3年及以后每年运营费用增加至300万元。

税收方面,清洁能源基金管理有限公司每年需按收入的5.6%缴纳营业税。利润总额需缴纳10%的地方所得税,中央所得税为15%,因此,清洁能源基金管理有限公司实际需缴纳的所得税为利润总额的25%。

综上所述,清洁能源基金管理有限公司每年可获得的收益如表12-12所示。

表 12-12 基金收益预测

序号	项目	第1年	第2年	第3年	第4年	第5年
1	管理公司总收入（万元）	600	1800	3300	5100	7500
2	人力成本（万元）	60	100	500	550	600
3	运营费用（万元）	100	200	300	300	300
4	营业税（万元）	34	101	185	286	420
5	利润总额（万元）	406	1399	2315	3964	6180
6	所得税（万元）	102	350	579	991	1545
7	净利润（万元）	305	1049	1736	2973	4635
8	盈余公积（万元）	30	105	174	297	464
9	可分红资金（万元）	274	944	1563	2676	4172

清洁能源基金管理有限公司第1年可分红资金为274万元，第2年为944万元，第3年为1563万元，第4年为2676万元，第5年为4172万元，则清洁能源基金管理有限公司出资对应的收益率第1年为13.72%，第2年为23.61%，第3年为22.33%，第4年为26.76%，第5年为27.81%。

因此，英大信托通过设立清洁能源基金管理有限公司股权投资结合资金信托计划每年需收取的信托佣金：第1年为3.69%（1%+2%+1.72%×0.4），第2年为7.64%（1%+2%+11.61%×0.4），第3年为7.13%（1%+2%+10.33%×0.4），第4年为8.90%（1%+2%+14.76%×0.4），第5年为9.32%（1%+2%+15.81%×0.4）。清洁能源基金管理有限公司股权投资集合资金信托计划投资者实际可获得收益率：第1年为10.03%，第2年为15.97%，第3年为15.20%，第4年为17.86%，第5年为18.49%，五年的平均收益率为15.51%。具体如表12-13所示。

表 12-13 投资者实际可获得收益率预测

序号	项目	第1年	第2年	第3年	第4年	第5年
1	可分红资金（万元）	274	944	1563	2676	4172
2	注册资本（万元）	2000	4000	7000	10000	15000
3	总收益率（%）	13.72	23.61	22.33	26.76	27.81
4	信托报酬费率（%）	3.69	7.64	7.13	8.90	9.32
5	出资者收益率（%）	10.03	15.97	15.20	17.86	18.49

LP资金的平均年化收益率为10%，其中，公司固定佣金费率1%，出资者收益率9%。按基金规模预计，每年的收益情况如表12-14所示。

表12-14 基金收益率预测

序号	项目	第1年	第2年	第3年	第4年	第5年
1	基金平均规模（万元）	100000	300000	550000	850000	1250000
2	LP平均出资额（万元）	99000	297000	544500	841500	1237500
3	LP出资收益（10%）	9900	29700	54450	84150	123750
4	投资顾问费（1%）	990	2970	5445	8415	12375
5	出资者收益（9%）	8910	26730	49005	75735	111375

公司佣金收入主要包括两部分：设立基金管理公司集合资金信托计划的佣金收入和每年向LP收取的投资顾问费收入，具体如表12-15所示。

表12-15 佣金收入及顾问费收入

序号	项目	第1年	第2年	第3年	第4年	第5年
1	GP信托计划规模（万元）	2000	4000	7000	10000	15000
2	信托报酬费率（%）	3.69	7.64	7.13	8.90	9.32
3	信托报酬（万元）	73.73	305.78	499.10	890.39	1398.60
4	LP规模（万元）	99000	297000	544500	841500	1237500
5	投资顾问费率（%）	1	1	1	1	1
6	投资顾问费（万元）	990	2970	5445	8415	12375
7	合计信托报酬（万元）	1063.73	3275.78	5944.10	9305.39	13773.60
8	累计信托报酬（万元）			33362.60		

信托收益分配：信托收益于蓝天伟业清洁能源基金管理有限公司分红之日后10个工作日内，由受托人向受益人分配。

税务处理：本信托运作过程中涉及的纳税事项，按照国家法律法规的规定，由本信托当事人各自履行纳税义务。应当由信托财产承担的税费，按照国家有关法律、法规的规定办理。

项目效益、风险资本分析：

（1）项目效益分析。公司的信托报酬费率为浮动费率，按上述测算，5年的信托报酬累计为3168万元。

（2）风险资本分析。本信托项目属于集合、股权投资类业务，风险资本系数为1.5%，按照规模2亿元测算，信托存续期间该项目需计提风险资本300万元。

12.4　英大信托应收账款信托融资

12.4.1　背景

英大信托以国网产业链为依托，对上下游企业进行产业链融资，主要的做法有企业应收账款信托产品以及信托贷款等。应收账款融资是指企业将应收账款票据转让给金融机构从而取得贷款，其方式有应收账款抵押融资、应收账款让售和应收账款证券化。这样应收账款的票据池可以有效地被分散化和结构化，从而规避因标的资产和衍生金融工具质量突变而带来的风险，所以说在国际上它已被归入优质的贷款支持性资产。而就国内目前的产业链金融而言，主要还是集中在存货类动产和预付款融资方面，应收账款模式发展较慢。

国网集团产业链环节包括许多处于稳定发展期的设备供应商和工程建设企业，这些企业应收账款的坏账率低，应收账款数额较大，在流动资产中占比较高，通过应收账款信托的模式，能够有效帮助企业盘活流动资金。

12.4.2　案例简介

电缆企业规模以中小企业居多，存在银行贷款难、贷款成本高的问题，多数电缆企业除具备以上中小企业的融资特征外，还具备如下特征：电缆企业以铜、铝等为主要原料，有色金属作为稀缺资源，导致上游供应商处于强势地位，电缆企业数量较多，电缆供给量大，下游企业多为国有电力企业，应收账款的对象信用较高,便于开展应收账款融资。下面以江苏阳湖电缆有限公司应收账款信托项目为案例进行分析。

12.4.2.1 融资需求方

本案例中的江苏阳湖电缆有限公司,前身为"常州市长江电缆厂",始创于1986年,是一家集研发、生产和销售于一体的电缆专业制造商。近年来已成为常州地区发展最快的电缆制造企业之一。

通过近年来的客户结构转型,江苏阳湖电缆有限公司目前与陕西省电力公司、天津电力公司、山西省电力公司、安徽省电力公司、江苏省电力公司建立了稳定的合作关系。企业主要使用的原材料来自于各大铜业公司,其原材料来源稳定,且企业与亚达铜业、中经东源、凌峰铜业长期合作,关系良好,为企业的长期发展奠定了基础。

截至2014年末,江苏阳湖电缆有限公司总资产4.69亿元,总负债3.02亿元,资产负债率64.44%(见表12-16)。2014年公司实现营业收入约7.22亿元,净利润734.21万元。

表12-16 资产负债

指标名称	2011年	2012年	2013年	2014年
流动资产占比(%)	89.65	91.34	90.76	91.34
资产负债率(%)	69.67	70.00	67.01	64.44
流动比率	1.29	1.30	1.35	1.42
速动比率	0.97	1.02	0.98	1.03

江苏阳湖电缆有限公司2011~2014年总资产分别为4.86亿元、5.19亿元、4.83亿元和4.69亿元。总资产中流动资产占比较大,2011~2014年流动资产占比分别达到89.65%、91.34%、90.76%和91.34%。流动资产中,主要为应收账款,2011~2014年分别为1.89亿元、2.78亿元、2.71亿元和2.67亿元。应收账款明细见表12-17、表12-18、表12-19。

表12-17 2013年末应收账款明细

账龄	应收账款金额（元）	比例（%）	坏账准备
1年以内	206165738.26	75.95	0.00
1~2年	41982410.72	15.47	0.00
2~3年	17313640.18	6.38	0.00
3年以上	5988218.37	2.21	0.00
合计	271450007.53	100	0.00

表12-18 2013年末应收账款主要债务人

	债务人	债务金额（元）
1	江苏省电力公司	47741798.28
2	烟台市电缆厂销售处	44270762.80
3	重庆市电力公司	40435613.99
4	常州市城市照明工程有限公司	22240018.18
5	山西省电力公司	18534537.37

表12-19 2014年10月大额应收账款明细

供应商	金额（元）
江苏省电力公司	96431996.51
重庆市电力公司	57678287.23
烟台市电缆厂销售处	44336997.65
安徽公司	18280859.33
常州市城市照明工程有限公司	7970436.66
山西省电力公司	5097684.52
常州市城市照明管理处	4912600.19
安徽省电力公司	3690342.69
陕西省电力公司	3281696.60
其他	44874338.88
合计	286555240.26

企业75%的应收账款在1年内，债务人以省市级电力公司为主，江苏阳湖电缆有限公司与其合作基本未出现逾期付款，只在某些特定日期如假期，

财务结算日出现特定状况会延迟几个工作日外，都如期付款。人行征信系统查询情况：公司信誉良好，无拖欠银行贷款本息，贷款无逾期，无不良记录。特别关注信息查询情况说明：无。能够满足各项基本条件。

12.4.2.2 基本要素

（1）信托期限与规模：本案例采取循环式交易，将信托产品设置成固定期限，规模约1亿元，首期规模4500万元左右，质押应收账款5413.67万元，全部为阳湖电缆对江苏省电力公司的应收账款，提存账户余额不低于2700万元。分期安排信托总规模，有利于降低集中到期的兑付压力，确保信托本息的足额偿付。信托期限：每期2年。

（2）合作模式：本案例采用了售出回购模式，到信托期限后溢价回购。融资总成本/回购溢价率：11%，其中，受益人预期收益率：100万～300万元为9%；300万元（含）以上为9.5%；信托佣金费率：约1.2%（含律所专项尽调费用）。信托收益支付完毕受益人收益、保管费用以及其他所有应当由信托财产承担的各项费用、税费之后，信托财产专户内如尚有以货币资金形式存在的信托财产，作为受托人当期的浮动报酬于信托到期日一次性收取。

（3）销售对象：本案例中"英大信托—联赢LY001号—阳湖电缆贷款集合资金信托计划"面向对象为自然人投资者及机构投资者。

（4）应收账款资金回收：本案例中在指定银行开立三方监管账户，代为收取应收账款，受托保管信托财产的商业银行即招商银行北京分行。

（5）融资成本：本案例中信托存续期间，各期信托贷款利息按照信托实际存续金额的11%/年计收，即：各期贷款利息 = 信托资金存续规模 × 11% × 该笔信托资金当期实际存续天数 ÷ 360。

（6）信托资金运用：本案例中信托资金用于向江苏阳湖电缆有限公司发放流动资金贷款，用于阳湖电缆日常生产经营所需的原材料采购及流动资金周转。

12.4.2.3 交易结构（见图12-9）

12.4.3 案例成效

通过开展产业链金融，可以满足产业链上下游企业在发展中面临的资金

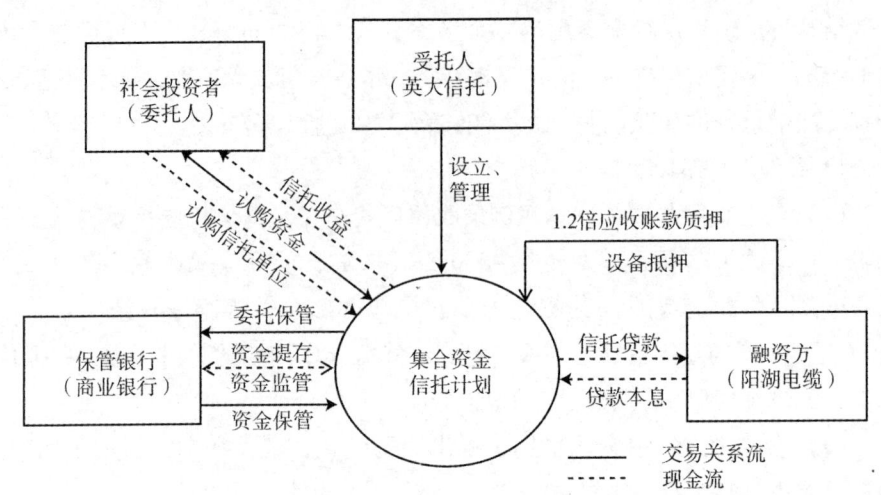

图 12-9 信托交易结构

压力,对产业链协同发展提供强有力的支持。一方面,使中小企业获得相对成本较低的融资渠道,及时获得充足的资金支持;另一方面,使信托机构基于对产业链的专业知识,降低投资风险,通过提供新型金融服务获得更高的利益。

"英大信托—联赢 LY001 号—阳湖电缆贷款集合资金信托计划"项目的成效主要体现在以下三点:

(1) 项目取得良好效益。项目总规模约 1 亿元,期限为 2 年,英大信托佣金费率约为年化 1.2%,项目总信托报酬为 240 万元。而且通过与江苏阳湖电缆有限公司合作,帮助其盘活应收账款,有利于下一步介入并开展与阳湖电缆及其他电力产业上游供应商的业务合作,从而为国网集团创造更大的收益。

(2) 解决中小企业融资需求。应收账款信托业务不仅形式灵活,且便于风险评估及跟踪管理,对于处于核心企业中上游的中小企业十分适用。应收账款信托产品有别于传统商业银行的应收账款保理模式,遵行"信托制度+资产证券化技术"模式。在目前国内尚未允许开展企业资产证券化的情况下,应收账款信托是一种准债权资产证券化:一方面,通过设立 SPT(Special Purpose Trust)方式解决真实出售问题;另一方面,通过把债权出售证化提前将现金流变现，符合资产证券化的特征。

（3）创新产融结合方式。本案例还体现了产融结合方式创新。发展产业链金融是信贷业务的一个突破点，是产融结合型金融机构最具比较优势的业务领域之一，能够促进产业链上生产企业与金融企业的协同发展，提升整体资金运用效率。英大信托依托对国家电网全产业链的深入了解，为上下游中小企业提供真正有差别的金融服务。

第13章 英大信托在产业链金融业务体系的实践与探索

13.1 英大信托产业链金融现状与需求

13.1.1 英大信托产业链金融现状

近年来,英大信托在坚持服务电网、产业链金融的同时,大力拓展电网产业链金融服务,市场化战略转型有序推进。截至2014年末,公司资产总规模达到2150亿元;实现经营收入9.93亿元,其中,信托业务收入7.61亿元。

英大信托深入贯彻产业链金融战略,服务实体经济,围绕电力、能源领域,在产业链金融方面进行了积极探索和实践,开展了以下三方面的工作:

(1) 开发产业链金融业务,开展供应链信托。2014年共发行集合信托计划16款,规模达72亿元,存续规模达到139亿元。

(2) 充分利用信托制度优势,提出多元化电网融资解决方案。挖掘国网总部资金和超备付金,2014年累计新增国网总部业务356亿元,累计分配信托收益61亿元;成功引入50亿元银行理财低成本资金。

(3) 信贷资产证券化等创新业务取得实质性成果。2014年集合信托数量和规模均创历史新高。从业务类型看,单一资金信托占比持续下降,集合资金信托等主动管理型产品同比增长55%。从收入角度看,外部市场业务收入同比增长73%。从业务创新看，公司在新能源领域以及行业前沿领域的布局已初具规模。

13.1.2　英大信托开展产业链金融业务需求分析

作为关系国家能源安全和国民经济命脉的国有重要骨干企业，国网集团实现跨越式发展，对产业链金融提出了更高的要求。要紧紧围绕国网的核心产业，创新经营模式，突出电网特色，实现差异化发展；重视风险控制体系建设，提高风险防范能力，实现服务电网能力的整体提升。

构建坚强金融平台，积极推进产融结合，是国网的发展战略。经过多年努力，国网集团已经完成统一金融平台的构建，组建了英大国际控股有限公司。目前，英大集团已经依托国家电网，建成了以财务公司、财险、人寿、信托和证券为核心的金融体系，充分利用国网产业链的信息相对优势，提供更具个性与特色的金融服务，满足产业链内的金融需求。

其中，作为信托平台，英大信托开展产业链金融具有迫切需求，具体体现在以下四个方面：

（1）建立良好运行机制。强化内部管理，苦练内功，逐步建立适应市场化要求、配套完善的经营运作机制、绩效分配奖励机制、内控管理制约机制。

（2）实施人才战略。坚持以人为本，采取多种方法和途径，努力打造信念坚定、业务精湛、忠诚企业、清正廉洁的管理和业务团队。

（3）同质化向差异化、精益化转型。发挥自身比较优势，坚持电力产业链发展道路，将投行业务与资产管理、受托服务有机结合，为客户提供量身定制的综合金融服务。

（4）到市场上找资源、谋发展。以盈利和效益为中心，大力开拓熟悉领域，稳步推进拟入领域，做强市场业务，全面提升业务发展质量。

13.2　英大信托在产业链金融业务的实践

英大信托近年来在深化电网融资咨询、丰富电网融资方式、提升服务电网发展能力的同时，通过建立产业链金融业务体系，紧抓转型发展机遇，创新产品和服务，深化产业链金融。

13.2.1　主要业务

英大信托产业链金融体系开展的主要业务包括以下三个方面：

（1）开展电力行业的供应链信托。以核心企业为节点，以保证产业链企业产—供—销顺畅运转为主轴，以满足产业链企业采购和销售为目的，通过对整个供应链资金需求及风险的评估，集成供应链上下游企业的金融服务需求，以核心企业为主导授信对象，以产业链企业的应收账款、存货等为质押，设计供应链信托产品，开展票据贴现、保理、买方信贷等业务。同时，瞄准电力行业，在国网集团内部深耕的同时开拓外部市场。在内部积极拓展电力产业上下游产业链金融业务，在外部如清洁能源领域，针对其产业链开展金融服务，实现了金融业务多元化发展。

（2）开展核心项目金融服务。为提升产业链整体产业规模和竞争力，以产业链的核心项目为依托，围绕重大项目建设和运营的资金需求，开发项目信托、信托式融资租赁、项目建设基金、资产证券化等产品，并通过创新的产品设计，整合其他金融机构，提供一条龙的项目开发金融服务。

（3）开展产业并购重组融资。为提升产业链集中度，以核心企业为龙头，以推进核心企业产业整合为宗旨，开发产业并购基金、集合信托、杠杆并购信托、信托中的基金（FOT）、银行通道贷款、家族信托等产品，支持核心企业开展纵向、横向或混合并购，以增强核心企业对核心技术、资源、生产、市场等环节的控制。

13.2.2　具体措施

英大信托在产业链金融方面的具体做法是：紧紧围绕国网产业链，坚持服务主业、服务实体经济的原则，拓展具有市场增值潜力的金融业务，建设具有独特优势的金融业务板块，实现内部资源的共享优势和金融牌照的协同优势，提高企业的核心竞争力。

第一，强化管理创新，梳理流程、完善制度，使管理工作更加精细化、精益化、定量化，促进资源优化配置。初步构建合规风控、营销、研发三大体系，有力保障公司转型发展。

第二，加强人才队伍建设，形成有特色的用人、留人机制，优化干部队伍梯队建设，培养高水平的复合型人才、专业领军人才和行业专家。

第三，划分业务层次，坚持业务创新。紧抓国家电网公司特高压和智能电网建设、清洁能源领域高速发展的机遇，充分发挥信托制度优势和资源配置功能，努力提升金融服务的专业性、多样性和有效性，成为多种金融工具集成商和金融服务提供商，巩固、扩大已有重大创新成果，大力研究行业前沿业务领域，创新产品和服务，积极争取突破。

英大信托一方面为了理清产业链的市场需求，有的放矢地做好金融服务。以电力全产业链为调研对象，从产业价值链出发，围绕产业链利益机制中的各环节，提升信息整合分析能力，动态掌握产业链的信息链，实时发掘市场机会，实现从被动信息收集向主动信息整合的转型；另一方面根据产业链金融需求，有针对性地设计金融服务模式，构建多种产业链配置模式，从而衔接了市场与金融需求，实现全产业链金融联动开发。

第四，坚持市场化方向，以金融服务为载体，以客户收益最大化为原则，走特色化、差异化、精益化发展道路，突出核心业务，打造优势产品，提升主动管理能力，做出、做强品牌，不断提高市场份额和竞争力。

13.2.3 主要创新点

创新是企业发展的不竭动力，转型发展离不开创新驱动。英大信托充分发挥信托制度优势和资源配置功能，努力提升金融服务的专业性、多样性和有效性，其在产业链金融的创新主要体现在以下五个方面：

（1）信托期限与规模。如果是单笔债权转让，则信托期限为债权期限，并赋予信托公司提前终止权；如果是打包一次性转让，则以债权的最长期限为信托期限，但应设置提前分配财产的条款；如果是循环式交易，可以将信托产品设置成固定期限，如1年或2年，在信托存续期间内，债权出让方需要不停地根据债权变现情况补充债权资产，因此，需要对债权出让方的债权资产平均余额进行测算，使信托规模小于债权平均余额。

（2）销售对象。主要是银行理财计划或私人银行投资者，并可针对某些机构投资者定向发行，考虑到其期限短、流动性强的特征，可以将产品作为银行短期理财产品的资产配置对象。

（3）合作模式。一般融资方与受托方有以下几种合作模式：

第一，无追索权卖断型。即将应收账款卖断给信托公司，信托公司将其包装成信托产品销售给投资者。在该种模式下，投资者承担了应收账款不能收回的风险，在产品定价上除了需获得资金占用收益外，还需获得风险溢价报酬；对应收账款销售方而言，该部分应收账款可以从资产负债表中移除。

第二，有追索权卖断型。即将应收账款卖断给信托公司，信托公司将其包装成信托产品销售给投资者。在该种模式下，对于到期不能收回的应收账款，信托公司可以向应收账款出售方进行追索，产品定价仅考虑资金占用成本即可。该种模式不能达到出表目的。

第三，售出回购模式。融资方先将应收账款出售给信托公司，在一定期限后溢价购回。

（4）应收账款资金回收方式。可以在设立信托时由债权人通知债务人将应收账款支付至信托专户；也可以由债权人在指定银行开立三方监管账户，代为收取应收账款，并定期划入信托专户。

（5）融资成本。在债务人资质良好的情况下，可以按照同期银行贷款下浮10%或更低的资金占用费价格出售应收账款。

13.2.4 实施成效

英大信托通过开展上述产业链金融业务，积极探索产业链金融创新模式，为推进国网全产业链协同创新做出有力支撑，使英大信托服务电网发展能力进一步提升。

（1）推进国网全产业链的协同创新。英大信托连续七年荣登年度金融机构排行榜，获得北京市"纳税信用A级企业"称号，行业地位和社会影响力进一步提升。英大信托充分利用国网集团的品牌与资源优势，创造协同价值。通过产业链金融创新，英大信托服务电网的能力和水平持续提升，为相关产业链企业提供了精益化、差异化的融资服务，从而促进国网公司各个单位间的协同创新发展。如案例中对供应链企业的应收账款信托服务实现了小资本驱动大资本,不仅有利于解决集团上下游企业资金短缺的问题,而且有助于促进集团各单位、各环节的协同创新发展。

(2) 提供多元化电网融资方案。英大信托根据国网全产业链的运营状况、财务状况、信用状况、金融需求,选定核心企业对主要服务对象,大力开展多元化的产业链金融服务,积极拓展电力上下游,充分发挥内部市场的辐射和带动作用,开发了供应链信托、项目融资、产业并购重组融资等金融创新产品,拓宽融资渠道,实现收入和利润来源的多元化。

(3) 提升集团协同价值。围绕国网集团产业链,在信息整合、业务整合、产品整合的基础上,优化运营模式,实现作业一体化、服务一体化,打破信托公司内外职能部门局限,对内横向整合不同产品和服务,对外纵向整合金融机构和物流监管商、交易平台、保险公司、担保公司、行业协会、评估公司、拍卖公司等非金融机构的产品和服务,构建多层级的产业链金融合作体系。这样既可以有效地将资金流转过程中的部分体外循环转化为体内循环,改进资源的整合效率,节省交易成本,延长价值链管理时间,扩大价值链管理空间,提升集团整体收入;还有助于提高集团的风险控制能力,提高资金安全度,保障集团公司对资金的控制力,从而促进国网协同价值的提升。

(4) 培育产业集团核心竞争力。英大信托通过大力开拓产业链金融服务,基于"核心资源——核心能力——竞争优势"的思路,不断开发新的产业领域,实现了金融业务多元化和内外市场协同发展。

在深入调研的基础上,英大信托拓展了有发展潜力的外部市场。如新能源市场、精益化房地产领域、基础设施建设领域等,如对潍坊东兴建设发展有限公司持有的潍坊市财政局应收账款提供应收账款信托服务,加强信政合作,做大、做强品牌,不断提高市场份额和竞争力。在此过程中,英大信托组建相应的产业链专业服务团队,设计相应的金融产品和融资方案,凝聚了高水平的复合型人才、专业化人才,锻造了高端团队。

英大信托通过产业链金融的实践,一方面,巩固集团自身的核心竞争力,在主导产业的市场竞争中取得压倒性优势;另一方面,有利于培育和创造新的产业机会,培养高端专业人才和团队,为提升国网集团整体竞争力提供支撑。

第 14 章 信托业建立产业链金融体系的问题及对策

14.1 产业链金融业务发展过程中存在的问题

对于各金融机构和产业链上各企业来讲，产业链金融业务的拓展有着广阔的市场需求和重要的现实意义，从实践方面来看，目前国内产业链金融业务的发展存在着以下令人担忧的问题。

14.1.1 缺少差异化市场定位，同质化竞争严重

目前，各金融机构开展的产业链金融业务实施范围相对有限，业务的发展仅集中在开发部分产品，产品类别十分有限。虽然各金融机构开展的供应链金融业务名称各不相同，但是在业务模式、产品体系、服务内容、产业链选择等方面都大同小异，缺乏对不同产业链运行特点与内在规律的深入研究，导致同质化竞争严重。国内各家金融机构办理的产业链金融业务都是以传统的贸易融资类产品为主，业务缺乏识别度，缺乏鲜明的特色，缺乏对产业链金融相关的产品体系进行有效的整合。

14.1.2 金融机构经营理念有待转变

目前，很多金融机构主流市场业务开始发展变化，大型企业客户及其依托的中小企业衍生客户的业务需求受到越来越多的关注，对这部分市场利润

的争夺也是至关重要的，因而产业链融资业务的拓展和稳固变得尤为迫切。但是，许多金融机构并没有顺应市场发展的趋势，及时整合自身的营销重点和调整经营方向，具体表现在，仍把大型企业客户或者垄断型企业客户作为目标市场，主要业务都面对这类大型企业，间接挤压了潜在的中小企业的业务市场。产生这种现象的原因是金融机构普遍认为选择大客户作为营销重点会降低运营风险，进而降低综合运营成本。但是，也正是由于大型企业较高的市场地位，往往具有较强的议价能力；另外，大型企业往往拥有多家合作金融机构，这也造成了大企业对某家金融机构的忠诚度偏低，增加了金融机构获取核心客户的难度。相对而言，中小企业在数量和市场贡献率等方面已远远超过大型企业，政府也在逐步推行积极的政策以大力支持中小企业的发展，因此，金融机构的营销重点等也应根据宏观经济政策的变化及时加以调整。而产业链金融业务的开展，就是要依托产业链核心企业，服务于其衍生的中小企业客户，因此，产业链金融业务的开展符合金融业发展的方向，金融机构（包括信托业）需要转变观念，面向这些中小企业客户，开展多种形式的产业链金融业务。

14.1.3 缺乏足够的组织保障

目前由于业务开展有限，所以各金融机构内部普遍缺乏配套的产业链金融管理机构，部门设置相对分散。例如，融资业务的营销和管理等职能部门分散，彼此缺乏协调，无法形成统一的指挥，使产业链金融业务的整体竞争优势被大大削弱。另外，产业链金融业务处理流程缺乏规范化管理，导致融资决策链条长、审批环节繁多，降低了金融机构业务办理的效率；负责审查审批的队伍专业化程度低，缺乏与产业链金融业务相关的专业团队，造成产品经理、客户经理与风险经理及其他责任人的职责不明晰，业务实施的整体管控能力严重不足。

14.1.4 信息化技术水平参差不齐

现在是电子信息化时代，企业对信息的及时化和准确化程度要求越来越高，这就决定了产业链金融的发展必须依托信息技术、电子政务和电子商务的发展。目前，产业链金融中信息技术的科技含量水平还有待提高。产业链金融业务要求银企多方实现高度的物流、资金流链接和及时的信息共享，但是限于国内企业、物流企业和相关金融机构的技术应用水平发展程度不均衡，无法将产业链金融业务有效整合到这一技术平台上，导致贸易环节和融资环节滋生额外成本，挤压了产业链金融业务各方的盈利空间。特别是一些物流企业，信息化程度相对较低，难以实现与金融机构的信息对接，影响了产业链金融业务的开展。

14.1.5 风险管理体系的构建存在不足

与为核心企业直接提供金融服务的传统融资模式不同的是，产业链金融业务建立在融资对象与核心企业共同的贸易关系基础上，这就对金融机构的风险评估体系提出了更高的要求，需要建立全新的风险评估体系来对产业链金融的融资企业进行综合的风险评估。但是，目前国内还没有建立起一套完整的信用评估体系，导致企业之间缺乏可靠的信用保证。大部分金融机构仍主要以融资信息的简单静态分析为主，导致产业链金融业务政策与业务发展目标不匹配；金融机构迫于人力和资金等资源的限制，无法独立地收集、调查和分析产业链中所有企业的相关数据信息，对产业链的整体情况缺乏全面准确的掌握；面对产业链融资企业经营方式或政策的改变，无法及时调整相应的信用贷款方案。这些局限无疑都增加了产业链金融资金的使用风险。

14.2 信托业开展产业链金融业务的对策建议

14.2.1 调整经营理念，加强管理体制建设

信托企业应加强产业链金融产品的品牌塑造。在实施产业链金融品牌策略时，应考虑产业链金融产品市场的发展现状，避免出现产品同质化的现象，可以采取差异化策略提升融资产品品牌的竞争力，例如开展"一牌多品"的

营销策略，塑造品牌的统一形象，提高品牌辨识度，维持并逐步提高市场份额。

同时，要加强管理体制建设。对于制定和实施产业链金融业务，信托企业内部应设立专门的业务主管部门，明确该部门的职责权利，对产业链金融业务进行统一管理，从组织结构上为产业链金融业务的顺利开展提供保证。另外，应加大对产业链金融相关业务人才的培养力度，逐步开展纵向层级管理人员的相关业务培训，如有针对性地对产品经理、客户经理和具体业务操作人员展开特定培训内容，增强各职能、各层级人员的整体业务水平；逐步建立起信托业从业人员相关资质认证制度，通过针对性学习，提高业务人员的政策法律认知水平及相关领域业务操作技能，从而达到产业链金融业务发展要求的高水平，保障市场开发的力度，推动银行产业链融资业务的全面发展。

14.2.2 由提供单一产业链服务向产业链组合管理转变

产业链金融以链群企业为服务对象，统筹实施产业组合管理，是产业链金融创新成功的基础。

首先，完善产业筛选链、科学选择产业是实施产业组合管理的起点。借鉴国外基于资金管理潜力、风险水平、盈利能力等要素开展产业选择与组合的经验，结合我国信托公司的特点，完整的产业筛选链应由区域经济发展特点、产业发展特色、信托机构战略目标与客户资源、金融合作潜力、产业链风险的可控性五大要素构成。具体来说，要围绕区域经济发展特点，结合信托公司自身战略定位和战略目标，充分利用现有客户资源和潜在的小微客户资源，形成产业链池，要在重点分析产业发展周期性特点、产业链上企业合作深度广度、产业盈利能力、产业风险可控性以及该产业链金融合作可能性的基础上，进行全面而系统的产业评估，重点培育和发展一两条产业链，选择目标客户的重点在于客户的整合意愿与整合能力。

其次，组合配置不同的产业以有效分散风险是实施产业组合管理的目标。根据资产组合管理理论，依据不同产业发展的特点、所处阶段以及地域分布，采用多种产业链组合配置模式，以达到分散风险的目的。第一种模式为分解式，即协调整合不同产品参与同一条产业链上下游的信托业务服务；第二种模式为相关组合式，即利用产业之间的关联性，同一业务参与多条相关产业链的信托业务服务，实现模块化服务的规模效应；第三种模式为不相关组合式，各信托产品参与不相关产业链的金融服务，以不同风险概率的产业组合来实现整体风险的最小化。

最后，联动服务不同产业上下游是实施组合管理的保障。依托产业链集中化运作网络平台，实施跨区域、跨行业服务上下游企业，由点带面地进行业务组织和批量开发，细分客户群。针对不同客户群的差异化需求，设计模块化服务流程，定制个性化、标准化金融产品，实现信息整合与产品的整合。

14.2.3 构建融资信息服务平台，构建可靠的信息管理系统

信息系统在产业链金融业务创新中发挥着重要作用，不仅对产业链供应商、经销商等信息的采集、资金流的控制等都需要将相应的信息管理系统进行集成整合；而且对众多经销商等批量业务也需要有一个稳定可靠的信息处理系统作为后盾。

信托企业以及产业链相关企业各方应加快信息技术平台的建立，最大限度地减少企业之间普遍存在的信息不对称问题。因为中小企业融资难，产业链金融发展不顺畅的根源在于信息不对称。解决这一问题最权威、最有效的途径就是政府搭建公共金融服务链信息平台，把分散的信息如工商登记系统、税务系统、海关系统、物流系统和银行等机构各自掌握的信息，整合到一个共享的信息交互平台上，依托这个平台，信托机构可以推荐自身具有特色的产业链金融服务产品，同时信托机构也可以获取资信实力好的企业和市场空间广阔的企业项目等信息，从而较好地处理企业和银行之间的信息不对称问题，推动产业链金融的良性发展。

14.2.4 增强风险管理意识，实施全流程的风险管控

不论是何类金融业务的开展，风险把控总是第一位的。在安全性、效益性和流动性中，安全性是前提和保障。对信托企业的业务开展也是如此。对产业链金融业务来讲，虽然通过产业链上的信息优势、资金去向监控优势等

能在一定程度上降低风险，但应对千变万化的金融与经济环境时，风险仍旧存在。

信托机构在提供产业链金融服务时，要密切关注整个产业链的运行状况，及时全面地掌握有关产业链相关企业的信息，密切关注企业外部环境的发展态势，有必要建立一套及时准确的预警评价指标系统，以便于银行能够实时有效地获得产业链的相关信息。利用这种预警评价指标系统，如果由于企业内部或外部环境发生变化导致某些指标出现异常时，会及时地向信托机构发送预警信息，开启危机处理预案，最大限度地减少风险，以确保产业链有效地运行；此外，信托机构应跟踪评价核心企业和位于产业链上下游的中小融资企业的经营动态，及时调查和科学评估产业链金融融资企业的经营业绩状况、质量和成本控制、新产品和技术开发程度、用户满意度水平以及有关交货协议等发展情况，如果发现问题应将具体情况及时告知相关企业，以便企业进行有效的预防或改良，从而保证整个产业链条的持续安全运营。

具体来说，信托机构开展产业链金融业务实施的全流程风险管控措施可以从客户准入、行业规模限制、审批流程及预警机制等方面进行分析。

严格客户准入是风险管控的第一道防火墙。信托机构开展产业链金融服务的客户准入条件必须符合信托机构制定的相应准入条件，借助融资服务信息平台等信息优势可以为审核和选择客户提供便利条件。同时，要对客户实施分类规模限制。一般来讲，信托机构对特定客户开展产业链金融服务的融资规模总额应该有一定的限制，特别是对中小企业尤其如此。此外，还应根据融资人实际运营与管理状况，动态调整融资规模，并进行分类管理，即对不同行业、风险类别进行规模控制。

为开展产业链金融服务，信托机构将对相关企业开展信用评级及综合授信管理，事前把控客户企业的信用风险。所有资金操作要做到全流程闭环操作，确保客户企业融资的用途，保障业务及资金的安全性。同时利用互联网信息技术，对产业链上企业风险进行跟踪测试，形成产业链金融风险评价体系。通过构建"风险回避—风险控制与转移—风险评估与止损"三位一体的产业链金融风险管理体系来实施全流程的风险管控。

（1）基于产业链动态监控的风险回避。一是要提升链群企业自我风险控制的意愿与能力，主动规避风险，保证产业链长期稳定交易。二是信托机构严格审查每个客户企业的信用状况及其风险补偿措施,并实时开展贷后检查,主动对客户进行预筛。同时,实时关注宏观经济走势和产业发展风向标,及时而全面地推出一批前景不佳、风险剧增的产业。

(2) 基于交易信息交互验证的风险控制和转移。通过信息系统对接,实时逐笔跟踪融资项下的资金流和物流信息,以此核实客户需求,核定单笔融资资金额及期限,评估链群企业交易能力与融资额度合理性。通过链式验证、归集结算来实现过程控制,并通过购买信用衍生工具和保险来实现对潜在风险的转移。

(3) 建立全产业链风险评估与止损机制。一是根据产业链的特征设计产业链金融风险评估体系,及时有效评估风险的大小和影响面。二是及时捕获交易异常信息,利用产业链风险传导时滞为风险处置赢得时间,采取有效手段进行损失控制,避免产业链金融风险链间传导引发多米诺效应。

14.2.5 为客户提供高契合度的精细服务

尽管产业链金融是一个金融服务生态圈,引入了链式管理理念,但是在实际中,其运营管理仍然呈现粗放型、碎片化、割裂式等特点。未来信托业开展产业链金融服务的核心是:在信息整合和产品整合的基础上,不断改进运营模式,实现作业一体化与服务一体化,为链群企业提供精细服务,提升客户的价值体验。

(1) 作业一体化。实现产业链金融各环节作业流程的一体化,企业产业链客户群体高效、快捷的服务需求。产业链金融服务的主要环节包括:

1) 系统调查。采用远程信息收集、网络信息查询、实地调研等多种手段,获取有关区域经济、产业发展、企业现状等的大量信息,及时导入并更新信息,根据所获取的大量信息数据,深入分析企业价值链、企业资源计划系统建设情况、与供应商和销售渠道之间的交互依存关系以及企业加入产业链的意愿,对客户进行预筛和主动批量开发。

2) 集中作业。一是物理空间的集中,实现审查、审批、签约、放款业务的一体化,可对不同部门的相关职能进行整合,采用事业部形式,将分布在各条线的具体业务集中到同一部门由专人统一处理。降低客户"磨鞋底"

的成本，提高业务审批处理效率。二是评审理念、尺度和标准的一致化，实现审批业务标准化、模块化。

3）档案统一管理。依托电子化、链条化档案管理方式，不断搜集积累产业链客户经营信息和风险信息。一是信托机构与企业资源计划系统的对接，实现信息采集一体化。二是档案归集链条化，将分散的大中小企业档案按照产业链进行整合，形成产业链档案，并实时汇总产业链交易信息，与会计结算信息匹配，实现信息交互认证。

（2）服务一体化。打造一体化的产业链金融售后服务体系，提升客户价值体验。围绕降低交易风险、保证资产使用安全、提高资金运转效率、提升资本增值能力、强化客户价值体验五大目标，构建涵盖贷后管理与资产监控、闭环现金管理服务、交叉销售与营销支持、专业咨询服务、增值服务管理、全产业链价值服务、客户体验管理七方面内容的产业链金融售后服务体系，强化服务深度，提高客户满意度，增加产业链客户黏性。

参考文献

[1] Affinito M. Do Interbank Customer Relationships Exist? And How did they Function in the Crisis? Learning from Italy [J]. Journal of Banking & Finance, 2012, 36 (12).

[2] Lopez – Gracia J., Aybar – Arias C. An Empirical Approach to the Financial Behaviour of Small and Medium Sized Companies [J]. General Information, 2000, 14 (1).

[3] 毕家新. 供应链金融：出现动因、运作模式及风险防范 [J]. 华北金融, 2010 (3).

[4] 丙明杰, 刘明宇. 产业链整合理论述评 [J]. 产业经济研究, 2006 (3).

[5] 卜庆军, 古赞歌. 基于企业核心竞争力的产业链整合模式研究 [J]. 企业经济, 2006 (21).

[6] 曹群, 姜振寰. 产业链的内涵及特征分析 [J]. 商业研究, 2008 (11).

[7] 曾永寿. 产业链化现象探析 [J]. 上海商业, 2005 (3).

[8] 常兴仁. 中国市场调查行业发展现状及对策研究. 现代经济信息, 2012 (13).

[9] 陈冬雪. 交通银行长春卫星支行客户关系管理研究 [D]. 吉林大学MBA毕业论文, 2012.

[10] 陈娟. 供应链金融管理模式与发展建议 [J]. 新金融, 2011 (7).

[11] 陈玲. 关于我国市场调查业发展的理论探讨 [J]. 企业经济, 2008 (3).

[12] 丁立宏, 王静. 我国市场调查业健康发展的思考 [J]. 经济与管

理研究，2003（6）．

[13] 杜龙政，汪延明，李石．产业链治理架构及其基本模式研究［J］．中国工业经济，2010（3）．

[14] 杜义飞，李仕明，李心芹．供应链的价值分配研究［J］．预测，2005（4）．

[15] 方卿，论出版产业链的基本属性［J］．出版科学，2006（4）．

[16] 冯锐．商业银行产业链金融及其运行机制研究［D］．天津科技大学硕士学位论文，2012．

[17] 高伟，贺昌政，蒋晓毅．基于模糊聚类集成算法的客户细分研究［J］．情报杂志，2011（4）．

[18] 郭清马．供应链金融模式及其风险管理研究［J］．金融教学与研究，2010（2）．

[19] 赫然，谢运思．市值管理：从价值创造到价值实现的统一［J］．财政监督，2010（12）．

[20] 红英．可持续发展视角下的新能源产业支持政策研究［J］．现代商业，2015（1）．

[21] 洪崎．产业链金融商业模式创新［J］．中国金融，2014（1）．

[22] 胡萍．未来资产管理：重在产业链的整合［J］．金融时报，2013（2）．

[23] 胡跃飞，黄少卿．供应链金融：背景、创新与概念界定［J］．财经问题研究，2009（8）．

[24] 蒋国俊，蒋明新．产业链理论及其稳定机制研究［J］．重庆大学学报（社会科学版），2004（1）．

[25] 李春曦，王佳，叶学民，喻桥．我国新能源发展现状及前景［J］．电力科学与工程，2012（4）．

[26] 李心芹．产业链结构类型研究［J］．电子科技大学学报（社会科学版），2004（4）．

[27] 李毅学．供应链金融风险评估［J］．中央财经大学学报，2011，（10）．

[28] 李钟钟．基于CAPM模型的中国钢铁产业并购重组价值研究——

以河北钢铁集团为例［D］．西南财经大学硕士学位论文，2011．

［29］刘贵富．产业链研究现状综合述评［J］．工业技术经济，2006（4）．

［30］刘文．市值管理在中国上市公司中的应用［J］．世界经济情况，2008（4）．

［31］刘翼鹏．关于上市公司建立市值管理制度的思考［J］．当代经济，2014（18）．

［32］龙舒婷．后金融危机时代上市公司市值管理新动向［J］．经济师，2011（5）．

［33］卢潮．浅析我国资产证券化的发展及建议［J］．经济管理者，2015（4）．

［34］秦芳．信息披露、投资者关系管理影响市值［J］．理财创富，2010（7）．

［35］任东明．中国新能源产业的发展和制度创新［J］．中外能源，2011（1）．

［36］芮明杰，刘明宇．产业链整合理论述评［J］．产业经济研究，2006（3）．

［37］邵昶，产业链形成机制研究［D］．中南大学硕士学位论文，2005．

［38］邵平．全产业链金融的创新与发展［J］．中国金融，2013（22）．

［39］陶学伟．企业并购融资策略探析［J］．投资理财，2009（11）．

［40］万力．我国市场调查业的现状分析与对策研究［J］．市场周刊（理论研究），2010（10）．

［41］王雷．新能源企业的发展战略管窥［J］．科技经济市场，2015（1）．

［42］王威．广东省中小企业"信用捆绑"融资模式探析［J］．特区经济，2010（12）．

［43］王稳妮，李子成．产业链金融的发展与创新［J］．宏观经济管理，2015（3）．

［44］王昕，张来成．对我国市场信息调查业现状与发展的思考［J］．调研世界，2014（10）．

[45] 王云霞, 李国平. 产业链现状研究综述 [J]. 工业技术经济, 2006 (10).

[46] 翁世淳. 从价值创造到市值管理：价值管理理论变迁研究评述 [J]. 会计研究, 2010 (4).

[47] 夏鑫, 傅元略, 常叶青. 上市公司可持续市值管理研究——基于利益相关者视角 [J]. 当代会计评论, 2013 (2).

[48] 谢沛善. 基于项目融资模式的科技型中小企业融资对策 [J]. 科技管理研究, 2007, 27 (9).

[49] 徐晶. 我国企业并购融资问题分析 [J]. 商业研究, 2004 (12).

[50] 闫晶, 韩洁平, 陈军明. 协同动力视角下新能源产业成长机制研究 [J]. 科技管理研究, 2015 (1).

[51] 闫强, 陈毓川, 王安建, 王高尚, 于汶加, 陈其慎. 我国新能源发展障碍与应对：全球现状评述 [J]. 地球学报, 2010 (5).

[52] 杨勇, 李晓明, 郭文娜. 产业链理论在中小企业金融服务中的运用 [J]. 北方经济, 2006 (20).

[53] 郁义鸿. 产业链类型与产业链效率基准 [J]. 中国工业经济, 2005 (11).

[54] 张晋东. 产业链金融：应对小微金融"三难"的有效模式 [J]. 浙江金融, 2013 (4).

[55] 张箐. 商业银行产业链金融发展策略探析 [J]. 中国流通经济, 2014 (1).

[56] 张学. 供应链金融——商业银行公司业务发展新方向 [D]. 复旦大学硕士学位论文, 2010.

[57] 赵红岩. 产业链整合的演进与中国企业的发展 [J]. 当代财经, 2008 (9).

[58] 周彩红. 产业价值链提升路径的理论与实证研究——以长三角制造业为例 [J]. 中国软科学, 2009 (7).

[59] 朱磊, 冯锐. 商业银行产业链金融探析 [J]. 中央财经大学学报, 2012 (2).